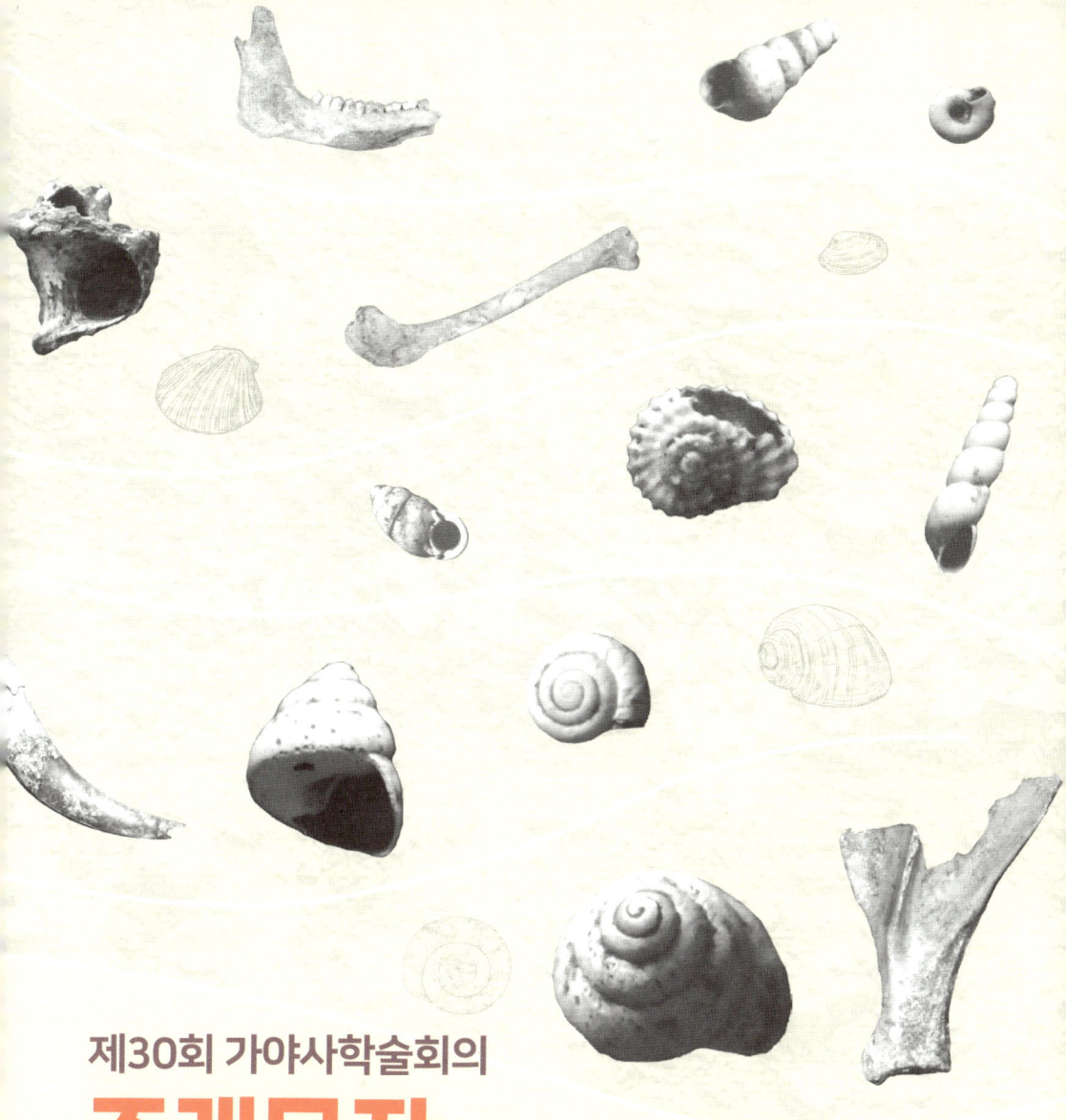

제30회 가야사학술회의

조개무지, 층층이 쌓인

가야의 기억

조개무지, 층층이 쌓인 가야의 기억

엮은이 인제대학교 가야문화연구소

펴낸이 최병식

펴낸날 2025년 12월 2일

펴낸곳 주류성출판사

서울특별시 서초구 강남대로 435

TEL | 02-3481-1024 (대표전화) • FAX | 02-3482-0656

www.juluesung.co.kr | juluesung@daum.net

값 30,000원

잘못된 책은 교환해 드립니다.

ISBN 978-89-6246-565-5 93910

인제대학교 가야문화연구소
김해시

제30회 가야사학술회의
조개무지, 층층이 쌓인
가야의 기억

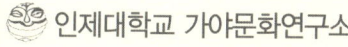인제대학교 가야문화연구소   경상남도 RISE 사업 ALL-CITY CAMPUS 글로컬대학 인제대학교 인제대학교 산학협력단 Inje Industry Academic Cooperation Foundation 주류성

개 회 사

　청명한 가을날에 제30회 가야사학술회의를 개최하게 됨을 기쁘게 생각합니다. 오늘 참석해 주신 발표자와 토론자 여러분, 김해시민 여러분과 가야사 밝히기와 가야문화발전을 책임질 역사학·고고학 전문가와 학생 여러분께 감사의 말씀을 올립니다.

　지난 30여 년 동안 가야사에 대한 자부심과 애정으로 가야사학술회의를 계속 개최하고 있는 우리 김해시의 노력은 특별하다고 생각합니다. 이 학술회의를 주관하는 인제대학교 가야문화연구소는 이러한 의지를 충분히 자각하여 보다 나은 학술회의의 개최와 결과를 적극적으로 전파하는데 최선을 다하겠습니다.

　이번 학술회의 주제는 「조개무지(패총), 층층이 쌓인 가야의 기억」입니다. 가야시대 조개무지는 당시 가야사람들이 남긴 쓰레기터라고 볼 수 있지만, 무덤이나 집자리에서 볼 수 없는 생생한 생활유물들을 확인할 수 있습니다. 조개무지 속의 유기물들은 잔존 상태가 양호하여 당시 생활 유물들이 풍부하게 출토됩니다. 조개무지의 크기는 해당 집단의 규모를 유추해 볼 수 있는데, 전기 가야의 맹주인 금관가야의 왕궁터 옆에 위치한 김해 봉황동 패총은 그 규모가 크고 가야 조개무지 가운데 가장 먼저 조사된 바 있고, 금관가야의 역사가 켜켜이 쌓여 있습니다. 조개무지 내에는 외래 유물과 자연 유물도 포함되어 시간 순서대로 금관가야의 역사와 문화를 유추해 볼 수 있습니다.

조개무지를 포함하고 있는 김해 봉황동유적은 많은 조사·연구성과가 축적되어 있고 지금도 발굴조사가 진행되고 있습니다. 금번 학술대회는 이러한 고고학적 성과에 근거하여 금관가야 사회와 문화를 살펴보고자 합니다.

　끝으로 발표와 토론 참가를 수락해 주신 국내외 학자 여러분들과 학술대회를 준비하는데 많은 도움을 주셨던 김해시학술위원회의 윤형원·오춘영·송원영·김우락 선생님, 김해시청과 인제대학교 산학협력단 여러분께 심심한 감사의 말씀을 올립니다. 아무쪼록 이번 가야사국제학술회의가 계획대로 잘 진행되고 풍성한 결실을 맺을 수 있도록 여러분께서 끝까지 자리해 주시고 성원해 주시기를 바랍니다.

　오늘 참가하시는 모든 분들의 건승과 가정의 평안을 기원하겠습니다.

2025. 9. 18.
인제대학교 가야문화연구소
소장 이 동 희

환 영 사

　가야사학술회의가 올해로 제30회를 맞이하게 된 것을 뜻깊게 생각하며, 김해를 찾아주신 발표자와 토론자, 학계 및 지역사 연구자, 그리고 학생 여러분을 진심으로 환영합니다.

　이번 학술회의가 원활히 진행될 수 있도록 장소를 제공해 주신 국립김해박물관 윤형원 관장님과 발표와 토론을 맡아주신 학자 여러분께 감사드리며, 학술회의를 준비해 주신 인제대학교 가야문화연구소 관계자 여러분의 노고에도 깊은 감사와 격려의 마음을 전합니다.

　지난 30년간 이어져 온 가야사학술회의는 가야역사문화의 발원지인 우리 김해에서 가야사의 체계적 연구 기반을 다지고, 그 역사적 정체성을 확립해 나가는 데 큰 밑거름이 되어 왔습니다.

　이번 학술회의는 '조개무지, 층층이 쌓인 가야의 기억'이라는 주제를 통해, 이천년 전 찬란한 문화를 꽃피운 가야인의 삶과 정신이 켜켜이 쌓인 역사적 층위를 탐색하며 금관가야의 정체성을 새롭게 조명하는 계기가 될 것입니다.

　특히 최근 봉황동 유적에서 금관가야 건국과 관련된 중요 유물들이 출토되며, 봉황동 유적의 역사적 위상이 다시 주목받고 있습니다. 오늘 이 자리가 그 성과들을 공유하고 확산시키는 소중한 장이 되기를 기대합니다.

　또한 우리시는 현재 '가야고도 지정'과 '가야왕도 세계유산 신규등재'를 추진하고 있으며, 앞으로도 이천년 가야를 잇는 글로컬 문화관광도시 김해를 실현할 수 있도록 학계와 시민 여러분의 많은 관심을 부탁드립니다.

　다시 한번, 발표·토론을 맡아주신 분들과 참석해 주신 시민 여러분께 감사드리며, 함께한 모든 분들의 건강과 행복을 기원합니다.

2025. 9. 18.

김해시장 홍 태 용

환 영 사

　여러분 반갑습니다.

　무덥던 여름을 뒤로 하고 풍성한 가을을 맞이하여 제30회 가야사학술회
의가 개최됨을 진심으로 축하합니다. 김해시에서 1991년 최초로 열린 제
1회 가야사학술회의는 지금까지 30년 이상 이어져 오고 있는 가야권에서
가장 오래된 학술 교류의 장입니다. 가야는 여러 나라로 분리되어 있었고
현재 관련 지자체별로 '가야사학술회의'가 열리고 있지만, '가야사학술회의'
의 역사로 보면 금관가야가 가장 오랜 역사를 지니고 있습니다. 이러한 점
에서 보면, 김해가 가야의 본향이자 가야의 맹주로서의 역할을 지금도 하
고 있다고 볼 수 있습니다.

　가야사학술회의는 자발적으로 참여하시는 여러분들의 호응에 힘입어 가
야문화와 관련된 제반사항을 주제별로 점검해 왔습니다.

　이번 학술회의 주제는 「조개무지, 층층이 쌓인 가야의 기억」입니다. 조
개무지는 한자로 패총(貝塚)이라고도 하는데, 무덤이 아니라 당시의 생활
쓰레기를 버렸던 곳입니다. 당시 해안지역에 모여 살았던 사람들이 먹었
던 음식물의 찌꺼기, 파손된 생활 도구들이 같이 버려졌습니다. 조개무지
는 당시의 식생활을 알 수 있을 뿐만 아니라 조개가 함유된 토양이기 때문
에 유기물이 잘 남겨져 있습니다. 따라서 조개무지에는 뼈로 만든 도구, 사
람의 뼈도 양호하게 남아 있어서 당시의 생활상을 밝히는 보물창고와 같습
니다. 가야의 조개무지 속에는 무덤이나 집자리에서 알 수 없는 생생한 역

사를 포함하고 있습니다. 이번 학술대회는 최근 조개무지 조사, 연구 성과를 포함하여 금관가야 역사와 문화를 재조명하는 자리입니다.

저는 김해의 역사와 문화를 누구보다 사랑하는 김해시민입니다. 역사 분야는 인간의 과거사 연구를 통해 교훈을 얻고 미래를 지향하는 학문입니다.

가야사 복원은 현재진행형입니다. 가야문화의 출발지이기도 한 김해시에서 30여 년간 지속적으로 가야사학술대회를 진행하고 있습니다. 가야사 복원과 관련하여 김해의 대표 대학인 인제대학교에서 관심을 가져야 하고 김해시와 협조하에 시너지 효과를 기대하고 있습니다.

마지막으로, 이번 학술대회와 관련하여 발표자와 토론자 선생님들, 김해시학술위원회 위원님들, 김해시 의원님 및 관계자 여러분, 그리고 관심을 가지고 전국 각지에서 오신 연구자 분들께 고마움을 표합니다.

참석하신 모든 분들의 건강과 행복을 기원합니다. 감사합니다.

2025. 9. 18.

인제대학교 대외부총장 이 대 희

환 영 사

먼저, 오늘 김해시와 인제대학교 가야문화연구소가 준비하고 국립김해박물관에서 열리는 제30회 가야사학술회의 〈조개무지貝塚, 층층이 쌓인 가야의 기억〉의 개최를 진심으로 축하드립니다.

진정한 한국고고학의 시작이라고 말할 수 있는 1907년 김해 회현리 패총의 발견 이후, 국립중앙박물관은 일찍이 남해안 일대 패총에 대한 꾸준한 관심을 가지고, 〈경남 일대 패총조사사업〉(1965~1970)에서 당시까지 불분명했던 삼한시대의 문화를 찾기 위한 노력을 기울인 바 있습니다. 국립김해박물관은 대성동고분박물관과 협력해 유하패총(2015) 발굴조사에 참여하기도 하였습니다.

김해에는 회현리 패총(現 봉황동 유적)·유하 패총·칠산동 패총·용산 패총·분절 패총 등이 분포하고 있는데, 죽은 자와 의례의 공간이던 고분군과 연관성을 가지고 있습니다. 과거에는 패총 자체를 발굴해 인공유물과 자연유물을 발견하였으나 최근에는 패총 인근의 마을유적까지 발굴공간을 넓혀. 인간의 삶 전체와 관련된 생활유적, 생활폐기물, 매장유적 등을 종합적으로 이해하기 위해 다각도로 연구하고 있습니다.

오늘 여섯 분의 발표, 유병일 선생님의 〈가야시대 조개더미의 입지와 기능 및 용도〉, 조성원 선생님의 〈출토 유물로 본 금관가야 조개무지의 형성과 전개〉, 김다빈 선생님의 〈패총으로 본 금관가야 사회〉, 김지연 선생님의 〈출토 유물을 통해 본 김해 봉황동 유적의 위상〉, 정찬우 선생님의 〈자연 유물로 보는 옛 김해 앞바다 가야인의 생활〉, 김일규 선생님의 〈가야 패총 외래유물 시론〉 등 한편 한편이 참으로 소중한 글들입니다.

김해를 포함한 남해안 지역에서는 김해 봉황동유적을 비롯하여 부원동유적, 부산 낙민동유적, 양산 다방동유적, 창원 성산유적, 마산 현동유적, 고성 동외동유적, 사천 늑도유적, 해남 군곡리 유적 등에서 다수의 패총이 발견되어 유사한 양상을 보이고 있습니다. 이러한 패총은 단순한 생활 쓰레기 폐기장이 아닌 복합생활유적으로서 바라보아야 할 것이며, 고고학적 증거가 쌓여갈수록 생산과 생활·의례와 교역의 실체에 접근하는 중요한 단서를 찾아갈 수 있을 것으로 생각됩니다.

모쪼록 이번에 강산이 3번 변한다는 30년을 기념하며, 제30회 가야사학술회의를 준비해 주신 인제대학교 가야문화연구소 직원들에게 깊이 감사드립니다.

2025. 9. 18.
국립김해박물관장 윤 형 원

목 차

주제발표

가야시대 조개더미의 입지와 기능 및 용도

유 병 일*

Ⅰ. 서언

남해안 동남부 지역에 해당하는 김해, 양산, 부산, 창원, 진해, 마산, 고성에는 가야시대 조개더미가 분포하고 있다. 조개더미는 일명 쓰레기장으로서 취락을 구성하는 여러 유구 가운데 하나이며, 주거지에서 발생하는 각종 부산물이 모여서 생겨나는 덩어리이다. 조개더미에는 의식주와 관련된 담수 및 해수 조가비, 동물 뼈, 깨어진 토기와 철기, 석기, 토제품, 재, 목탄과 소토, 탄화곡물, 중간소재[1]인 뼈 도구, 자투리 뼈, 어류 비늘, 성게가시 등이 모여져 있으며, 이러한 자료는 취락의 경제활동 과정인 확보−가공−이용(교환포함)−폐기를 구체적으로 알 수 있다. 조개더미에 모여 있는

---

* 동서문물연구원

1) 뼈 연모는 원자재−중간소재−완성품 과정으로 제작되며, 중간단계에 해당하는 연모를 총칭한다.

자료를 통해 얻을 수 있는 정보는 취락인들의 의식주와 기술체계, 외부와의 교류를 알 수 있으며, 조개더미의 규모를 통해 취락의 운영기간과 취락 간의 위계화를 짐작해 볼 수 있다.

〈사진 1〉 회현리패총 1트렌치 동쪽 세부층위

조개더미는 취락이 생기면서 발생된 유구이며, 인구 증가와 주변 지세의 개척과 활용으로 면적이 확대되며, 취락구성원들의 활동무대를 위해 조개더미를 변형시키거나 흙으로 덮어[2] 사용하기 수월한 공간으로 만들기도 하였을 것이다.

조개더미에서 출토된 유물은 대부분 취락 사람들의 인위적인 활동의 결과로 모여진 것이므로 구조, 유물이 가지고 있는 속성을 통해 조개더미가 만들어지고, 확대되고, 변형되고, 폐기되는 일련의 과정을 알 수 있다. 그리고 취락 사람들의 문화적인 행위는 물론 취락 주변의 자연지세의 적

---

2) 조개더미의 층위 가운데에 흙으로 된 층이 패각과 교대로 퇴적되어 있는 경우는 패각 때문에 발생될 질병으로부터 보호받기 위해 덮은 흙일 수도 있으며, 비, 바람 등에 의해 자연적으로 덮여진 흙일 수도 있다. 그 차이는 퇴적된 흙층의 두께와 경사도, 구성물 등에 의해 판단할 수 있을 것이다.

조개무지, 층층이 쌓인 가야의 기억

응과 활용, 개척과 주변 지역 간의 문화적인 교류 양상들도 그려볼 수가 있다.

가야시대 조개무지는 정착생활을 영위한 사람들의 문화적인 활동의 흔적이므로 동남부해안 7개 권역 18개소를 대상으로 입지와 구성물, 기능 및 용도를 통해 권역별로 조개무지의 특징을 검토하고, 상사성과 상이성이 무엇인지 비교하여 기원 2~5세기의 조개더미 성격에 알아보고자 한다.

II. 입지(立地)와 구성물(構成物)

남해안의 동남부 지역에는 내륙과 해안가로 구분되어 있으며, 내륙에는 해발 300~800m 정도의 산지와 구릉지, 분지, 크고 작은 하천, 평야, 교통로, 고개가 펼쳐져 있다. 해안가는 복잡한 해안선과 갯벌, 시야에 보이는 작은 섬들, 암초와 사니질로 이루어진 해안, 수심이 적당한 바다, 조간대와 조하대, 기수역 등이 형성되어 있어 있으며, 조개더미는 이러한 자연환경에서 당시 사회에 유행한 기술적인 체계와 방법으로 의식주를 해결하고 잉여 생산물 등을 통해 주변과의 문화적인 교류와 교역을 알 수 있는 유적이며, 입지와 구성물을 통해 입지선정 요인, 자연환경의 적응과 이용을 어떻게 하였는지를 파악할 수 있다.

가. 기존의 입지 연구

지금까지 조개더미에 입지는 해발고도, 철기문화, 기후의 한랭화, 사회적인 현상, 공간적인 입지요인 분석, 해수면의 변화라는 항목에서 연구되어 왔다.

먼저, 최종규는 남해안 동남부 해안에 분포하는 18개소 김해기 패총을 해발고도를 3가지 유형으로 분류한 후 유형별 입지의 특징(고지, 험지, 전망, 격리)을 검토하여 일본의 고지성취락과 같은 방어적인 성격을 가지는 유적이며, 조개더미의 주변에 있는 무덤은 조개더미와 근친성을 가진다고 주장하였다(1989 최종규). 또한 방어적 취락은 김해기에 남해안 일대가 긴장상태이며, 식량의 생산체제가 채집단계로 바뀐 결과로 조개더미가 등장하였다고 한다(1996 최종규).

다음은 최성락·김건수의 철기문화와 관련된 것으로서 외부적인 요인으로 등장한 철기문화가 유입되어 해로가 발달하고, 이 지역에 인구가 이동하고 증가하였을 것이다. 주민들은 유입된 선진적인 철기문화 기술로 바다로부터 식량자원(조가비, 해초, 바다포유류, 어류, 파충류 등)을 확보한 결과 조개더미가 등장하였다고 한다. 그리고 기후 한랭화로 식량자원이 부족하고, 이로 인해 주민 집단끼리의 갈등(전쟁, 약탈)을 통해 조개무지의 급증과 입지를 고지 혹은 험지를 선택하였다고 한다(2002 최성락·김건수).

다음은 서현주의 기원 2~3(101-250)세기의 기후의 한랭화로서 『삼국사기』의 A.D 101~250년에 있은 기후 한랭기 영향으로 농업생산력이 감소하고, 바다와 해양에 대한 의존도가 높아지면서 해안가의 곳곳(고지, 험지, 해안가, 구릉지)에 조개더미가 형성되었다고 추정하였다(2000 서현주). 다음은 소배경은 김해기에 고지성취락의 출현으로 사회적 긴장과 대립이 격화되고(고구려남정, 포상팔국전쟁 등), 이에 대응하고자 여러 지역의 집단들이 방어체제를 개편하고, 강화의 일환으로 높은 고지 및 험지에 취락이 입지한다고 한다(2022 소배경).

다음은 이하경은 조개더미의 공간적인 지형요소들인 해발고도, 바다 접근성, 용수확보 가능성, 경사도, 사면 방향을 분석하여 조개무지의 입지를 분석하였다. 그의 연구에 따르면 경사도가 10°이내, 남향방향, 600m 이내의 용수하천 존재, 바다와는 3km 이내에 포함되는 조개더미가 절반을 차지하며, 해발고도 20m 이내에 포함되는 조개더미가 과반수를 차지한다고 한다(2023 이하경). 다음은 지리학자인 조화룡은 당시에는 해수면이 높아지면서 조개더미는 높은 고지에 입지 하였다는 것이다(1987 조화룡).

나. 지형적인 입지분류와 구성물 차이

최근에 조사된 가야시대 조개더미는 단독으로 존재하는 것이 아니라 취락에서 이루어진 정착생활의 결과물로서 입지와 조개더미에 포함된 구성물을 통해 입지적인 차이를 분명하게 구분될 수 없기 때문에 앞에서 살펴본 지형적인 요소와 사회현상을 통해 조개더미의 입지를 충분하게 설명할 수가 없다. 이 글에 언급되는 18개소 조개더미는 고지 혹은 험지에 입지한 조개더미도 있지만 고지 보다 낮은 독립구릉, 산지에서 이어지는 구릉지의 사면부와 말단부, 바닷가 주변에 입지하는 조개더미가 더 많고, 규모도 크기 때문에 기존의 입지 연구만으로 조개더미의 입지를 충분히 설명할 수가 없다. 따라서 1차적으로 지형적인 분류를 좀 더 세분화하여 입지별 유형을 그려보고, 2차적으로 해당 취락이 선택한 입지에서 영향을 받아 삶을 영위하였는지, 아니면 입지에 상관없이 삶을 영위하였는지를 조개더미에 포함된 구성물의 모든 것(퇴적 관련 요소들, 구성물의 종류와 확보, 제작과 사용, 교류와 폐기)을 통해 설명해 보고자 한다.

1. 권역별 조개더미 분포현황

이 글에 소개되는 조개더미는 김해, 양산, 부산, 창원, 마산, 진해, 고성 등 7개 권역에 분포하고 있다. 먼저, 김해평야는 봉황대패총, 회현리패총, 부원동패총, 유하리페총, 용산패총, 신문리패총, 북정패총 등 7개소가 분포하며(그림 1),

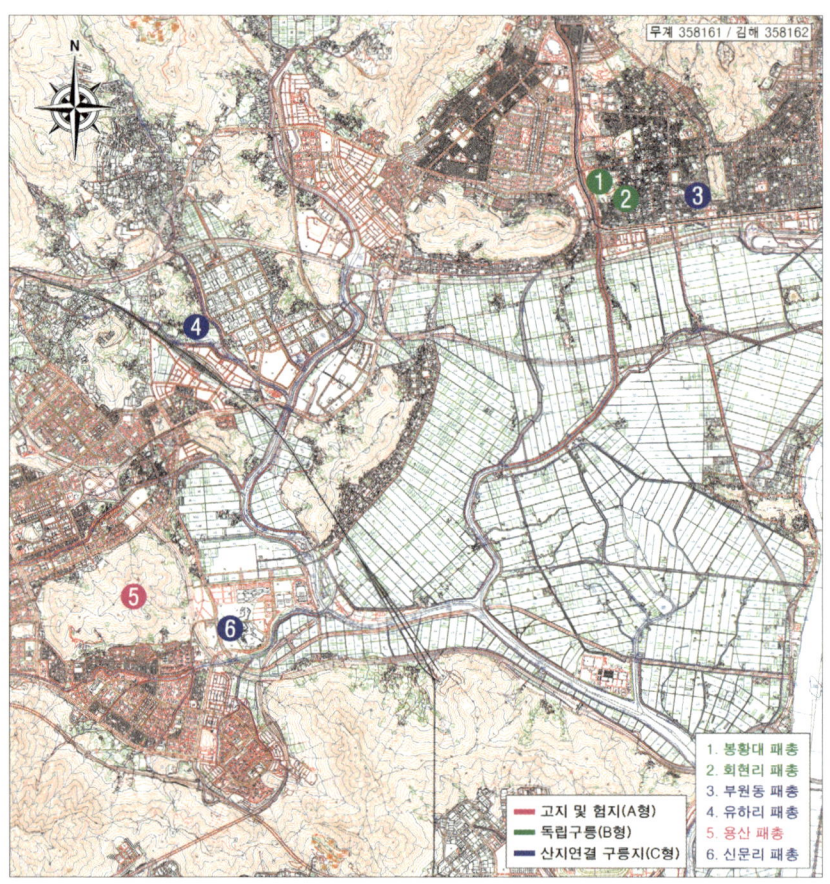

〈그림 1〉 김해평야 가야시대 입지별 조개무지 분포

　두 번째, 창원분지에는 성산패총, 가음정동패총, 내동패총, 외동패총, 남산패총, 중동패총 6개소가 분포하고 있다(그림 2).

　세 번째, 부산권에는 조도패총, 북정패총, 낙민동패총 등 3개소, 네 번째,

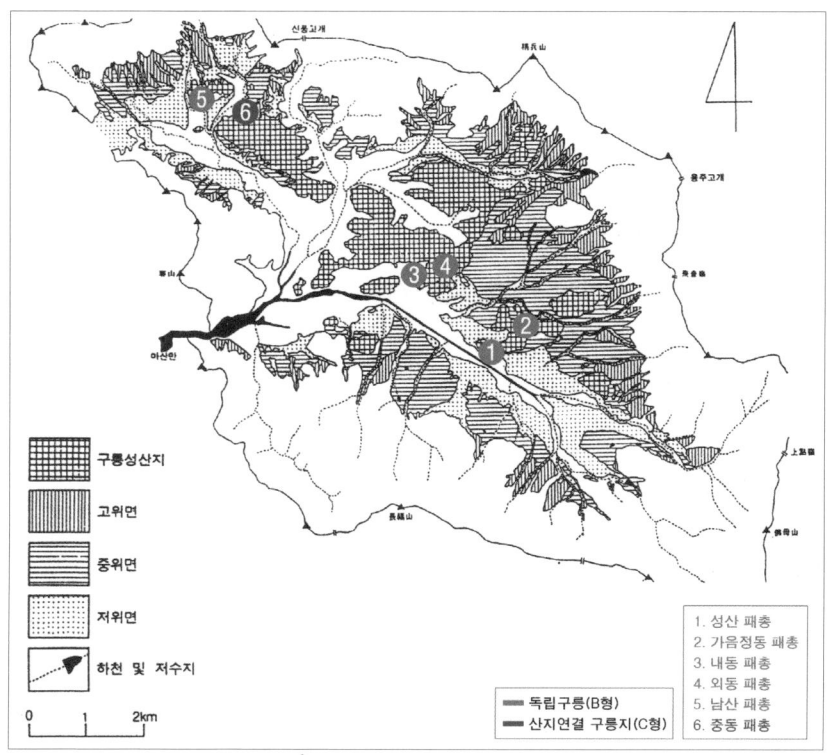

〈그림 2〉 창원분지 가야시대 입지별 조개무지 분포

마산권에는 현동패총 1개소, 다섯 번째, 고성권에는 동외동유적 1개소, 여섯 번째, 양산권에는 다방리패총 1개소, 일곱 번째, 진해권에는 웅천패총, 용원패총 2개소 등 모두 18개 조개더미가 다양한 입지에 자리 잡고 있다.

2. 입지분류

7개 권역 18개소의 조개더미는 지형입지에 따라 A형 : 고지 혹은 험지형, B형 : 독립(성)구릉형, C형 : 산지에서 연결되는 낮은 구릉지형, D형 : 해안가형으로 분류할 수 있으며, 분류 요인과 해당 유적은 아래와 같다.

1) A형 : 고지(高地) 및 험지(險地)형

요인 : 해발고도 120m 내외, 접근 힘듦, 주위 관망 우월, 방어 및 보호

　　　장점

유적 : **웅천패총, 용산패총**(그림1-⑤)**, 다방리패총**

① 웅천패총(1959년, 1961년, 1964년 고려대학교박물관 3차례 발굴)

자마산(해발 240m)의 남동쪽 구릉(해발 210m 내외)에 위치하며 넓은 대지로 이루어져 있다. 발굴조사는 구릉 대지에 하였으며, 층위는 10층으로 구분하였다. 유물은 적갈색 연질토기와 회청색 경질토기, 철기, 토제품, 관옥, 석부 등 4만여 점이 출토되었으며(김정학 1968), 뼈 연모는 복골, 작살, 각골, 도자병이 출토되었다. 동물유체는 굴을 포함한 패류, 어류는 참돔, 감성돔, 복어, 가오리, 포유류는 사슴, 멧돼지, 개, 말, 소, 해서포유류는 물개, 파충류는 거북 뼈와 조류가 출토되었다(김건수 1994). 조개무지는 주위 관망이 탁월하며, 남서쪽과 남동쪽에 직선거리 1.8~3.2km 정도에 바다가 위치하고 있다. 조개무지는 해발 210m 정도에 입지하므로 바다 관련 식량원을 확보하는 것과 운반을 힘든 노동력으로 해결하였을 것이며, 조개무지 주변에는 동일 시기의 웅천고분군은 구릉 북서쪽, 남동쪽에 분포하고 있다(창원대학교박물관 2021). 고분군의 분포면적이 매우 넓음을 볼 때 많은 사람들이 오랜 시간 동안 고지에 거주하였을 것이다.

② 김해 용산패총(2018년 한화문물연구원 시굴)

반룡산(해발 238m)의 남동쪽 구릉지 골짜기에 위치하며, 현재 참굴, 백합, 홍합, 소라, 피뿔고둥, 재첩, 조개들과 적갈색 연질토기와 회청색 경질

토기가 널브러져 있다. 조개무지를 남긴 사람들의 취락은 조개무지의 남쪽으로 직선거리 85m 정도의 골짜기에 분포하고 있다. 발굴조사에서 확인된 유구는 고상식 건물지와 주혈 다수이며, 유물은 고배, 노형기대, 시루편 등 기원 4~5세기에 해당한다. 용산패총은 평지를 왕래하기 위해 많은 노력이 필요하였을 것이며, 반면에 보호와 방어, 관망은 매우 유리한 조건을 가지고 있다.

③ 다방리패총(1995년 국립중앙박물관 발굴, 2023년 경남연구원 역사문화센터 발굴)

해발 287m 산지에서 뻗어 내린 구릉지의 해발 110m 정도의 넓은 대지에 위치하며, 2차례의 발굴조사를 통해 3중의 환호시설, 패각층, 고상건물지 존재, 주거지가 확인되었다. 유구들의 운영 시기는 현재로서는 주거지는 환호 이후에 조성된 것이며, 조개무지 역시 환호보다 후대에 해당하는 유구일 것이다. 다방리 패총은 웅천패총과 용산패총처럼 높은 산지에 거주하므로 패총에서 확인된 동물유체를 확보하거나 운반에 있어 많은 노동력을 사용할 것이다. 유적에서 바다까지의 거리가 무려 5km 이상인 점을 고려하며[3] 산지에서의 일상생활을 영위하는 것 자체가 매우 도전적인 일이었을 것이다. 그리고 앞의 산지 입지유적처럼 조망과 방어 및 보호에 많은 장점이 있있을 것이다.

---

3) 고김해만의 고해면기를 기준으로 추정한 평면적인 거리임

〈사진 2〉 다방리패총 입지(A형, 화살표)

2) 독립구릉(獨立丘陵) B형

요인 : 해발 100m 이내, 우뚝 솟은 독립구릉지, 접근성 양호, 주위 관망 탁월, 방어 및 보호 양호, 교통결절의 요충지

유적 : **봉황대 및 회현리패총**(그림1-①,②), 남산패총(그림2-⑤), **동외동패총**, 가음정동 및 **성산패총**(그림2-①,②), 내동패총(그림2-③)

① 봉황대 및 회현리패총(일제강점기 8차례 조사, 1992년 부산대학교 박물관, 1998년 부산대학교고고학과, 2005년 삼강문화재연구원, 2019년 2015~2022년 국립가야문화유산연구소 등)

임호산(해발 176m)의 북동쪽 800m 지점에 남북방향으로 달리는 해발 46m 정도의 구릉지에 봉황대패총과 회현리패총이 입지하고 있다. 유적의 서쪽에는 남북방향으로 흐르는 해반천이 자리 잡고 있으며, 구릉지는 북쪽에 있는 수로왕릉, 대성동고분군, 구지로 유적으로 이어지고 있다. 봉황

대패총은 구릉지 전체에 트렌치를 구획하여 시굴 조사한 결과 구릉지의 북동쪽 사면 1개소, 서쪽 사면 3개소, 남쪽 사면 1개소, 동쪽으로 돌출된 사면 1개소 등 6개소에 패각층이 퇴적되어 있다. 패각층이 넓게 분포하고 두

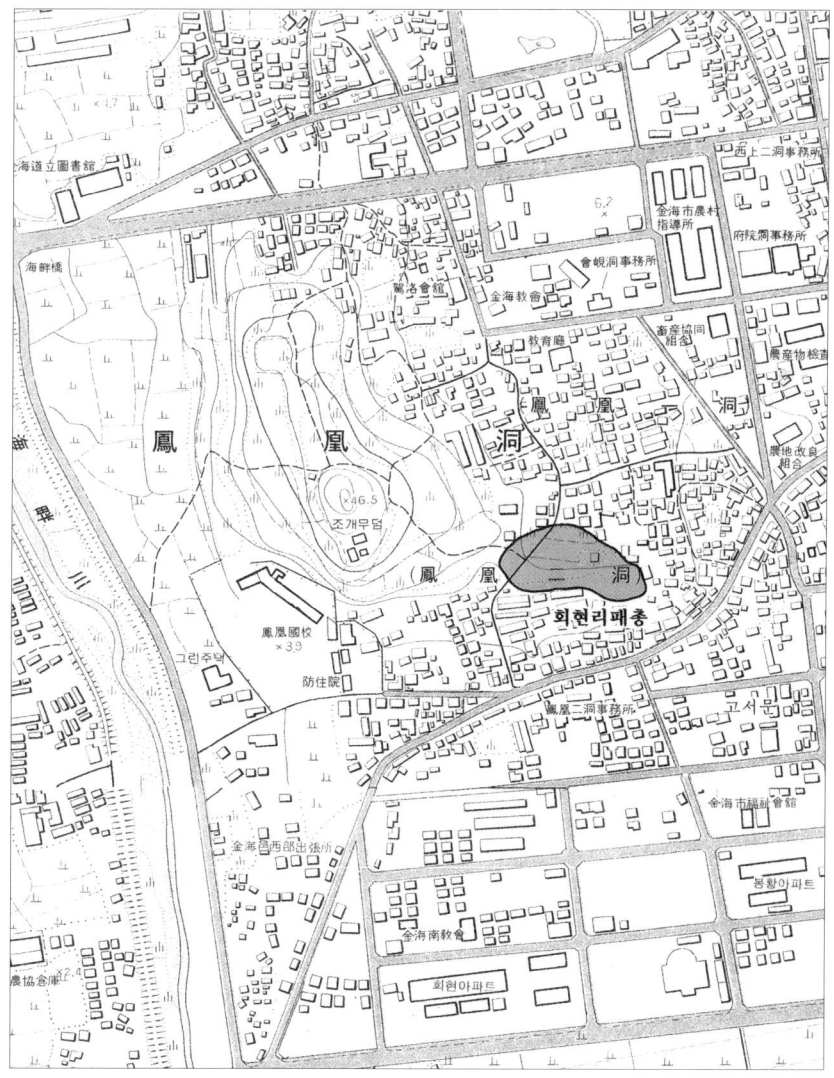

〈그림 3〉 봉황대 및 회현리패총 입지(B형)

텁게 퇴적된 곳은 남쪽 사면으로서 무려 8~10m에 이른다. 트렌치 조사에서 구와 주거지도 확인되었으며, 구는 이중구조로서 해발 15~25m와 해발 30m 정도에서 구릉지 정상부를 에워싸는 곡률로 확인되었다. 주거지는 서쪽 사면과 동쪽 사면과 저지대에서 확인되며, 일부 지역에 대해서는 발굴조사가 진행되어 주거지의 구조와 성격을 알 수 있다. 유물은 무문토기시대에 해당하는 단면원형 및 삼각형점토대토기, 홍도, 석촉과 기원 전후에 해당하는 화천, 훼룡문경도 출토되었다. 그리고 3~6세기에 해당하는 연질토기, 경질토기, 철기, 다양한 골각기와 복골, 동물유체가 출토되었다. (그림3)

② 성산패총(1968년 김용기 외, 1976년, 문화재관리국, 1991년 국립창원문화재연구소, 2018년 우리문화재연구원)

해발 50m의 구릉지 일대에 조개무지, 환호, 토성과 석성, 야철지 등이 확인되었다. 조개무지는 구릉지 사면의 4개소에 퇴적되어 있으며, 환호는 구릉지의 남동쪽에서 확인되었다. 환호는 현재 구릉지의 동쪽 사면에서만 확인되었지만, 전체 모습은 구릉 정상부를 에워싸는 형태일 것으로 추정된다. 토성과 석성은 시기 차를 가지고 만들어져 있으며, 주거지는 환호 내부의 정상부 일대에 분포하고 있을 것으로 판단된다. 야철지 서남구 패총 아래에서 확인되었으며, 출토유물은 무문토기시대의 공열문, 구순각목공열문, 석기와 와질토기, 연질토기 및 경질토기, 오수전, 야요이토기, 철기, 동물유체, 골각기 등이 확인되었다. 무덤은 성산패총의 구릉 일대에는 없지만, 유적 북동쪽 600m 정도에 구릉지 사면과 정상부에 3~6세기에 해당하는 무덤이 확인되었다.

③ 동외동패총(1969~70년 국립중앙박물관, 1974년 동아대학교박물관, 1995년 국립진주박물관, 2022년 삼강문화재연구원, 2023년 경상문화재연구원 발굴)

해발 32m의 구릉지 일대에 분포하며, 정상부의 가운데에는 빈 공터, 북쪽 일대는 수혈과 이중환호, 동쪽 일대는 주거지군, 야철지는 동쪽과 남쪽 사면부, 패각층은 북쪽과 남쪽 사면 일부 공간에 분포하고 있다. 발굴조사에서 확인된 유구는 주거지, 수혈, 패각층, 야철지이며, 선후관계는 수혈+주거지는 이중환호에 둘러싸여 있으며, 패각층은 환호가 폐기된 이후에 형성된 것이라 한다. 이렇게 본다면 이중환호+수혈+주거지는 동일시기, 조개무지는 동시기~이후 시기에 형성된 것으로 볼 수 있다. 유물은 연질토기와 경질토기, 왜계토기, 철기, 광형동모, 청동환, 동전, 토주, 방추차 등 736점이 출토되었으며, 유적 중심 연대는 기원 3~4세기로 추정하고 있다.

3) 산지에서 이어지는 구릉지 : C형
요인 : 일상생활 편리, 교통결절의 요충지, 취락확대 가능성 높음, 조망 우월, 방어 및 보호 유리, 경제활동 진출입용이, 해상교통로 활용 유리
유적 : **신문리패총**(그림1-⑥), **중동패총**(그림2-⑥), 현동패총, **유하패총**(그림1-④), 낙민동패총

① 신문리패총(2015년 한겨레문화재연구원 발굴)

조개무지는 반룡산(해발 238m)에서 동쪽으로 연결되는 해발 35m의 구릉

지에 분포하며, 고김해만으로 돌출되어 있다. 발굴조사에서 청동기시대 분묘, 가야시대 주거지, 수혈, 구, 패각층이 확인되었다. 청동기시대 분묘는 구릉의 동쪽사면에 모여 있으며, 가야시대 주거지와 수혈은 혼재되어서 구릉 사면부에 집중 배치되어 있다. 패각층은 수혈과 주거지가 배치된 사면부의 아래쪽과 골짜기 지형의 4곳에 있으며, 패총 B는 수혈유구 위에 형성되어 있다. 신문리유적은 2개의 구릉 사면부에 청동기~삼국시대까지 분묘와 생활공간으로 이용하였지만, 구릉 정상부는 빈 공간으로 되어 있다. 오랜 기간 동안 고의적인 목적에 의하여 의도된 기획의 결과로 여겨진다. 그리고 유적의 남서쪽에는 고김해만의 영향을 받는 곳에 관동리 진지(津址) 유적이 자리 잡고 있는데, 입지, 거리, 시간성을 고려할 때 밀접한 관련이 있는 유적으로 보인다.

② 중동패총(2019년 동서문물연구원)

등명산(해발 182m), 백옥산(해발 184m), 남산(해발 98m) 사이의 해발 21~26m 구릉지에 분포하며, 북서쪽 1km에 남산패총이 위치하고 있다. 유적은 등명산, 백옥산, 남산의 지맥들이 뻗어 내린 구릉 대지에 조성되어 있으며, 가야시대의 취락유적이 넓은 면적에 분포하고 있다. 유구는 주거지, 구상유구, 수혈, 고상건물지, 토취장, 소성유구, 폐기장(패각층)이 혼재되어 있으며, 다른 기관의 조사내용을 참고하면, 고분군, 경작지, 환호(구)도 추가된다.

패각층은 3개소에 만들어져 있으며, 우리 조사구역에서는 2개소가 150m 거리를 유지하면서 형성되어 있다. 패각층 면적은 패총1은 1,553㎡, 패총2는 1,795㎡ 이며, 패각은 선대의 주거지, 수혈, 구상유구 위에 퇴적되어 있다. 주거지는 방형과 원형, 타원형으로 구분되며, 직경 11m에

〈사진 3〉 중동패총(C형 입지)

이르는 대형 주거지도 있다. 수혈은 내부의 정황을 보면 용도가 토취 확보, 작업 및 공방으로 운영된 듯하며, 구상유구는 등고선 흐름과 유동하거나 직교하는 것으로 구분할 수 있다. 등고선 흐름과 동일한 구상유구는 대형으로서 환호로 추정할 수도 있다. 유물은 연질 및 경질토기, 방추차, 어망추, 골각기와 동물유체가 검출되었다.

③ 유하패총(2017년 국립김해박물관, 2021, 2022년 한화문물연구원 발굴)

매봉산(해발 338m, 김해 주촌면 양동리 소재)과 양동산성이 위치한 산지(해발 340m)에서 남동쪽으로 이어지는 구릉지 일대에 유하리 유적이 분포한다. 유적이 분포하는 구릉은 해발 50m 정도이며, 장축은 북서-남동방향이다. 구릉지의 동쪽은 내삼천이 북서-남동방향, 서쪽은 유하천이 북서-남동방향으로 흘려 유적의 남쪽에서 합류하여 조만강에 합류한다. 유적은 2차례 조사한 결과 구릉지의 정상부와 남동쪽 사면, 말단부에 주거지, 수혈, 패각층이 분포하고 있음을 확인하였다. 유물은 연질 및 경질토기, 뼈연모, 동물유체가 검출되었으며, 구릉 북쪽에 후포고분군, 양동리고분군이 위치한다.

4) 해안가 : D형

요인 : 바닷가 지척거리, 바다활용 유리, 해산자원 확보 용이, 원자재 확보 및 공급유리, 해수 관련 전문 집단 존재 유리, 농경 행위 가능

유적 : **조도패총**, 북정패총, **용원패총**

① 조도패총(1973년 국립중앙박물관 발굴)

부산 영도구 아차산(해발 141m)의 북서쪽에 있는 넓은 대지에 조개더미가 입지하고 있다. 유적은 가야시대와 신석기시대 조개더미가 형성되어 있으며, 발굴조사는 트렌치를 구획하여 층위조사를 하였다. 층위는 4개 층위로 퇴적되어 있으며, 문화층은 상부의 표토층, 기반층을 제외하면 위로부터 흑갈색부식토층—패각층—역성층으로 퇴적되어 있다. 유구는 혼토패각층에서 야외용 노지 2기가 확인되었으며, 트렌치B 근처에서 신장 177cm 정도의 성년 남자의 인골이 확인되었다. 무덤 양식은 위석식 혹은 토광묘로 추정되며, 동침 신전장으로 매장되어 있다. 인골 주위에 부장한 철검, 철촉, 골촉, 경식이 부장되어 있다. 유물은 즐문토기, 점토대토기, 연질 및 경질토기, 토제품, 동물유체, 골각기 등이 출토되었다.

② 용원패총(1994년 동아대학교박물관 발굴)

 망개산(해발 196m, 진해구 안골동 소재)의 북동쪽 700m 정도에 위치하는 해발 25m 정도의 구릉지 사면에 유적이 자리 잡고 있다. 이곳은 진해만의 영향을 직접적으로 받는 곳으로서 유적이 운영될 당시에는 조간대의 바다 환경이 펼쳐져 있었을 것으로 판단된다. 발굴조사에서 확인된 유구는 주거지, 수혈, 주혈군, 조개무지이며, 조개무지는 14층으로 구분된다. 유물은 연질토기와 경질토기, 토제품, 철기, 뼈연모와 동물유체가 출토되었다.
 이상으로 조개더미 유적의 입지를 4유형으로 나누고 유형별로 대표적인 유적의 자연환경과 발굴조사에 확인된 내용을 서술하였으며, 아래 표1)로 정리하였다.

〈사진 4〉 용원패총(D형 입지)

〈표 1〉 입지 유형별 특징과 관련 요소들

유형	명칭	요인	유적	유구	유물	뼈연모	동물유체
A형	고지 및 험지	해발고도 110m내외, 접근 힘듦, 관망 우월, 방어 및 보호 장점	웅천패총, 용산패총, 다방리패총	주거지, 수혈, 환호, 고상건물지, 주혈군, 패각층	연질 및 경질토기, 와질토기, 철기, 토제품, 왜계토기 등	도자병, 송곳, 첨두기, 찌르개, 골촉, 골침, 작살, 각골, 복골, 장신구 등	연체동물(복족류+부족류 등), 어류, 파충류, 조류 포유류, 해서포유류 등
B형	독립구형	해발고도 100m, 독립구릉, 접근성양호, 주위관망탁월, 방어 및 보호 강점, 교통결절요충지	봉황대 및 회현리패총, 남산패총, 동외동패총, 가음정동 및 성산패총, 내동패총	분묘, 주거지, 수혈, 환호, 고상건물지, 야철지, 구상유구, 주혈, 경작지, 패각층 등	점토대토기, 석기 연질 및 경질토기, 와계토기, 토제품, 철기, 낚시바늘, 철도자, 철부, 철겸, 동전, 동검, 동사, 왜계토기 등	도자병, 송곳, 첨두기, 찌르개, 골촉, 골침, 복골, 각골, 장신구 등	연체동물, 어류, 파충류, 조류, 포유류, 해서포유류 등
C형	산지에서 이어지는 구릉지	일상생활 편리, 교통결절요충지, 조망우월, 방어 및 보호 유리, 해상교통로 활용 유리, 자연환경 활용 용이	신문리유적(관동리유적), 중동패총, 현동패총, 유하패총	분묘, 수혈, 주거지, 주혈, 환호, 구상유구, 소성유구, 경작지, 고상건물지, 패각층 등	연질 및 경질토기, 와질토기, 철기, 토제품, 장신구, 도구제작 관련 연모, 왜계토기 등	도자병, 송곳, 첨두기, 찌르개, 골촉, 각골, 복골, 장신구, 문양골기 등	연체동물, 어류, 파충류, 조류, 포유류, 해서포유류 등

| D형 | 해안가 | 바닷가근처, 바다활용유리, 해산관련 원자재 확보용이, 내륙 공급 용이, 수산물 확보용이, 해산물확보 전문집단 존재, 농경행위 가능 | 조도패총, 북정패총, 용원패총 | 수혈, 주거지, 주혈군, 패각층, 인골, 덕장 등 | 연질 및 경질토기, 철기, 토제품, 장신구, 경옥, 왜계토기 등 | 도자병, 첨두기, 장신구, 찌르개, 골촉, 복골 등 | 연체동물, 어류, 파충류. 조류, 포유류, 해서포유류 등 |

〈표 1〉은 유형별로 분류된 조개더미의 발굴조사에서 확인된 유구와 유물 등을 비교한 것으로서 유형별 입지 차이는 크게 나타나지 않지만, 오히려 공통적인 면이 부각되는 현상이다. 주변의 산지와 평야, 바다를 효율적으로 활용하여 의식주를 해결하고, 출토유물에서 대외 교류와 관련된 유물이 입지 유형별로 모두 확인되는 점은 입지유형별 차이에 따른 결과가 아니라 입지에 상관없는 일상생활 혹은 취락의 번영과 발전을 위해 지형을 개척하고 활용하기 위한 적극적인 행동의 결과가 유적의 입지선정에 중요한 요인으로 작용한 것으로 추정된다.

〈그림 4〉은 기원 1세기경 김해평야의 고지형으로서 사람들이 점유하여 생활한 위치를 표시한 것으로서 용산패총은 해발 200m 정도의 산지 사면, 회현리 및 봉황대패총은 해발 50m의 독립 구릉, 유하리패총, 부원동패총, 신문리패총은 산지에서 구릉지로 이어지는 구릉지에 입지하고 있다. 김해지역의 조개더미들은 김해평야의 고해면기의 해수면 변화에 따른 입지선택의 결과로 생각할 수 있지만 용산패총은 김해지역에서 유일하게 고지에 입지하고 있다. 그 이유에 대해서는 자료증가가 필요하지만, 사회적인 긴장과 대립에 의한 것보다 신문리패총+관동리유적과의 특수한 상황[4]에서

---

4) 자료증가가 필요하지만 신문리유적과 관동리유적과 밀접한 관련이 있으면서 취락운영과

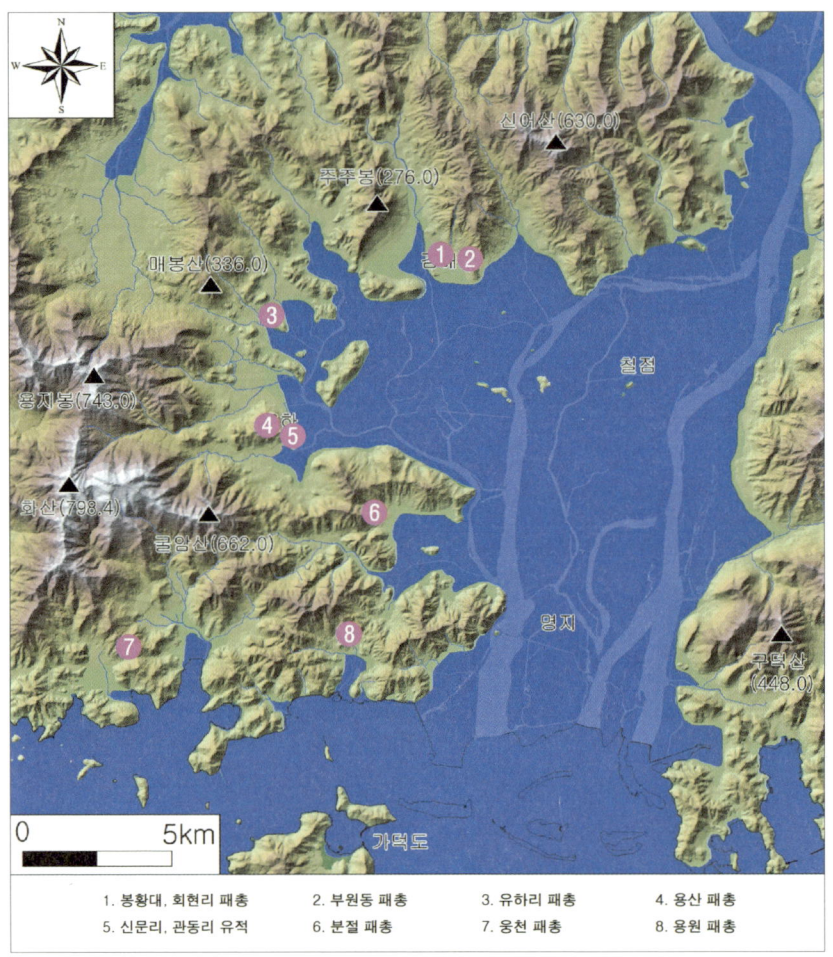

<그림 4> 김해지역 고해면기의 고지형과 패총(2008 김정윤 재수정)

입지선택의 요인을 찾아볼 수도 있을 것이다. 따라서 김해지역에 분포하는 조개더미들은 사회적 현상보다 더 중요한 요소들, 다시 말해서 유적 주변에 펼쳐져 있는 산지, 조간대, 기수역, 갯벌지역, 하천 등의 지형적 요소를

관련된 특수적 목적을 담당하는 사람들의 거주지일 수도 있다.

개척하고, 적응하기 위한 취락사람들의 기술적인 체계와 개척전략, 필연성이 작용한 결과로 생각된다.

다음은 취락에 포함되는 유구들의 조합을 통해서도 입지를 선택한 중요한 요인이 무엇이었는지를 추정할 수 있다. 최근 김해와 창원, 진해, 마산 일대에서 이루어진 발굴조사에서 넓은 의미의 취락이 조사되었는데[5], 입지 유형 A형에 해당하는 진해 웅천패총인 〈그림 5〉를 통해 살펴볼 수 있다. 웅천유적은 발굴조사와 정밀지표조사 내용(2021 창원대학교박물관)을 통해 취락을 구성하는 유적의 종류와 성격을 알 수 있다. 고려대학교박물관에서 3차례 발굴 조사한 자료에서 일상생활을 알 수 있는 각종 토기와 철기, 골각기, 토제품, 장신구, 다양한 종류가 확인된 동물유체를 통해 유적이 A형(고지 및 험지)이지만 지형적인 어려움을 개척하고 입지에 적응한 생활모습을 엿볼 수가 있다. 특히 바다가 남동쪽으로 약 2~2.5km 거리이지만 작살 등을 통해 외양성 어류인 참돔, 물개, 돌고래를 확보한 어로활동 자료(1994 김건수)는 거주지가 고지 혹은 험지이지만 지형적인 한계를 극복한 생활모습을 보여주고 있다. 그리고 패총, 주거지, 고분군이 존재하고 영역을 달리하면서 운영기간이 3-5세기임을 볼 때도 지형적인 한계를 극복하고 고지 혹은 험지에서 입지의 자연적인 한계를 극복하고 일상적인 삶을 영위한 유적으로 볼 수 있다.

---

5) 웅천패총뿐 만 아니라 유하리패총+주거지+후포 및 양동리고분군, 가음정동패총/성산패총+가음정동주거지+경작지+경작지+고분군+야철지 자료, 창원 중동패총+주거지+경작지+고분군+소성유구+공방 자료, 용산패총/신문리패총+주거지+공방+고분군+진지 자료 등이 해당한다.

〈그림 5〉 웅천유적 생계유형 구분

3. 조개더미 구성물을 통한 입지 검토

조개더미는 취락 사람들이 생활하면서 필요 없는 부산물을 버려서 생겨
난 일명 쓰레기장이며, 구성물을 확보하고 이용한 유형을 통해 입지선택에
있어 중요한 요인은 무엇인가를 추적해 볼 수 있다. 구성물 검토는 발굴 조
사한 A형(고지 혹은 험지)과 C형(산지연결 구릉지)의 대표적인 조개더미를 통
해 검토해 보고자 한다.

먼저, A형(고지 및 험지)은 양산 다방리패총이 대표적이다. 조개더미는
해발 110m에 입지하며, 발굴조사에서 북동−남서방향의 구릉지 대지에
3중 환호, 고상건물지, 패총, 주거지, 수혈이 확인되었으며, 유구 별로
선후관계를 가지면서 조성되어 있다. 패총은 환호 내부에 퇴적된 흙에서

확인되었으며, 환호를 파괴하고 만들어져 있다. 패총과 주거지 이전에 운영 기간은 알 수 없지만, 환호가 먼저 운영된 것으로 확인되었으며, 환호는 보통 취락의 외곽에 일정한 방향으로 일주하는 유구로서 생각하고 있다[6]. 다방리패총에서 출토된 유물은 연질 및 경질토기, 석기, 골각기, 어망추, 토제품, 구슬, 해수산 조가비 및 육상동물 뼈들이며, 유적의 중심연대는 3세기이다. 주거지는 말각 방형과 원형이며, 내부에는 벽주혈, 벽구, 노지 등이 확인되었다. 다방리 유적의 남서쪽에 있는 양산천은 고해면기(6,000~1,800yr BP) 김해지역의 해수면 영역에 포함된 하천으로서 현재와는 지형적인 차이가 많았을 것이다. 고해면기의 유적 주변은 양산시청 일대는 산지에서 이어지는 저지대 구릉지로 되어 있었으며, 나머지는 해수면의 영향으로 토지이용을 적극적으로 하지 못하였을 것이다. 따라서 다방리 유적은 환호존재, 지형적 고지만으로 사회적인 현상에 의한 입지선택의 결과가 아니라 당시의 자연적인 환경에 따른 입지선택의 제한, 입지선택 이후 행해진 취락사람들의 적극적인 적응과 개척, 활용[7]이 입지선택과 운영에 더 중요하게 적용되었을 것이다.

다음은 C형(산지연결 구릉지)으로 창원 중동유적이 대표적이다. 중동유적은 발굴조사 결과(2019 동서문물연구원) 삼한삼국시대 주거지, 수혈유구, 구상유구, 고상건물지, 토취장, 폐기장, 목주열, 소성유구와 고배, 단경호, 이형토기, 골각기, 복골 등이 출토되었으며, 동시기에 지역을 막론하고 가장 큰 규모의 취락유적일 것이다. 조개무지는 3개소에 분포해 있으며, 주거지, 구상유구 위에 퇴적되어 있거나 주거지와 동시기에 만들어진 유구

---

6) 환호의 기능이 방어, 의례, 경계 및 구역, 범위로 구분되어야 한다는 연구를 보면 환호는 반드시 취락의 방어만을 위한 구조가 아니라는 점이다.

7) 취락 운영과 유지, 보수에 필요한 원자재의 확보와 이동, 가공 등의 기술적인 여건도 매우 중요한 요소일 것이며, 간혹 혹은 비정기적으로 발생되는 사회적인 현상보다 전자의 성취도가 더 중요하였을 것이다.

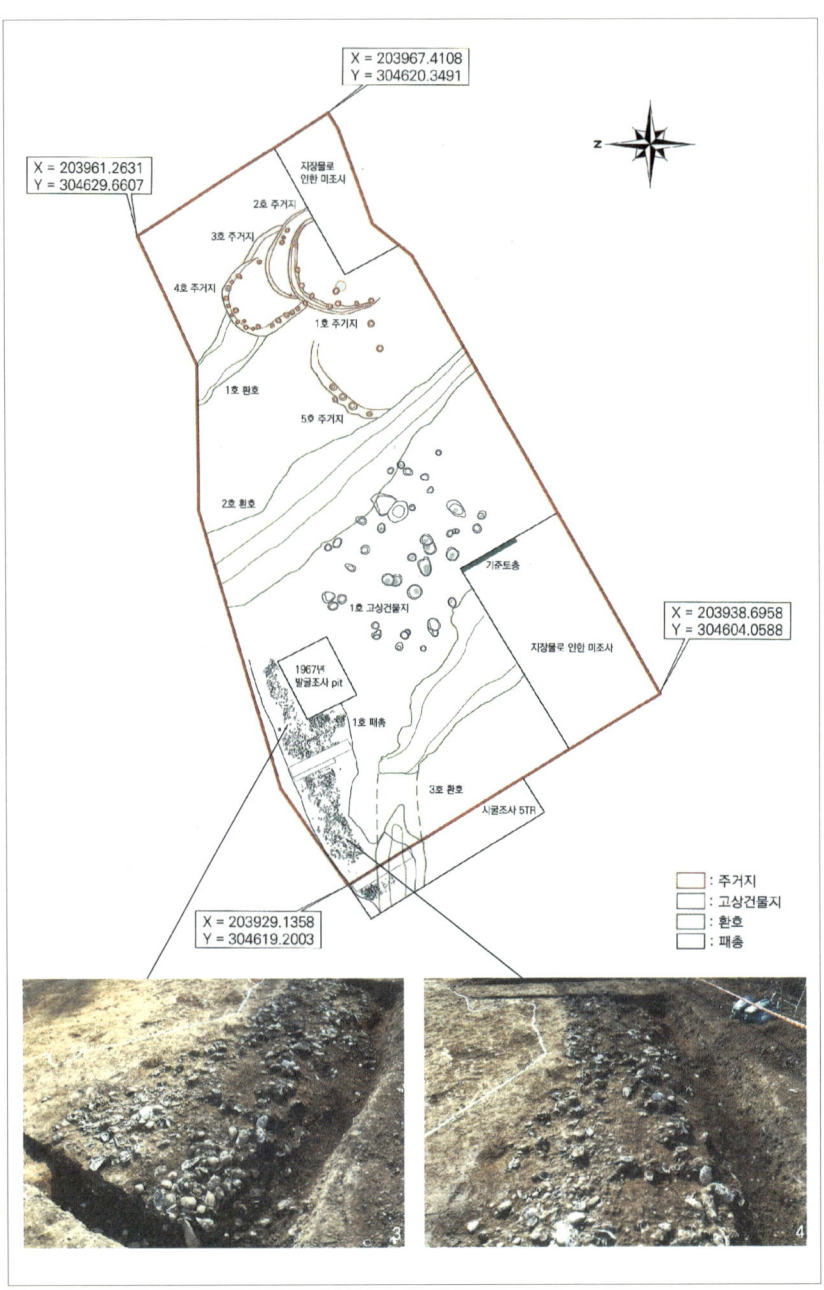

X = 203967.4108
Y = 304620.3491

X = 203961.2631
Y = 304629.6607

지장물로
인한 미조사

2호 주거지

3호 주거지

4호 주거지

1호 주거지

1호 환호

5호 주거지

2호 환호

1호 고상건물지

기준토층

지장물로 인한 미조사

X = 203938.6958
Y = 304604.0588

1967년
발굴조사 pit

1호 패총

3호 환호

시굴조사 5TR

X = 203929.1358
Y = 304619.2003

□ : 주거지
□ : 고상건물지
□ : 환호
□ : 패총

〈그림 6〉 다방리패총의 유구와 패각

이다. 조개무지는 구릉지 가운데에 조성된 주거지군의 북서쪽(패총2)과 남동쪽(패총1)의 사면부에 2개소가 만들어져 있으며, 패총1은 평면 1,553㎡, 패총2는 평면 1,795㎡에 이른다. 〈그림 6〉은 중동패총의 층위 단면을 보여주는 것으로서 주거지 운영에서 생겨나는 부산물(재, 목탄, 소토, 곡물, 패각, 연모제작 원자재, 제작도구와 부산물, 동물뼈 등)이 퇴적되어 층위는 패분층, 혼토패층, 순패층, 소토층, 점토층, 흑갈색층으로 구분되어지며 구역에 따라서 경사지거나 수평으로 퇴적되어 있기도 하다(2003 유병일). 층위에서 보여주는 요소를 통해 입지선택에서 알 수 있는 점은 대부분 취락에서 이루어지는 일상생활에서 발생되는 부산물들이며, 사회적인 현상을 유추할 수 있는 유물은 부재이다는 점이다. 그러나 취락에서 소실된 주거지 존재, 철촉, 철검과 같은 무기류가 출토되지만, 긴급 및 위급 상황임을 짐작할 수 있는 수량이 적으므로 현재로서는 중동패총 역시 지형적 요소와 취락사람

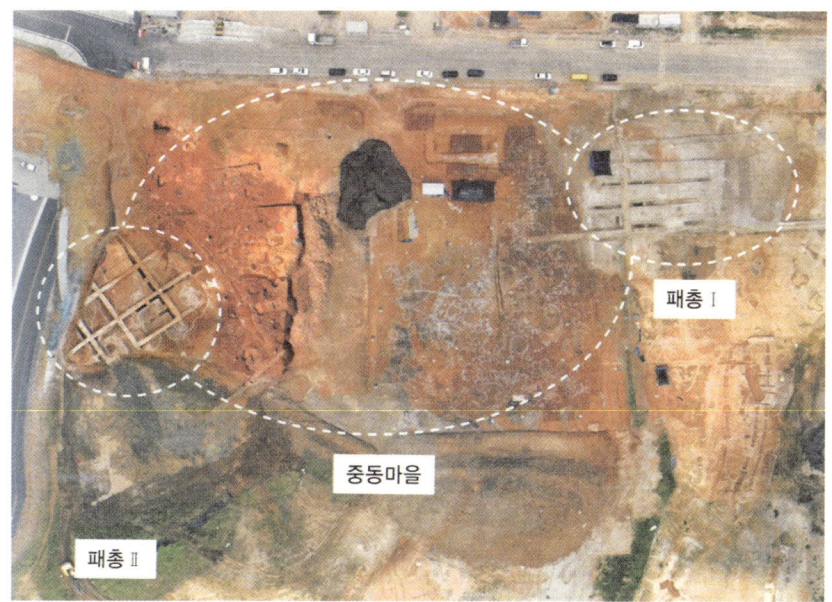

〈사진 5〉 중동유적의 패총 1, 2

들이 자연환경에 적응 및 대응, 개척과 활용 전략을 우선시하여 운영된 취락으로 보아야 할 것이다.

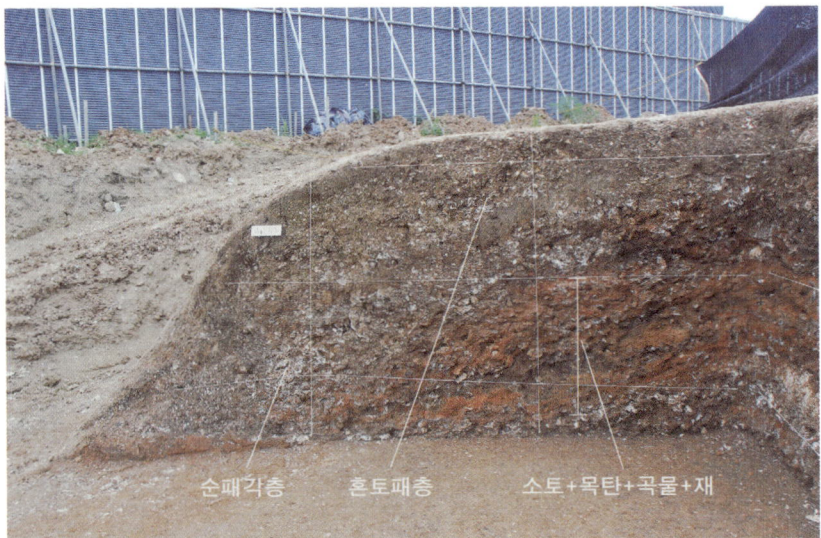

〈사진 6〉 중동패총1,2 층위단면 모습
(상, 패총1, 다1그리드 서쪽토층, 하, 패총2, S1W5 북쪽 토층)

이상과 같이 조개더미의 입지선택은 지금까지 지형적인 요소, 사회적인 현상, 기후변화, 해수면 변동으로 살펴왔지만, 입지선정에 있어 작용된 가장 큰 요인은 유적 일대의 자연적인 환경을 적용하고 대응한 적응전략, 취락사람들의 기술적인 체계, 적응하려는 필수적인 생존전략과 구체적인 행동이 복합적으로 작용한 결과로 이해하여야 할 것이다. 조개더미의 운영기간이 단시간이 아니라 오랜 기간 동안 동일한 장소에서 취락이 존속되었다는 점은 적응전략이 중요하게 적용된 결과이며, 부분적으로 일어나는 사회적인 긴장 및 위급 사항은 취락 운영에 절대적으로 영향을 끼친 것이 아니라 짧은 기간에 일어나고 해결되는 상황이라는 점이다.

Ⅲ. 기능 및 용도

남해안 동남부지역의 4가지 입지유형에 분포하고 있는 조개더미는 발굴 조사된 내용을 통해 조개더미의 기능과 용도를 검토할 수 있으며, 이 장에서는 김해와 창원에 분포하는 대표적인 조개더미를 통해 검토해 보고자 한다[8]. 조개더미는 폐기공간으로서 주거지 혹은 취락 입지와 관련되어 폐기 장소가 결정될 수 있다. 조개더미는 봉황대패총, 신문리패총, 성산패총처럼 자연 구릉지를 그대로 이용한 것도 있지만 중동패총, 남산패총, 현동패총, 회현리패총, 가음정동패총처럼 선대 유구 위에 폐기장소로 활용한 경우가 많다.

---

8) 물론 양산, 마산, 고성 일대에도 조개더미가 발굴 조사되었지만 전체 양상을 파악할 수 어렵기 때문에 제외하였다.

〈사진 7〉 선대 유구 위에 폐기된 중동패총

가. 조개더미의 발생과 확대

가야시대 조개더미는 단독으로 생겨나는 경우[9]는 매우 드물며, 보통 취락의 운영에서 발생되는 경우가 많다. 따라서 조개더미 발생과 확대는 조개더미의 기능과 용도의 변화를 유추할 수 있으며, 취락에서의 공간 활용, 다른 유구와의 중복관계, 부산물이 차지하는 면적과 조개더미에 나타나는 층위의 기울기와 종류를 통해 알 수 있다.

먼저, 조개더미는 구릉지에 취락이 존재할 때는 구릉지의 사면(대부분 패총해당), 산지에서 이어지는 구릉 대지에 취락이 존재할 때 사면부에 쓰레기장으로 활용하는 사례가 많다. 이러한 공간 활용은 현실적인 여건에서 가장 합리한 방법이며, 지형을 적극적으로 활용한 사례임을 알 수 있다.

---

9) 신석기시대의 경우 계절적 주거 혹은 임시 식량원 확보 때문에 생겨난 조개더미를 지칭하지만, 검토할 부분이 있다.

1. 봉황대 및 회현리 패총

   상기 패총은 동일지형에 형성된 조개더미로서 시기적인 분포면적과 장소의 변화를 통해 조개더미의 발생과 확대를 알 수 있으며, 취락에서 요구하는 여건, 다시 말해 취락 발전과 확대에 방해되는 요소를 어떻게 해결하였는지를 알 수 있다. 봉황대 및 회현리 조개더미가 분포하는 해발 46m 정도의 구릉은 남북방향으로 약 1km 정도이며, 북쪽의 대성동 구릉까지 약 1.5km까지 이어져 있다. 구릉지에 대한 발굴 조사한 결과 조개더미는 시기별로 변화 과정이 있음을 추정할 수 있다. 구릉지 전체를 대상으로 트렌치를 구획하여 조사한 결과 삼한시대는 무문토기 발과 합인석부, 단면삼각형점토대토기가 1 트렌치, 2 트렌치, 3 트렌치, 12~13 트렌치, 회현리 패총이 분포하는 구릉 일대에서 확인되어 이 시기부터 사람이 살기 시작한 것으로 볼 수 있다. 패각은 정확하지 않지만 3트렌치에서 확인된 구의 아래층에 패각층이 존재하는 것으로 보아 늦어도 3세기에는 구릉지의 서쪽 일부에 패각이 버려지기 시작하였을 것으로 추정할 수 있다[10](1998 부산대학교박물관). 그리고 이 시기에 사람들이 구릉지에 살기 시작하였다면 구릉지 주변까지 발달된 해수역의 서식하는 해산물을 확보하고 활용하였을 것이며, 그 흔적이 〈그림 8〉과 같이 조개더미로 나타났을 것이다.

   3세기가 되면 봉황대 일대는 주거지는 구릉의 동쪽 일대(1993 이재현, 1998 부산대박물관)와 서쪽의 구릉지에 분포하며, 이들이 남긴 조개더미는 주거지보다 해발고도가 낮은 서쪽 구릉지와 남쪽 구릉지에 쌓이기 시작하였다[11]. 4-5세기가 되면 〈그림 9〉와 같이 봉황대 구릉과 그 주변까지 주거

---

10) 당시 시굴조사를 담당한 연구자와 인터뷰한 결과 점토대토기단계에 패각이 버려지기 시작하였을 가능성을 제언해 주셨고 이에 감사드린다.

11) 봉황대 구릉 일대에서 기원 4세기에 본격적으로 조개더미가 형성된다는 지적이 있지만 부산대학교박물관에서 시굴 조사한 2 트렌치의 구와 패각의 상관관계를 고려하면 조개

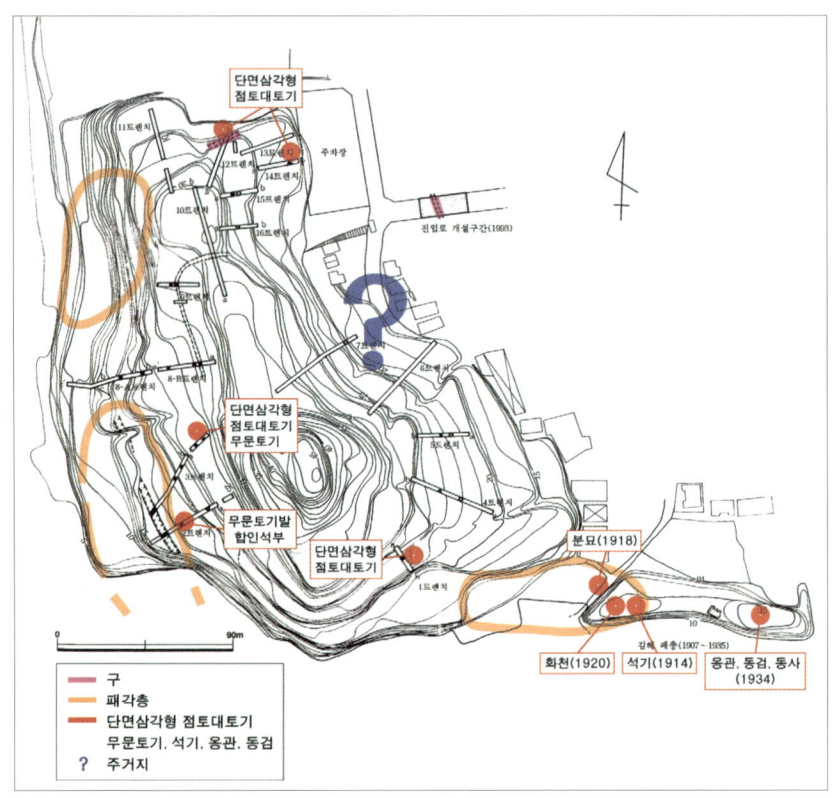

〈그림 7〉 삼한시대 봉황대 및 회현리유적 유구 분포예상도

지와 조개더미가 확대되어 봉황대유적의 최전성기를 나타내고 있다. 이 시기가 되면 유적 일대를 감싸는 봉황토성이 축조되어 구릉지 일대의 경관이 매우 복잡하고 유기적인 관계를 유지하면서 펼쳐졌을 것이다. 이 시기의 조개더미는 봉황토성 내부에 퇴적되어 있어 위생 및 불결한 상태로 유지되었을 것으로 생각할 수 있지만 봉황대 남쪽 일대(2018 박대재)와 동쪽 일대에 대지조성 등에 패각층을 사용하였다면 토성 내에 예상되는 비위생적인

더미는 기원 3세기에는 이미 형성되고 있었음을 알 수 있다.

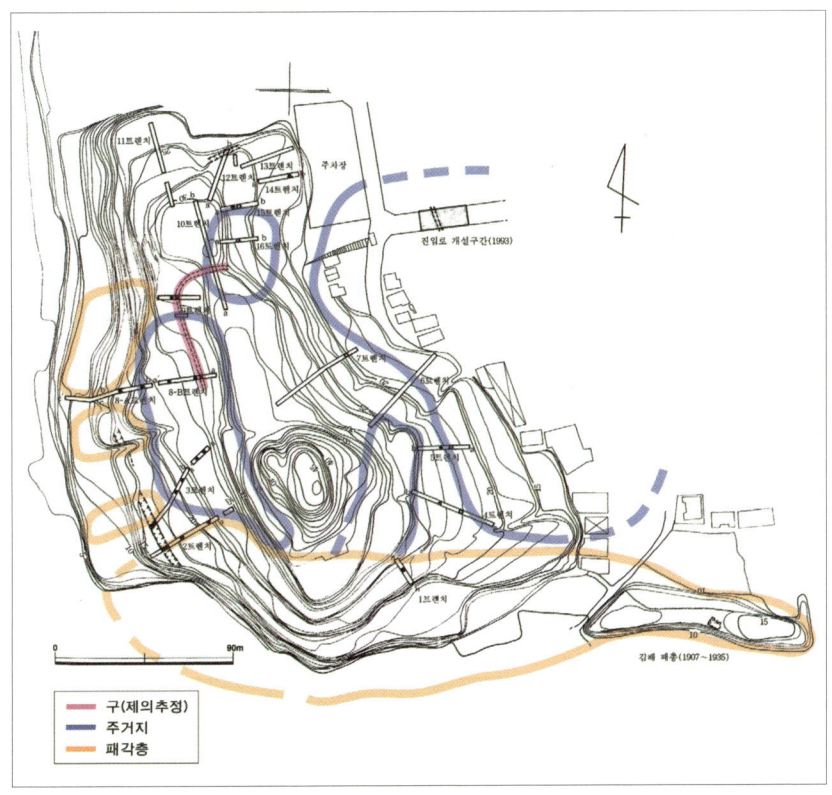

〈그림 8〉 3-5세기 봉황대 및 회현리 일대 유적 분포예상도

상황은 어느 정도 해결되었을 것으로 추정할 수 있다.

2. 창원 가음정동 및 성산패총

상기 패총은 시기에 따라 주거지와 조개더미의 변화 과정을 엿볼 수가 있다. 성산패총과 가음정동패총은 해발 50~73m 능선에 분포하며 약간의 거리를 두고 있지만 이어지는 구릉지이다. 2개소의 유적에서 발굴 조사한 내용을 보면 환호와 무문토기를 통해 청동기시대부터 구릉지를 점유하여

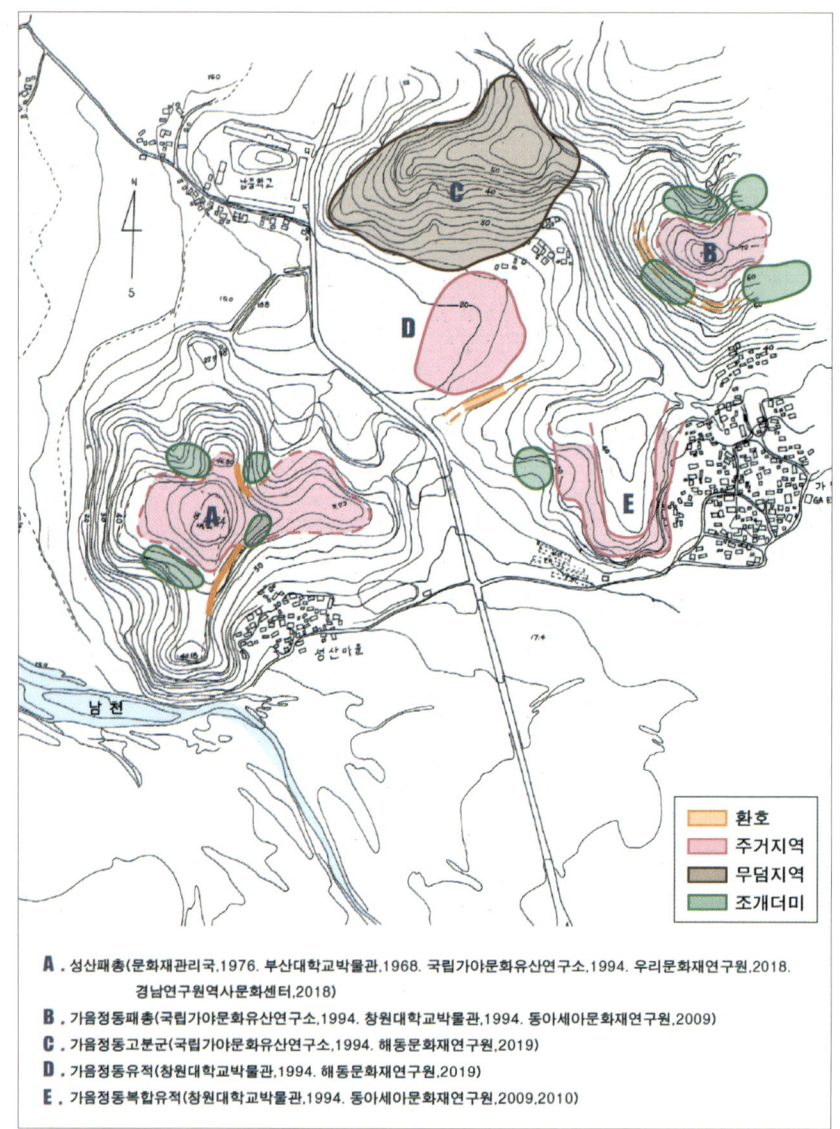

A . 성산패총(문화재관리국,1976. 부산대학교박물관,1968. 국립가야문화유산연구소,1994. 우리문화재연구원,2018. 경남연구원역사문화센터,2018)
B . 가음정동패총(국립가야문화유산연구소,1994. 창원대학교박물관,1994. 동아세아문화재연구원,2009)
C . 가음정동고분군(국립가야문화유산연구소,1994. 해동문화재연구원,2019)
D . 가음정동유적(창원대학교박물관,1994. 해동문화재연구원,2019)
E . 가음정동복합유적(창원대학교박물관,1994. 동아세아문화재연구원,2009,2010)

〈그림 9〉 3-5세기 성산 및 가음정동유적 분포예상도

사람이 살기 시작하였으며, 가야시대에 이르러 고분군, 조개무지, 토성, 수혈, 경작지 등이 분포하고 있다. 무덤은 가음정동 당산 일대의 사면부와 구

릉 정상부까지 분포하며 현재의 자료로서는 기원 3세기부터 구릉 저지대에서 정상부로 확대되는 양상을 보이고 있다(2019 해동문화재연구원). 주거지는 성산패총에서는 정상부에 대하여 조사가 이루어지지 않아서 알 수 없지만 구릉지의 6~8부 능선에 환호가 있는 것으로 보아 환호 내부에 주거지가 분포할 가능성이 높다(2018 우리문화재연구원). 가음정동 유적 일대에서는 최근의 발굴 조사에 따르면 〈그림 10〉의 E지역은 최근의 발굴조사에서 확인된 주거지 분포구역으로서 B의 예상구간과 함께 성산패총보다 넓은 공간에 주거지가 분포하였을 가능성을 제시하고 있으며, 조개더미의 개수와 주변의 경작지 운영으로 보면 가음정동유적에 성산유적이 포용되어 창원분지를 대표하는 중심취락으로 발전 운영되었을 것이다.

　지금까지 조개더미의 발생과 확대에 대해 김해와 창원을 대표하는 조개더미를 통해 살펴보았다. 봉황대 및 회현리유적은 기원전 1세기부터 사람이 살기 시작하여 3세기에 조개더미가 퇴적되기 시작하여 5세기 이르러 최상의 크기로 확대되었다. 인구의 증가, 인구수용에 따른 시설의 필요와 확충, 인구 증가에 따른 식량원의 필요와 충족해결의 결과로 취락이 확장되고 그 부산물로 조개더미가 〈그림 9〉처럼 구릉지의 서쪽과 남쪽 일대에 무려 높이가 10m에 이르기까지 퇴적되는 확대를 나타내고 있다. 그리고 봉황대 및 회현리패총은 봉황토성이 존재한 시기에도 유지된 조개무지이므로 대규모로 형성된 배경과 과정을 검토해 보아야 할 것이다[12].

　창원분지의 가음정동 및 성산일대의 취락도 해발 50~73m 이르는 연결되는 구릉지에 청동기시대부터 환호 등을 운영하면서 거주하다가 기원 3~4세기에 이르러 주거지, 조개더미, 무덤이 발생되어 5세기에 이르러 무

---

12) 대규모 형성 원인에 당시 김해평야에 존재하는 취락으로부터 조가비를 공급받는 구조 혹은 봉황대 및 회현리 패총인들의 조가비를 이용한 경제 확보활동의 결과, 혹은 당시의 시장이용과 확보에 따른 결과 등으로 고민해 볼 수 있다.

덤, 토성, 경작지가 가미되어 복합적인 유적으로 발전하여 창원분지를 대표하는 취락으로 발전한 듯하다(2024 창원대학교박물관, 국립가야문화유산연구소, 해동문화재연구원).

나. 작업 공간 및 행위로서의 장소

조개더미는 취락을 구성하는 하나의 유구로서 취락을 구성하는 다른 유구와 밀접한 관련을 가진다. 조개더미를 구성하는 구성물은 대부분 자연에서 확보한 것들을 취락으로 가져와 취락의 일정한 공간에서 가공—제작 과정을 거쳐 실생활에 필요한 재료로 사용하는데 이러한 일련의 과정은 취락 내의 특정한 공간에서 이루어지며, 출토되는 유물의 정황을 보면 조개무지 주변의 수혈과 조개더미 혹은 주변의 공간에서 이루어졌을 가능성이 높다.

첫 번째의 증거로는 취락을 구성하는 주거지, 수혈, 조개더미가 서로의 영역을 존중하면서 분포하는 중동유적의 경우 수혈과 조개더미에서 도구의 원자재를 가공—제작하여 도구로 만든 흔적이 되고 있다. 중동유적의 수혈유구는 419기로서 기능별로 분류하면 조리활동, 제작 및 가공활동, 생산활동, 토취장으로 구분된다. 이 가운데에 122호, 156호, 221호에서 동물 뼈, 패각, 철도자, 가공 중인 사슴 뼈와 뿔이 확인되는 것을 보면 이 수혈에서는 도구를 만들기 위한 가공—제작행위가 이루어졌음을 유추해 볼 수 있다(2019 동서문물연구원). 그리고 사천 늑도 Ⅰ-8호, 11호, 늑도A-56호, 70호, 용원유적 6호, 1-1호, 부원동C-2호에서도 원자재를 가공—제작한 흔적이 확인되며(2007 유병일), 신문리유적, 남산유적, 용원유적의 경우는 수혈과 함께 유구가 조성되어 있는 주변, 즉 빈 공간에서 상기의 작업 활동을 하였을 것으로 판단된다(그림 11).

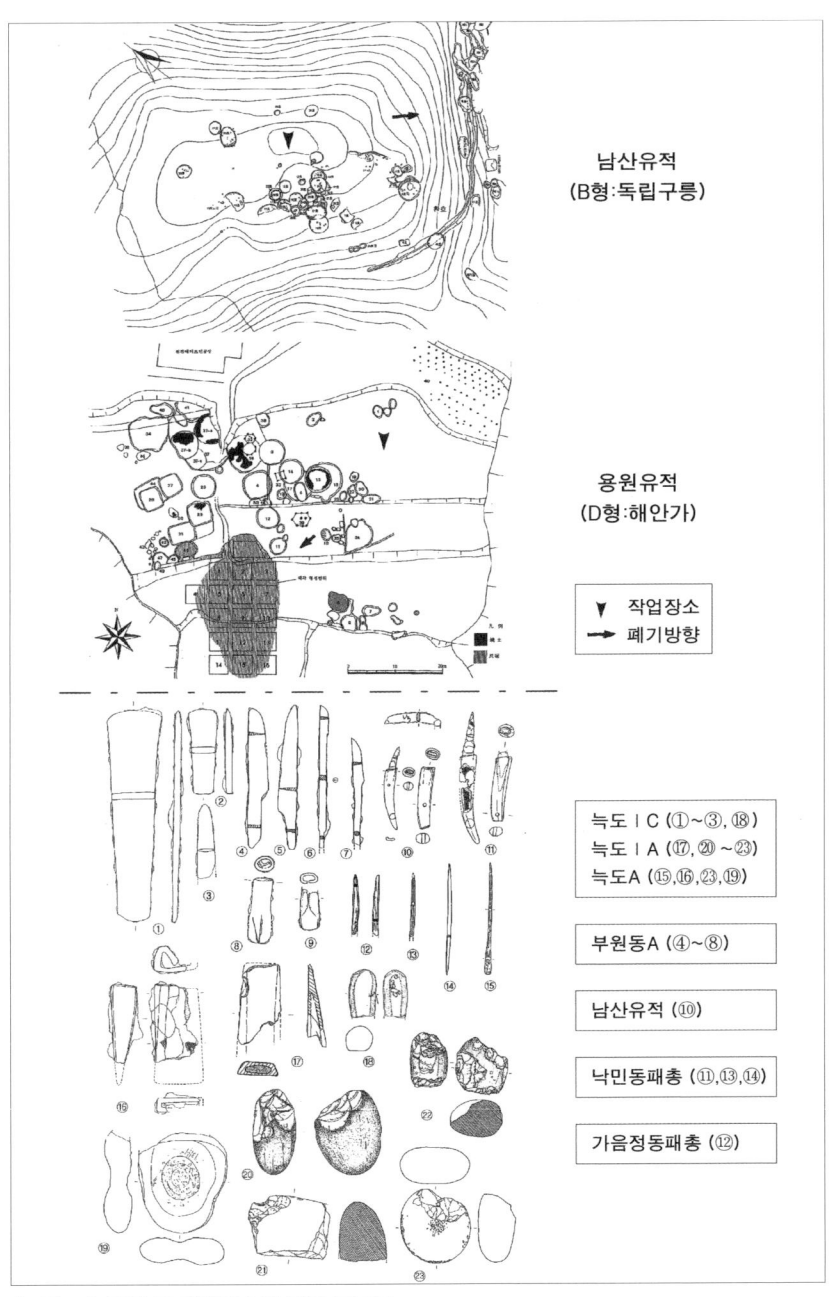

남산유적
(B형:독립구릉)

용원유적
(D형:해안가)

▼ 작업장소
→ 폐기방향

늑도 I C (①~③, ⑱)
늑도 I A (⑰, ⑳~㉓)
늑도A (⑮,⑯,㉔,⑲)

부원동A (④~⑧)

남산유적 (⑩)

낙민동패총 (⑪,⑬,⑭)

가음정동패총 (⑫)

〈그림 10〉 작업 및 해체장소와 관련 도구들

다. 의례행위 및 공간

의례는 취락에서 마을의 안녕과 발전, 외부로부터 마을과 구성원의 보호, 구성원들의 소원성취가 이루어지기 위해 행해지는 행위를 말하며, 유적에서는 수혈, 조개더미, 무덤 등 여러 유구에서 확인되며, 여기에서는 조개더미와 수혈을 소개하고자 한다(그림 12). 먼저, 조개더미로서 중동패총 1, 2에서 서로 다른 성격의 의례관련 자료가 확인되었다. 패총1에서는 다구역 1,2그리드에 퇴적된 갈색 혼패토층에서 무질서하면서 남북방향으로 약간의 기울기를 가지면서 퇴적되어 있다. 의례행위는 대부분 토기를 대상으로 하였으며, 투창 고배, 통형기대, 연질옹, 대부직구호, 항아리, 평저 다투공호 등이 수습되었다. 다음은 패총2에서 S2W3 그리드의 흑갈색 혼패층에서 확인된 인골이다. 하체가 없는 측와장(側臥葬)으로서 두개골과 상반신 부위가 확인되었으며 토광을 굴착하여[13] 매장한 후 주변의 흑갈색 혼패층으로 덮은 듯하다. 두 번째 경우는 고성 동외동유적으로서 정상부에 중복된 수혈에서 조문청동기가 출토된 경우이다. 수혈은 부정형이며, 중복되어 굴착되어 있으며, 내부에는 목탄, 재, 뼈, 조가비, 지석, 어망추, 내박자, 철부, 철광석, 조문청동기가 출토되었다. 조문청동기는 길이 8.9cm, 정도이며, 중앙에 큰 새 2마리를 중심으로 주위에 고사리문, 점문 등이 빽빽하게 새겨져 있다. 유물은 샤만과 연관이 있다고 하며, 새의 의미를 통해 의례와 관련된 유구 및 유물로 이해하고 있다(2004 국립김해박물관, 2006 복천박물관).

---

13) 흑갈색 혼패층을 어느 정도 다듬은 후에 시신을 안치한 듯하다.

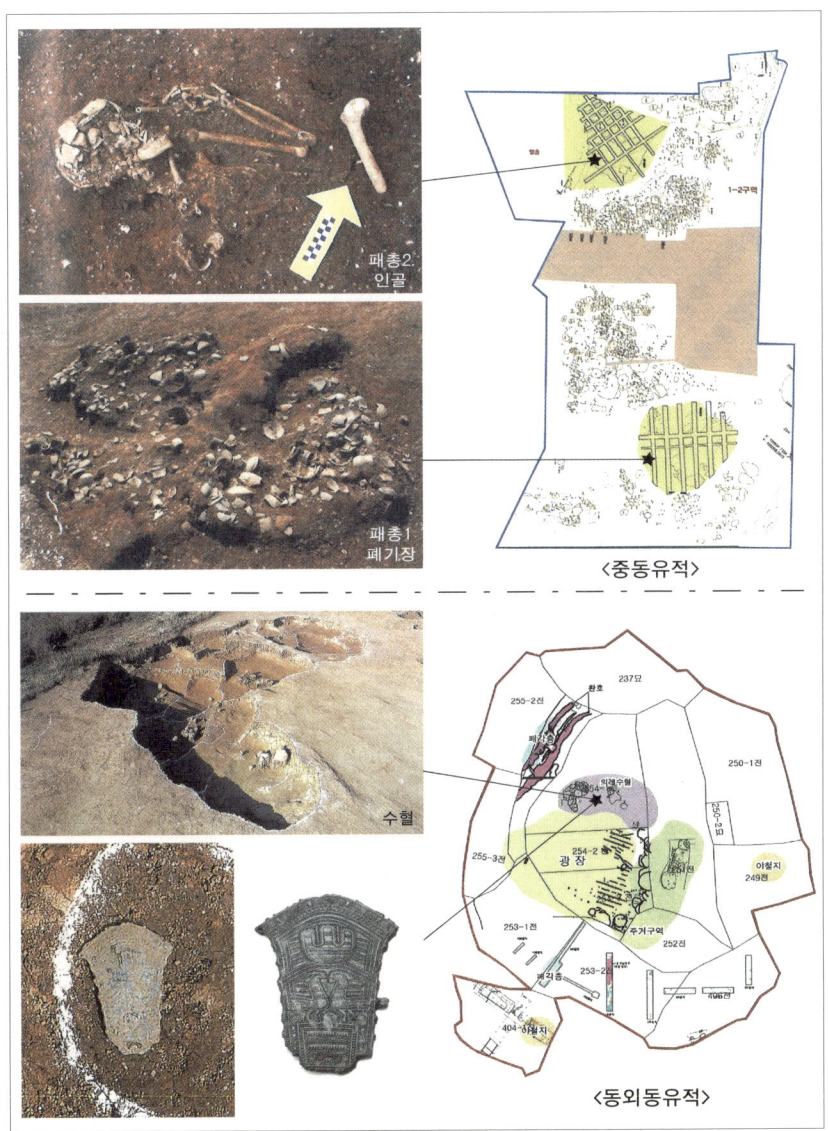

패총2.
인골

패총1
폐기장

〈중동유적〉

수혈

〈동외동유적〉

〈그림 11〉 중동유적과 동외동유적의 의례관련 자료

라. 대지조성과 제철과정에 이용

불편한 대지 혹은 장소를 원하는 토지로 만들기 위해 가해지는 토목흔적이 대지조성 자료로 나타나며, 환호, 주거지, 저지대를 개척하는 행위에서 확인된다. 창원 남산유적의 환호조성, 다방리 유적의 대지조성, 동외동유적의 대지조성 자료가 있지만, 여기에서는 봉황동유적(2019, 2023 국립가야문화유산연구소) 자료를 살펴보고자 한다.

봉황동유적은 「가야의 고도 및 왕궁지」의 실체를 규명하기 위하여 연차적으로 조사되고 있는 유적이며, 최근의 조사에서 대지를 조성하기 위해 패각층을 사용하였다는 자료가 확인되었다. 대지조성은 이전 문화층을 정리한 후 기초부 조성-토제 둑-패각층 성토-마감성토로 마무리한 후 건물지를 조성하는 4단계로 이루어졌다고 한다. 대지 조성층은 기원 5세기에 이루어진 토목행위로서 왕성의 좁은 면적, 토목기술 도입, 외부적인 요인(외부세력의 성장과 압박)을 해결하기 위해 이루어진 행위(2024 김지연)로서 왕성의 경관이 이전과는 확연히 다른 양상으로 변화되었을 것이다[14]. 그리고 대지를 조성할 때 패각을 성토용으로 사용한 점이 이채로운데, 〈그림 13〉에 보이는 패각층은 사진으로 보면 나름의 토층 흐름이 인지되고, 유물도 다양하게 출토될 가능성이 있으므로 다른 곳의 패각층을 가져와 대지 조성용으로 사용한 것보다는 점진적인 취락활동으로 쌓여진 패각층을 자리를 옮기지 않고 그 장소에 퇴적되어 있는 울퉁불퉁한 패각층을 약간의 조정작업 후 대지조성용으로 사용되었을 가능성도 생각해 볼 수 있다[15].

---

14) 취락이 자체적으로 압력을 받아온 위생문제를 해결하기 위해 봉황대 및 회현리 패총을 대지 조성용으로 사용하였을 배경도 고려해 볼 수 있다.

15) 대지조성용으로 다른 곳의 패각층을 가져왔는지 아니면 그 장소에 퇴적되어 있는 패각층을 대지조성용으로 사용하는지는 해당 패각층에 대한 정밀한 검토, 예를 들면 패각의 잔존상태와 파쇄여부, 층위의 기울기의 원인, 유물이 출토되는 정황과 이유 등을 꼼꼼하

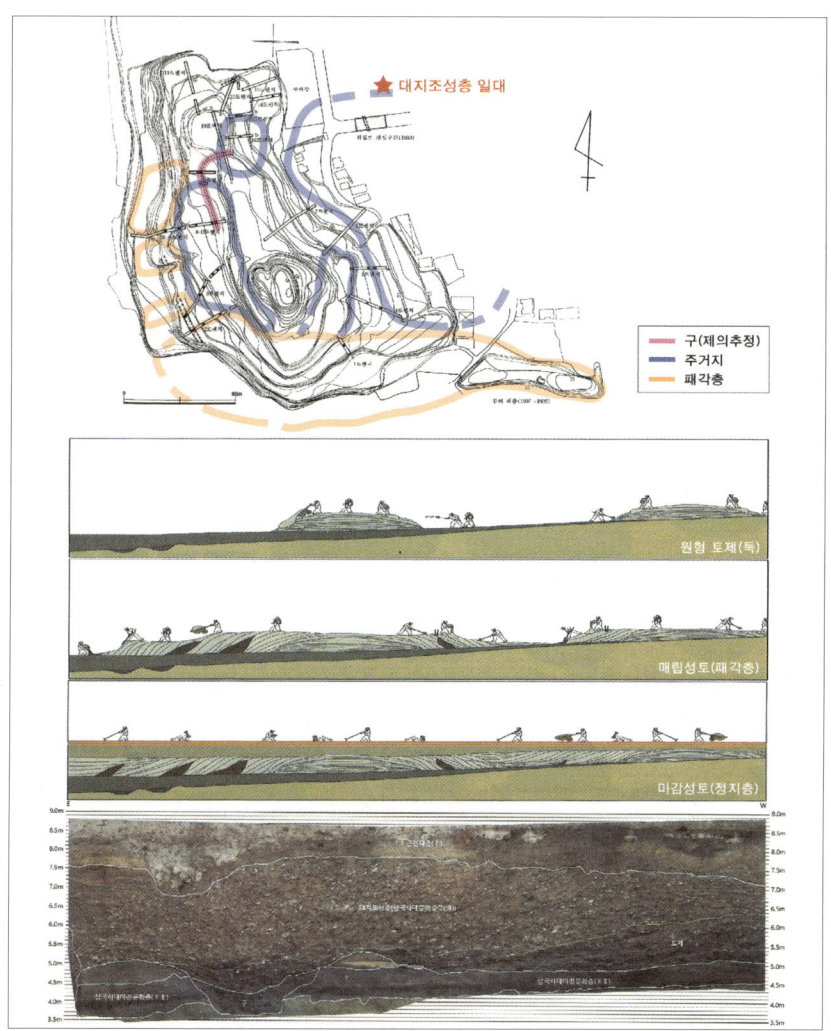

〈그림 12〉 대지 조성용으로 이용된 패각층(봉황동유적)

　다음은 제철과정에 조가비를 이용한 경우로서 양산 물금유적의 경우
(2000 동아대학교박물관) 수혈유구 내부에 재첩, 개조개, 참굴 등이 쌓여 있는

　게 따져 보아야 할 것이다.

조가비가 철광석을 불순물과 분리 배출을 쉽게하는 조재제(slag formur)로 사용하였다는 것이다(2024 이춘선). 그리고 봉황대 및 회현리패총에서 참굴이 압도적으로 출토되는 것을 보면 단순히 단백질공급원으로 사용하는 목적 이외의 용도, 다시 말해 주변 취락과의 교류와 위계화 유지를 위한 물물 사용 등의 용도로도 생각해 볼 수 있다.

IV. 결언

이상으로 남해안 동남부지역에 분포하는 가야시대 조개무지의 입지, 기능과 용도에 대하여 살펴보았다. 입지에 대한 기존 연구는 해발고도 분류, 철기문화의 영향, 기후의 한랭화, 사회적인 현상, 공간적인 요소에 따른 입지분류, 해수면의 변화 등이 조개더미의 입지와 형성 배경을 설명하였다. 동감하는 부분도 있지만, 조개더미의 성격은 지역마다 놓여 있는 자연환경이 다르고, 이를 활용하려는 방법이 다를 수 있으므로 이러한 관점에서 검토되어야 입지가 다른 여러 조개더미들의 성격을 알 수 있을 것이다. 따라서 이 글에서는 기존의 연구 내용에 동감하는 부분도 있지만, 지역별로 다른 환경요소를 활용하고 적응해 나아간 차이를 알아보고자 일차적으로 자연적인 요소를 근거로 입지분류 및 분류별 세부요소, 조개더미의 구성물 분석을 통해 조개더미의 성격을 검토하였다.

먼저, 입지 분류는 A형 : 고지 및 험지, B형 : 독립구릉, C형 : 산지에서 이어지는 구릉지, D형 : 해안가로 분류하였으며, 유적별 차이를 분류된 지형별 세부요소, 발굴 조사한 유구의 종류와 조합, 출토유물과 동물유체를 통해 알아보았다. 유적별 입지 차이는 지형별 요소와 사회적 긴장 및 대립의 결과보다는 입지 분류에 따른 유적별 차이가 거의 보이지 않고 일상생활을 영위한 흔적이 절대적으로 우수하므로 입지차이보다는 자연환경을 어떻게 개척하고 적응했는가의 결과로 보는 것이 합리적일 것으로 판단하였다. 구성물 분석을 통해서도 입지차이를 그려볼 수가 있었다. 김해 회현리 및 봉황대, 창원 중동패총과 성산·가음정동유적, 고성 동외동유적 등은 취락을 구성하는 여러 유구들 존재, 조개더미의 크기와 활용, 출토유물의 수량, 존속기간 등이 월등하므로 지역을 대표하는 중심취락으로 운영된 것으로 보이며, 주변에 분포하는 유적들은 중심취락과 어떠한 관련을 가지면서 운영된 취락으로 분류하였다.

다음은 기능과 용도로서 발생과 확대, 작업공간 및 여러 행위의 장소, 의례행위 공간, 대지조성용, 제철과정 사용 측면에서 살펴보았다. 먼저, 조개더미의 발생과 확대로서 봉황대 및 회현리 패총은 삼한시대에는 발굴 조사한 자료를 통해 구릉지 일대에 단면삼각형점토대토기, 무문토기 발, 합인석부, 화천, 옹관묘가 조사되어 이 시기에 취락이 존재하고 있었으며, 패각은 구릉 주변이 식량원이 풍부한 기수역 해역이 존재하는 것을 고려하면 구릉의 서편과 남쪽 일대에 버려졌을 가능성이 높다. 45세기가 되면 패각은 구릉 서쪽과 남쪽, 특히 남쪽에 집중적으로 퇴적되며, 구릉 동쪽에 존재하는 주거지와 밀접한 관련이 있음을 짐작할 수 있다. 다음은 작업공간 및 여러 행위 장소로서 의식주 관련 장소와 행위가 기본적으로 주거지와 조개무지 주변에서 이루어졌음을 알 수 있다. 진해 용원패총과 중동패총에서는 수혈과 주거지에서 작업행위가 있었고, 남산패총에서는 조개더미 근처에서 이러한 작업이 있었음을 유구와 유물을 통해 알 수 있었다. 그리고 조개더미의 구성물을 버릴 때 빈 땅보다는 선대에 사용한 유구 위에 퇴적된 경우가 많았다. 의례행위와 공간도 조개더미를 활용하였음을 알 수 있다. 특히 인골 매장과 특정유물에 대한 의례행위가 창원 중동유적과 고성 동외동

유적에서 확인되었으며, 이러한 흔적은 다른 조개더미에서도 자주 일어났을 것이다. 의례행위는 현재로서는 특정유물을 통해 알 수 있기 때문이다.

마지막으로 대지조성과 제철과정에 패각을 사용한 경우로서 앞의 2가지 활용과는 다른 행위이다. 금관가야 왕궁유적으로 비정되는 조사가 봉황대 구릉 동쪽 일대에 진행되고 있다. 최근의 조사에서 부족한 왕성의 터를 확장하고 효율적으로 활용하기 위해 이루어진 대지확장공사에 주변에 있는 회현리 및 봉황대패각이 사용되었다는 것이다. 패각의 성격에 대해 정말 검토가 필요하며 자료 증기를 기대해 본다.

이상으로 상기의 내용으로 가야시대 조개무지에 대한 입지, 기능과 용도를 검토해 본 결과 가야시대 조개더미는 취락을 구성하는 하나의 유구로 존재하면서 취락의 입지를 자연적 환경 가운데 입지를 **스스로 선택**하고, 취락인들의 **능력**으로 운영하고 사회적인 현상에서 일어난 상황(긴장과 대립)을 **극복**하고, **일상적인 생활**을 영위한 유적임을 알게 되었다. 다시 말해 불리한 자연 및 인문 사회적인 환경에 굴복하여 고지 혹은 험지에 거주한 것이 아니라 취락에게 닥치는 예측 또는 예측할 수 없는 복합적인 상황을 **적극적**으로 극복하면서 만들어진 **유적이 조개더미를 갖춘 가야시대 취락**이며, 그 상황을 세부적으로 알 수 있는 것이 바로 『조개무지』인 것이다.

졸고이지만 이번의 글이 취락 및 조개더미 연구에 조금이나마 도움이 되기를 바라며 기회 주신 기관 및 연구자에게 감사함을 따뜻하게 드린다.

참고문헌

국립가야문화유산연구소, 2019, 『김해 봉황동 유적 −발굴조사보고서 Ⅰ』, 학술연구
  총서 74.

국립가야문화유산연구소, 2023, 『김해 봉황동 유적 −발굴조사보고서 Ⅱ』, 학술연구
  총서 88.

국립김해박물관, 2004, 『영혼의 전달자 −새·풍요·숭배−』, 2004 특별기획전.

국립김해박물관, 2014, 『김해 회현리패총』, 일제강점기 자료조사보고 9.

국립김해박물관, 2017, 『김해 유하패총』, 학술조사보고 15.

국립중앙박물관, 1976, 『조도패총』, 고적조사보고 9.

김건수, 1994, 「원삼국시대 패총의 자연유물 연구(2)」, 『한국상고사학보』 17, 한국상
  고사학보, 41−1000.

김용기 외, 1968, 「성산패총 발굴조사 보고」, 『부대사학』 2, 역사와 세계 2.

김정학, 1968, 「웅천패총연구」, 『아세아연구』 10−4호, 고려대학교 아세아문제연구소,
  1−63.

김지연, 2024, 「금관가야 왕성의 확장과 의미」, 『고성 동외동 유적과 그 이웃들』, 국
  가유산(사적)지정 기념 학술대회, 고성군, 113−139.

동아대학교박물관, 2000, 『양산 물금유적』, 고적조사보고 31.

동아대학교박물관, 1996, 『진해용원유적』, 고적조사보고 24.

동서문물연구원, 2019, 『창원 중동유적 Ⅰ～Ⅳ』, 조사연구보고서 117.

동아세아문화재연구원, 2021, 「창원 내동패총(경상남도 기념물 제44호) 정비사업부
  지 내 유적 시굴조사 약식 보고서」, 시굴조사 약식보고서 452.

동아세아문화재연구원, 2023, 「창원 내동패총 정비사업부지 내 유적(2차) 시굴조사
  약식 보고서」, 시굴조사 약식보고서 473.

문화공보부문화재관리국, 1976, 『마산외동성산패총발굴조사보고』.

박대재, 2018, 「삼한의 국읍과 구야국」, 『김해 봉황동유적과 고대동아시아』, 인제대
학교 가야문화연구소 · 김해시, 37–92.

복천박물관, 2006, 『선사 · 고대의 제사 풍요와 안녕의 기원』, 2006 특별기획전.

부산대학교박물관, 1998, 『김해봉황동유적』, 연구총서 23.

부산대학교고고학과, 2002, 『김해 회현리패총 –전사를 위한 시굴조사 보고서』, 학
술총서 1.

삼강문화재연구원, 2023, 『고성 동외동유적』, 삼강문화재연구원, 2024, 『고성 동외
동유적 Ⅱ』.

서현주, 2000, 「호남지역 원삼국시대 패총의 현황과 형성배경」, 『호남고고학보』 11,
79–111.

소배경, 2022, 「남해안의 고지성집락과 환호」, 『고성 동외동패총 사적 지정을 위한
학술대회 패총, 환호, 그리고 방어』, 고성군 · 삼강문화재연구원, 31–54.

양산시 · 경남연구원 역사문화센터, 2023, 『양산 다방동 취락』, 조사연구보고서 179.

우리문화재연구원, 2018, 『창원 성산패총(사적 제240호)정비사업부지 내 관방유적』,
학술조사보고 101.

유병록, 2016, 「삼국시대 낙동강 하류역 및 남해안 취락의 특성」, 『제18회 영남고고학
회 학술발표회』.

유병일, 2000, 「창원 내동패총에서 출토된 사슴 뼈에 대한 일고찰」, 『가야의 역사와
문화』, 5, 203–239, 동의대학교 인문과학연구소.

유병일, 2003, 「패총의 층위형성에 대한 일고찰」, 『고문화』 61, 한국대학박물관 협회,
95–128.

유병일, 2007, 「동물유체의 해체장소와 방법에 관한 일고찰」, 고문화 70, 한국대학
박물관협회, 63–88.

이재현, 1993, 「김해 봉황대유적 2차 발굴조사 개요」, 『제36회 전국역사학대회 발표
요지』.

이춘선, 2024, 「변한과 가야의 철 생산과 유통」, 『일본 출토 가야의 철』, 2024 가야학술제전 II.

이하경, 2023, 「남해안지방 신석기·삼한시대 패총의 성격과 형성배경」, 부산대학교 대학원박사학위논문 조화룡, 1987, 『한국의 충적평야』, 교학사.

창원대학교박물관, 2021, 『문화유적분포지도 III —창원시 진해구』, 창원시·창원대학교박물관.

창원대학교박물관 등, 2024, 『창원국가산업단지 및 창원 성산패총 발굴 50주년 기념 학술대회』.

창원문화재연구소, 1994, 『창원가음정동유적(성산패총 수습조사보고)』, 학술조사보고 2.

최성락·김건수, 2002, 「철기시대 패총의 형성 배경」, 『호남고고학보』 15, 57-82.

최종규, 1989, 「4. 김해기 패총의 입지에 대하여」, 『삼한고고학연구』 83-98.

최종규, 1996, 「한국 원시의 방어집락의 출현과 전망」, 『한국고대사논총』 8, 5-36, 가락국사적개발연구원.

한겨레문화재연구원, 2015, 『김해 신문리 유적』, 학술조사보고서 32.

한울문화재연구원, 2025, 『창원 가음정동 583-16번지 유적』, 발굴조사보고 261.

한화문물연구원, 2021, 『김해 유하동유적 I 』, 발굴조사보고서 11.

한화문물연구원, 2022, 『김해 유하동 생활유적』, 발굴조사보고서 17.

해동문화재연구원, 2019, 『창원 가음정동 595-1번지 유적』, 발굴조사보고 45.

유병일, 「가야시대 조개더미의 입지와 기능 및 용도」에 대한 토론문

임학종 (전 국립김해박물관)

1. 발표문의 Ⅱ. 입지(立地)와 구성물(構成物) 네 번째 단락의 '선진 철기문화 기술로 바다로부터 식량자원을 확보하여 패총이 등장하였고, 기후 한랭화로 식량자원이 부족하여 집단끼리의 갈등으로 패총의 입지가 고지를 택하였다.'라 하였습니다. 철기의 기술이 바다의 식량자원 획득에 유리하기는 하였겠지만, 과연 철기 기술이 패총의 형성에 영향을 주었는지 궁금합니다. 그렇다면 신석기시대의 패총은 어떻게 설명하여야 할까요? 아울러 기후 한랭화와 패총의 급증은 선뜻 동의하기 어렵습니다. 인용한 논문이 20년이 넘은 예이고, 현재 고환경 연구 결과에 의하면 1~3세기는 오히려 우기와 건기가 나누어지고, 우기가 되면 비가 많아지는 몬순 기후라고 밝혀지고 있는데, 이에 대한 의견을 부탁합니다.

2. 발표문의 Ⅱ. 입지(立地)와 구성물(構成物)의 '나. 조개무지의 구성물 검토' 두 번째 단락에서 양산 다방동 패총을 언급하면서 '남북 방향의 구릉지 대지에 삼중 환호, 고상 건물지, 패총, 주거지, 수혈이 확인되었으며, 유구별로 선후 관계를 가지면서 조성되어 있다. 패총은 환호 내부에 퇴적된 흙에서 확인되었으며, 환호를 파괴하고 만들어져 있다.'라 하였습니다.

유적은 남북 방향이 아니라 동서 방향이며, 환호 내부에 퇴적되어 있는 패총보다 주 패총은 평탄대지의 북쪽과 서쪽 경사면 등에 형성되어 있는데, 아직 패총의 중심부를 발굴조사 하지 않았다는 점을 참고하기 바랍니다.

같은 쪽 마지막 부분의 '다방동 유적은 고해면기의 해수면 영향으로 토지 이용을 적극적으로 하지 못하였다. 따라서 사회적인 현상에 의한 입지선택의 결과가 아니라, 당시의 자연적인 환경에 따른 입지선택과 운영에 더 중요하게 적용되었을 것이다.'라 하였다.

그러나 고해면기였음을 감안하여도 저지가 생계 곤란하다는 상황은 아니지 않을까요? 고지의 패총 구성물은 저지에서 획득한 것이니 생계는 곤란하지 않았을 것인데, 굳이 고지에 패총과 집락이 형성된 것은 환경적인 요인보다는 사회적인 원인이 더 컸다고 보는 게 합리적이지 않을까요?

3. '4~5세기가 되면 봉황동 유적 일대를 감싸는 봉황토성이 축조되어 구릉지 일대의 경관이 매우 복잡하고 유기적인 관계를 유지하면서 펼쳐졌을 것이다.' 하였습니다.

그림 8과 같이 현재까지 확인된 봉황토성은 회현리 패총을 포함하고 있는데, 왕성 혹은 궁성 안에 엄청난 냄새가 나는 패각이 포함된 쓰레기장을 둬도 되는지? 에 대한 의견이 있는지요?

유병일, 「가야시대 조개더미의 입지와 기능 및 용도」에 대한 토론문

소배경 (삼강문화유산연구원)

　본 발표문은 남해안의 동남부지역에 해당하는 부산, 김해, 진해, 창원과 마산, 고성까지 분포하는 가야시기 조개무지에 대한 입지와 성격에 대한 글이다. 발표자는 오랫동안, 이 분야에 지속적인 연구성과를 내고 있다. 이번 발표문은 가야시기 조개무지를 만든 사람들이 조개무지를 만든 원인, 입지선정, 기능 및 용도를 종합적으로 검토하였다. 시기는 기원 2~5세기로 한정하였다. 이번 발표문은 평소 발표자께서 주장한 바 있는 글을 종합적으로 재편집해 일부 수정·보완한 것으로 판단된다. 토론자의 소임을 다하고자 평소에 궁금했던 부분에 대한 질의를 드리고자 한다.

1. 가야시기 패총의 입지 문제

　발표자는 가야시기 조개더미 유적의 입지를 고지 및 험지(A형), 독립구릉(B형), 산지에서 이어지는 구릉지(C형), 해안가(D형) 4유형으로 구분하였다. 그 결과, 조개더미 유적은 입지에 따른 차이는 보이지 않고 입지와 상관없이 일상생활 혹은 집락의 번영과 발전을 위한 지형을 개척하고 활용하기 위해 적극적인 행동의 결과가 유적의 입지선정에 중요한 요인으로 보았다.

　최근 남해안 패총유적에 대한 발굴조사를 통해 복합생활유적으로의 성격이 강하게 확인되고 있어 기존에 삼한·삼국시대 패총에 대한 새로운 시각이 필요하다는 공감대가 형성되어 있다. 토론자도 이에 "남해안의 고지성 집락과 환호"라는 주제로 논지를 전개한 바 있다(소배경 2022). 그 과정에서 소위 '金海期貝塚'에 해당하는 패총유적을 검토해 防禦集落으로서의 성격과 유적간 유기적인 네트워크가 형성되었다고 보았다. 이를테면 삼국시대는 삼한시대 후기에 속하는 '김해기패총'으로 불리는 남해안의 고지성 집락과 같은 방어집락 즉 집락을 방어하기 위한 土壘나 木柵으로 둘러싼 高地性集落은 형성되지 않으며 土城이나 山城과 같은 지역방어시설이 구축된다.

따라서, 삼한·삼국시대 전체를 4가지 유형으로 구분하여 분석한다면 시기적 특징과 성격을 명확하기 위한 분석의 어려움이 발생한다. 이 문제는 패총의 기능 및 용도 분석과도 연동된다. 삼한·삼국시대 동안 사회발전과정을 거치면서 집락의 양상에는 다양한 측면에서의 변화가 있었다. 삼국시대에는 전문적인 생산, 전문적인 방어, 전문적인 교역 등 다양한 특수기능 유적의 발달을 예로 들 수 있다. 무문토기시대에 있어서 집락은 밀집 분포하는 주거들이 중심이 되고 석기·옥기생산이나 토기생산 혹은 방어적인 용도의 환호 등과 같은 특수한 기능의 유구는 부차적인 시설이었다. 그러나 **삼국시대에는 目的聚落이라고도 부르듯이 생산, 방어, 교역을 수행하기 위해 건축물이 들어서고 그 목적을 수행하던 주민들의 주거가 전체 공간의 일부를 차지하면서 축조되는 유적이 등장한다**(이성주 2009).

본 발표문의 시간적 범위인 기원 2~5세기로 넓게 설정하는 것보다 삼한·삼국시대를 구분하여 입지를 설정하거나 유적의 중심연대를 중심으로 분류해도 입지의 특징은 보이지 않는지 궁금하다.

2. 패총의 기능 및 용도에 대하여

발표자는 패총의 기능과 용도로서 ① 발생과 확대, ② 작업공간 및 여러 행위의 장소, ③ 의례행위 공간, ④ 대지조성에 이용 등으로 4가지 측면을 주장하였다.

먼저, 조개더미의 발생과 확대 부분은 광역적 범위에 대한 조사가 이루어진 김해 봉황동 유적과 창원 성산패총과 가음정동 유적군을 예를 들어 설명하였다. 김해 봉황동 유적은 無文土器時代 후기 粘土帶文化 사람들부터 패총이 형성되어 삼국시대까지 오랫동안 이곳에 사람들이 집주하고 살았다는 것을 보여주고 있다.

창원 성산패총과 가음정동 유적군의 패총도 무문토기시대 늦은 시점부터 사람들이 살기 시작하여 삼한·삼국시대까지 주변 일원을 중심으로 中心集落이 형성되고 확대된 것으로 보인다. 발표자의 주장에 적극적으로 동의하는 바이다. 여기에 더해 남해안 일원에 분포하는 부산 낙민동 유적군과 고성 동외동 유적도 삼한·삼국시대까지 中心集落으로서의 실체가 확인되고 있다.

따라서, 삼한·삼국시대 남해안의 패총유적의 성격이 복합생활유적으로 밝혀지고 있고, 집락을 구성하는 다양한 특수시설의 존재와 이해가 필요한 시점에 이르고 있다. 이에 최신 발굴조사 성과로 새로운 유구와 유물들에 대한 분석과 해석이 절실히 요구된다. 토론자도 최근 김해 봉황대 유적의 최신 발굴성과를 바탕으로 "김해 봉황토성의 구조에 대한 시론"을 통해 봉황토성 구조의 문제를 넘어 특수시설의 존재(공방·창고·신전)와 이해를 주장하였다(소배경 2021).

발표자께서도 패총의 기능과 용도를 4가지 측면을 다루고 있지만, 중심집락 속에서 그 기능 및 용도를 분석한다면 **특수시설(골각기를 가공하는 공방, 철을 가공하는 공방, 항만시설과 창고, 의례공간으로서의 신전의 존재)과 같은 공간구조를 파악**할 수 있다고 생각된다. 올해 '가야사 학술회의'의 관점도 층층이 쌓인 패총 유적을 넘어 중심집락으로 성장한 남해안의 패총 유적을 재검토하고 분석하고자 한 바 크다. 이런 관점에서 평소에 이 분야의 연구에 좋은 연구성과를 내고 계시는 발표자께서는 **남해안의 패총유적 중에서 발**

표문에 제시한 김해 봉황동 유적과 창원 성산패총 · 가음정동 유적군을 제외하고 삼국시대에 中心集落으로 성장 가능성이 있는 가야유적이 있다면 어디가 집중적인 학술조사가 필요하다고 생각하시는지를 묻고 싶다.

참고문헌

소배경, 2021, 「김해 봉황토성의 구조에 대한 시론–최신 발굴성과를 중심으로–」, 『김해 봉황토성 학술대회 금관가야 봉황토성』, 김해시 · 경남연구원 역사문화센터, pp.35~59.

_____, 2022, 「남해안의 고지성 집락과 환호」, 『고성 동외동패총 사적 지정을 위한 학술대회 패총, 환호 그리고 방어』, pp.31~54.

이성주, 2009, 「원삼국 · 삼국시대 영남지역 주거와 취락연구의 과제와 방법」, 『영남고고학회 2009년 학술대회발표집』, 제18회 영남고고학회 학술발표회, pp.7~24.

출토 유물로 본 금관가야 조개무지의
형성과 전개
- 삼한~삼국시대를 중심으로 -

조 성 원*

Ⅰ. 머리말

90년대 초반 대성동 고분군과 양동리 고분군의 발굴조사는 그동안 베일에 싸여있던 금관가야의 진면목을 보여주는 중요한 계기가 되었다. 이후 김해와 주변 일대에서 조사된 여러 고분군은 금관가야가 한국 고대사에서 삼국과 비견될 정도로 성장한 정치체였으며, 나아가 동북아시아 고대사회의 허브와 같은 역할을 담당하고 있음이 밝혀졌다. 하지만 의외로 고고학을 통한 금관가야에 대한 연구에 빈틈이 있으니, 그것은 바로 생활유적에

대한 조사와 연구가 빈약하다는 것이다. 즉, 여러 고분 발굴조사를 통해 금관가야는 동북아시아 역사무대에 다시 얼굴을 내밀 수 있게 되었지만, 금관가야인의 생활사에 대한 접근은 거의 이루어지지 않았다는 것이다. 다행스럽게 최근 들어 봉황대 유적을 중심으로 당시 사회문화를 엿볼 수 있는 다양한 자료들이 추가되면서, 왕성과 주변의 구조를 밝혀내고자 하는 연구가 잇따르고 있는 점은 생활유적을 근거로 하는 새로운 연구 방향의 설정이 이루어지고 있음을 보여준다.

　금관가야인들의 생활문화를 보여줄 수 있는 물질자료는 실로 다양하지만, 발굴조사의 편중에 따른 자료 부족이 없는 것은 아니다. 그런데 금관가야에서 조사된 여러 곳의 조개무지 유적은 사용된 물질문화가 폐기되는 일종의 쓰레기장과 같은 성격으로 어떤 유구보다도 금관가야인들이 생활모습을 잘 반영하고 있다고 할 수 있다. 따라서 자료의 부족을 극복하고 금관가야의 생활문화를 복원하기 위해서는 조개무지자료의 면밀한 검토가 반드시 필요할 것으로 생각된다. 이를 위해서는 여러 시각에서의 접근이 필요하겠지만, 본 발표에서는 물질자료의 첫 단계라고 할 수 있는 자료의 시간성 부여 즉, 출토 유물을 통해서 금관가야 조개무지의 시기[1]를 살펴보고자 한다.

---

1) 본 발표에서는 신경철(2000), 심재용(2019) 등 기존의 금관가야편년을 참고하였다. 논자 간에 조금씩 차이가 있고, 필자 역시 세부적인 부분에 이견이 있지만 큰 틀에서 두 연구자의 의견을 따르고 있다.

II. 금관가야 조개무지의 형성과 전개

현재까지 알려진 금관가야[2]의 조개무지는 총 12개소가 알려져 있다(국립가야문화재연구소·우리문화재연구원 2022). 이 중에는 신석기시대가 중심이

〈사진 1〉 고김해만 및 주변 일대 삼한~삼국시대 주요 조개무지(붉은색이 발표대상)

---

2) 금관가야의 공간적 범위에 대해서는 여러 논의가 있지만, 본고에서는 잠정적으로 고김해만을 중심으로 한 지역을 중심으로 하였다. 시간적 범위에 대해서는 3세기 후반부터 금관가야로 보는 것이 일반적이지만, 조개무지의 시작을 검토하기 위해서 삼한시대 자료도 일부 다루고 있다.

지만 삼국시대가 일부 포함되어 있는 곳이 있으며, 대성동 고분군과 예안리 고분군 내에서 확인된 조개무지는 고분군이 들어설 시점에는 사용되지 않았다. 따라서 실제 금관가야와 밀접한 관계가 있는 것은 10개소 내외로 판단되며, 실제 발굴조사를 통해서 어느 정도 자료가 확보된 곳은 봉황대 유적, 부원동 유적, 유하리 유적, 신문리 유적 등 네 곳이 대표적이다(사진 1).

1. 김해 봉황대 유적

봉황대 유적에서는 회현리 패총이 일제강점기 이후 금관가야를 대표하는 조개무지로 알려져 있었지만, 이외에도 유적 내 최소 5개소의 조개무지가 분포하고 있음이 밝혀졌다. 이 중 발굴조사를 통해 어느 정도 자료가 공개된 것은 과거 회현리 패총으로 불리었던 봉황대 유적 동남쪽에 형성된 조개무지와 1992년 부산대학교박물관에서 실시한 봉황대 구릉과 사면부에 대한 시굴조사, 부산대학교 고고학과에서 시굴조사한 일제강점기 조사지점, 경남고고학연구소(현 삼강문화유산연구소)에서 조사한 패총노출전시관 부지 등이다.

가. 1992년 부산대학교박물관 조사구역(부산대학교박물관 2000)

시굴조사에서 기존에 알려진 회현리 패총 이외에도 봉황대 구릉의 서쪽과 남쪽, 그리고 북쪽 사면에 분포하고 있는 조개무지를 확인하였다. 조사자는 이 중에서 구릉 사면 남쪽에 위치한 조개무지는 규모를 볼 때 회현리 패총보다도 큰 것으로 판단하고 있다. 시굴조사였기 때문에 유적의 전모를 파악하기는 어렵지만, 출토 유물과 층위관계를 통해서 패총이 형성되기 이전의 주거지-패총 형성-패총 형성 이후의 삼국시대 주거지 등으로 구분할 수 있다. 조사자 역시 1·2Tr.에서 출토된 유물을 기준으로 무문토기와 연질토기가 공반되는 단계, 연질토기만 출토되는 단계, 도질토기가 등장하는 단계 등 크게 3단계로 구분하고 있다.

1단계는 원형점토대토기와 삼각점토대토기가 공존하는 시기로 추정된다. 공반관계는 불명이지만, 출토된 시루 중 증기공이 복합공(ⅢC)의 중선외원공인 점이나 굽이 높게 잔존하고 있는 저부 등을 고려하면 늦어도 기원전후~기원후 1세기 무렵으로 추정된다. 2단계는 사격자문이 새겨진 와질 노형기대편과 외절구연고배·양이부단경호 등으로 볼 때 기원후 3세기~4세기로 추정된다. 마지막으로 3단계는 단각고배, 개배, 구연부를 바깥쪽으로 접어서 만든 연질옹 등을 보면 5세기 중반 이후로 추정된다.

조개무지가 확인된 탐색 Tr.의 양상에서 검토해 보면, 가장 큰 범위에 패총이 형성된 남쪽의 1·2Tr.에서는 원형점토대토기와 삼각점토대토기가 공존하고 있는 조개무지 형성 이전의 주거지와 이를 덮고 있는 조개무지로 구분된다. 그런데 보고자도 지적하고 있듯이 조개무지가 주거지를 바로 덮고 있기 때문에, 조개무지 자체가 주거지와 큰 시기 차이를 보이지 않을 가능성이 높다. 따라서 봉황대 남쪽의 조개무지의 상한은 삼한시대 전기 즉 기원후 1세기까지 거슬러 올라갈 가능성이 있다. 하한에 대해서는 2Tr. 아래쪽 봉황초등학교 담장에서 확인된 유물 중 유충문이 새겨진 뚜껑이나 전술한 단각고배와 개배 등을 고려할 때 5세기 후반에서 6세기대로 볼 수 있다(도면 1).

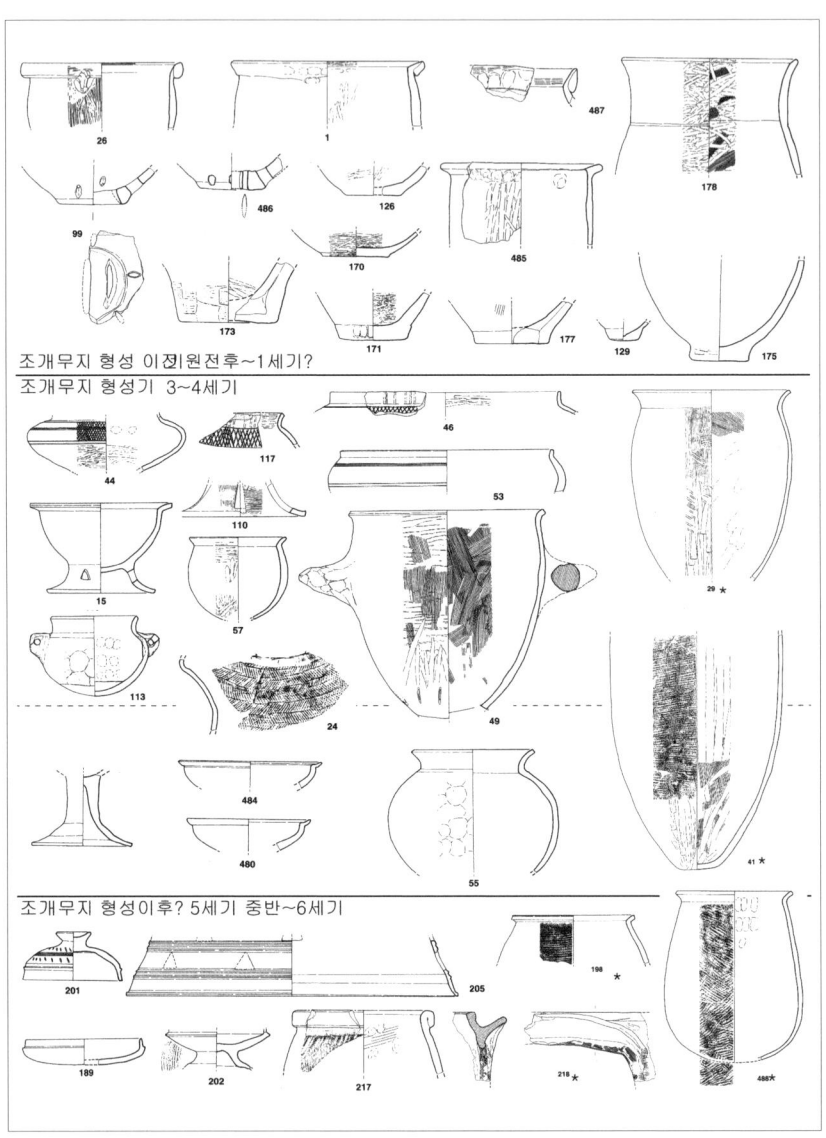

조개무지 형성 이전|원전후~1세기?

조개무지 형성기 3~4세기

조개무지 형성이후? 5세기 중반~6세기

〈도면 1〉 봉황대 유적(부산대학교박물관 2000) 출토 토기 편년

나. 2005년 패총전시관 부지(경남고고학연구소 2009)[3]

패총전시관 부지는 1914년과 1915년 당시 조사한 구간의 서쪽에 인접한 곳으로 3개소의 탐색Tr.를 이용해 층을 확인하고 평면조사가 진행되었다. 조사 결과 1~113층까지 확인되었으며, 이 중 101~113층은 패총 이전에 형성된 층이며, 6~100층까지가 패총으로 밝혀졌다. 보고자는 다시 퇴적양상을 기준으로 패총을 다시 4개 군으로 나누어서 54~100층을 A군, 47~53층을 B군, 19~46층을 C군, 6~18층을 D군으로 세분하고 있다.

먼저 패총 이전에 형성된 층을 살펴보면, 원형점토대토기와 삼각점토대토기가 출토되고, 굽을 가진 연질토기가 공반되고 있다. 그러나 와질소성의 승석문타날단경호도 함께 확인되기 때문에 보고자의 지적처럼 점토대와 굽이라는 고식 요소가 늦게까지 잔존한 것일 가능성이 있다. 어쨌든 패총 이전에 형성된 층은 공반유물로 볼 때 앞서 살펴본 부산대학교박물관 조사지구의 I단계보다는 조금 늦은 시기일 가능성이 높다.

조개무지와 직접적인 관계가 있는 A~D군층은 퇴적양상은 선후관계가 뚜렷하지만, 지금의 편년관으로 보면 각 층의 출토유물이 반드시 층위상 선후관계를 반영하고 있는 것은 아니다. 그래서 형식학적 측면에서 살펴보면, 가장 이른 시기에 속하는 것은 역시 원형점토대토기와 삼각점토대토기이다. 그런데 동일층에서 출토된 유물을 보면 대부분 와질토기와 함께 출토되고 있기 때문에, 패총 이전 층과 마찬가지로 고식 요소가 늦은 시기까지 남아 있는 것을 반영하고 있을 가능성이 높다.

특히 삼각형점토대토기 중에는 점토 부착 방식이나 구연부 형태에서 정형성을 벗어난 것들이 꽤 확인된다. 또한 공반되는 와질토기를 보면 S자

---

3) 본 부지와 인접해서 부산대학교 고고학과에서 시굴조사를 실시한 적이 있지만, 전시관부지와 조사 내용이 유사하고, 출토유물이 적기 때문에 본 발표에서는 전시관부지 조사만 다루었다.

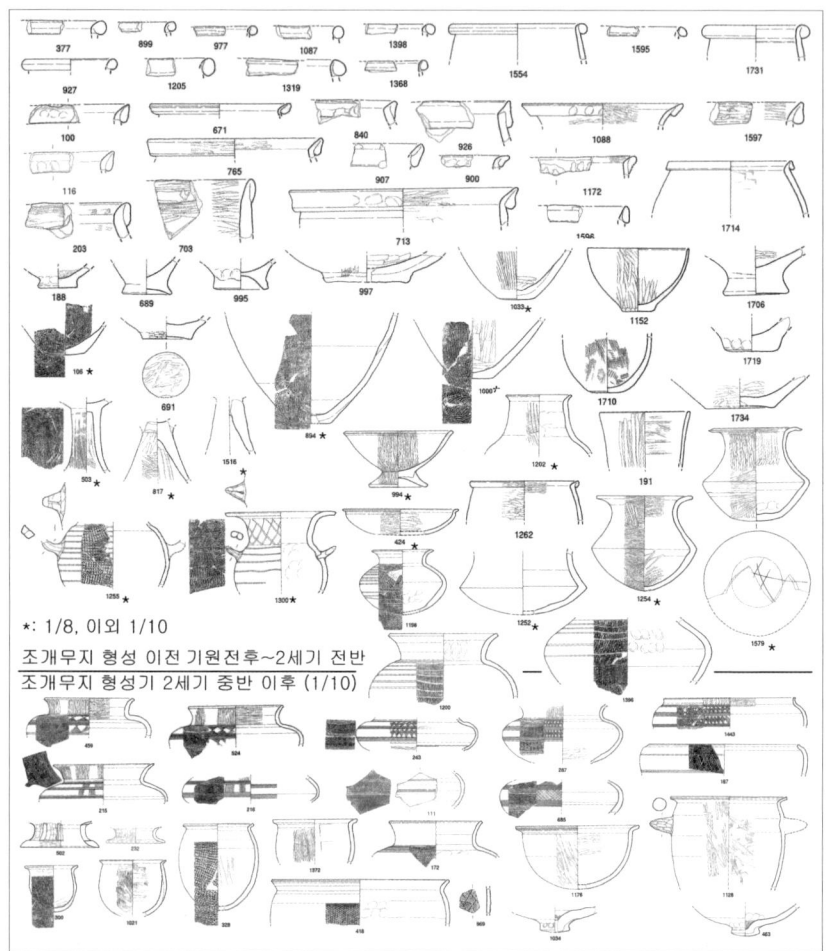

*: 1/8, 이외 1/10
조개무지 형성 이전 기원전후~2세기 전반
조개무지 형성기 2세기 중반 이후 (1/10)

〈도면 2〉 봉황대 유적 패총전시관 부지(경남고고학연구소 2009) 출토 토기 편년

형태로 만곡하는 주머니호와 승(석)문타날이 있는 조합우각형파수부호, 승문타날단경호가 대표적이므로, 기존 편년에 빗대어보면 기원후 1세기 중반 무렵으로 보아도 좋을 듯하다.

　두 번째로는 와질토기와 흩구연의 연질토기 등이 함께 출토되는 시기에 해당하는데, 와질토기의 경우 노형토기가 대표적이다. 노형토기는 동체부의 형태와 능형 집선문 등을 고려하면 삼한 후기에서도 비교적 이른 시기로 판단되며, 2세기 전반을 전후한 시점으로 볼 수 있다. 다만, 규격이 커지면서 구연이 짧아지거나, 사격자문이 새겨진 것들도 있어 이 중 일부는 4세기 초까지 시기가 내려올 가능성이 있다.

이는 패각층에서 출토되는 도질토기를 통해서도 엿볼 수 있는데, 양이부호나 도부호가 시문된 승(석)문타날단경호 등 4세기부터 출현하는 토기가 바로 그것이다. 그러나 대부분 4세기대가 중심이기 때문에 패총의 하한은 5세기까지 내려오지 않을 가능성이 높다(도면 2).

2. 부원동 유적

1980년 동아대학교박물관에서 총 3개 지구를 조사하였는데, 그중 A지구와 B지구에서 조개무지가 확인되었다. 그러나 B지구의 조개무지는 후대 교란 등으로 인해 출토 상태가 명확하지 않기 때문에 본 발표문에서는 A지구만 살펴보도록 하겠다.

출토 유물을 보면 크게 네 단계로 구분된다. 1단계는 단각과 장각의 외절구연고배, 장방형의 파수가 부착된 노형기대, 승(석)문타날단경호 등을 표지로 한다. 이외 광구소호와 통형기대, 하지키계토기 등도 출토되고 있다. 이들의 공반관계에 대한 기술은 명확하지 않지만, 주로 4세기 후반에서 5세기 초까지의 금관가야 분묘에서 출토되는 것과 유사하다. 이중구연호를 비롯한 하지키계토기 역시 대체로 4세기 후반에 해당하는 것으로 큰 차이를 보이지 않는다.

2단계는 이단투창고배와 일단투창고배를 표지로 한다. 이단투창고배는 규격이 상대적으로 큰 것이 확인되는데 이러한 양상은 5세기 초에서 전반까지 나타나는 형상이다. 이외 이단투창고배 중 소형화되면서 엇갈린투창을 가진 것에서 중반의 것도 포함되어 있다. 따라서 고배만 보면 대체로 5세기 전반에서 중반으로 판단하는 것이 가능하다. 그런데 통형기대 중 세로방향으로 돌대가 있는데, 대가야 통형기대와 관련이 있을 가능성이 있기 때문에 5세기 후반까지 내려올 가능성도 있다.

3단계 토기는 가야 양식도 일부 남아 있지만, 컵형토기와 대부파수부완, 대부장경호 등 신라양식 토기가 중심을 이룬다. 다른 단계에 비해서 출토 유물이 적고, 유충문의 문양을 가진 뚜껑 중 일부는 5세기 중반까지 거슬러 올라갈 가능성이 있다. 그러나 형태적으로 보면 개신부가 직선화된다거나, 구연부가 완만하게 곡선을 이루고 뚜껑에 투공이 뚫리는 등 늦은 요소들이 확인되고 있다. 따라서 잠정적으로 5세기 후반에서 6세기 초까지로 보고 싶다.

마지막 4단계는 단각고배와 구연부를 바깥으로 말아서 만든 옹 등을 표지로 하고 있다. 단각고배는 신라후기양식의 그것과는 차이가 있고, 6세기 이후에 김해를 중심으로 유행하는 소위 김해식 단각고배와 밀접한 관계가 있다. 또한 구연부를 말아서 제작한 옹 역시 6세기 이후에 등장하는 제작 방식이므로, 4단계를 6세기대로 보는 것이 가능하다. 단 완이나 무투창단각고배 등을 고려하면 시기는 6세기 중반 이후까지 떨어질 가능성이 높다.

이상에서 볼 때 부원동 유적의 조개무지는 4세기 후반 무렵에 형성된 이후 6세기의 어느 시점까지 유지되고 있었음을 알 수 있다. 하지만 유물의 빈도를 고려하면, 5세기 중반 이후에는 쇠퇴했던 것으로 보인다. 또한 조개무지가 확인되지 않은 C지구에서는 두형토기의 파편과 3세기 후반에서 4세기 전반까지에 유행하던 노형기대도 출토되고 있으므로, 이른 시기의 패총이 조사되지 않았을 가능성도 배제하기는 어렵다(도면 3).

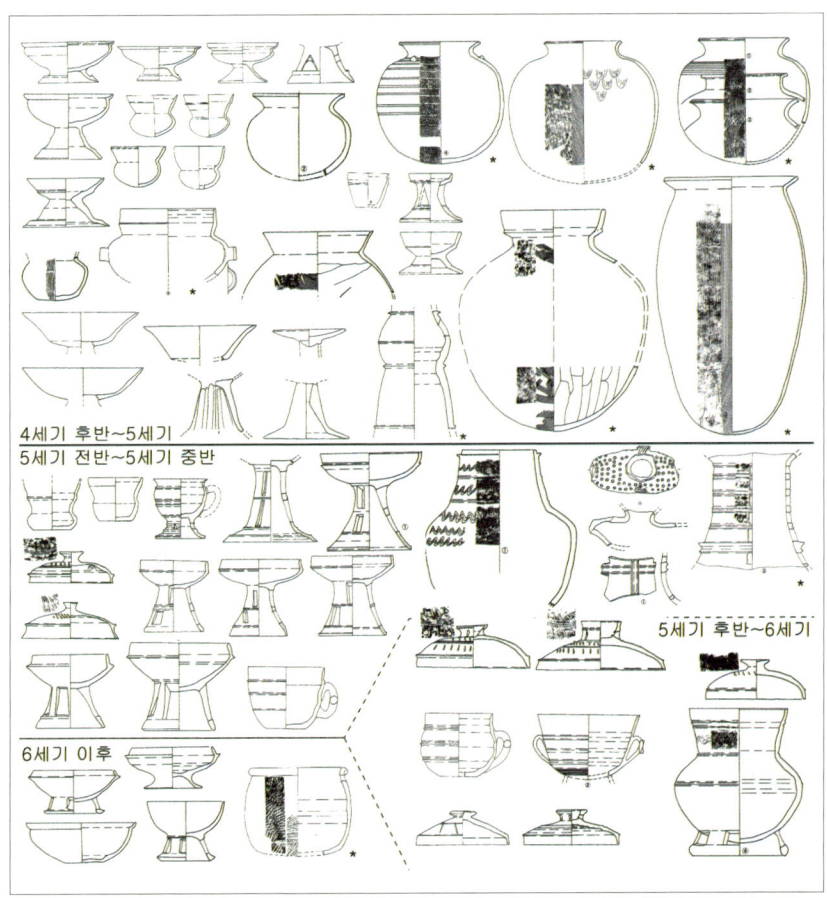

4세기 후반~5세기

5세기 전반~5세기 중반

5세기 후반~6세기

6세기 이후

〈도면 3〉 부원동 유적 A지구 출토 유물의 편년

3. 유하리 조개무지

유하리 조개무지는 양동리 고분군과 동일한 구릉의 말단부에 위치하고 있으며, 두 유적 사이에는 후포 고분군이 자리 잡고 있다. 그래서 오래전부터 유하리 조개무지는 두 유적과 밀접하게 관련되어 있다는 지적이 있었다. 조개무지는 구릉 말단부 사면에 넓게 분포하고 있다. 그중 조개무지가 가장 두껍게 잔존하는 남쪽부분은 2015년 국립김해박물관과 김해 대성동고분박물관이 2차에 걸쳐 조사하였고, 이를 중심으로 동쪽과 서쪽사면 등은 2018년 한화문물연구원의 조사를 통해 조개무지 분포가 밝혀졌다.

가. 국립김해박물관·대성동고분박물관 조사구간(국립김해박물관·대성동고분박물관 2017)

조개무지가 위치하는 구릉의 가장 남쪽에 해당하는 곳으로, 조개무지의 중심에 해당하는 곳이다. 조개무지의 범위에 비하면 조사가 많이 이루어진 것은 아니지만, 1차 조사에서 5개의 층 중 Ⅲ·Ⅳ층, 2차 조사에서는 19개의 층 중 Ⅱ~Ⅴ층에서 패각이 확인되었다[4].

1차 조사에서 패각이 확인된 4·5Tr.의 출토유물을 보면, 장각화된 외절구연고배와 승(석)문타날단경호, 구연이 짧아진 대부직구호 등이 공통적으로 출토되고 있어, 시간 차이는 크게 없는 것으로 보인다. 특히 5Tr.의 경우 Ⅱ층에서 출토된 외절구연고배 형태를 보아도 Ⅲ·Ⅳ층과 50년 이상 차이가 나지 않는다. 따라서 Ⅲ·Ⅳ층은 4세기 말~5세기 전반으로 판단된다.

2차조사에서 패각층이 확인된 2그리드는 시기 차이가 있는 유물이 혼재되어 있는 것으로 생각된다. 세부적으로 살펴보면 Ⅳ층에서 출토된 외절구연고배는 단각이고 배신이 둥근 점에서 1차 조사 출토품보다 1~2단계 이른 요소를 가지고 있다. Ⅴ~Ⅹ층에서 출토된 단각고배나 'エ'자형으로 벌어지는 고배 대각 등은 4세기 중반~후반에 속하는 것으로 봐도 무방하다. 따라서 2그리드의 조개무지는 4세기 중반~후반이 중심으로 생각된다.

이상을 생각하면 조사구역 내 조개무지는 4세기 후반~5세기 전반에 형성, 이용된 것으로 볼 수 있다. 그런데 1차 4Tr. Ⅲ층에서 확인된 유물 중

---

4) 패각의 출토량에는 다르기 때문에 각 층의 성격에는 차이가 있다.

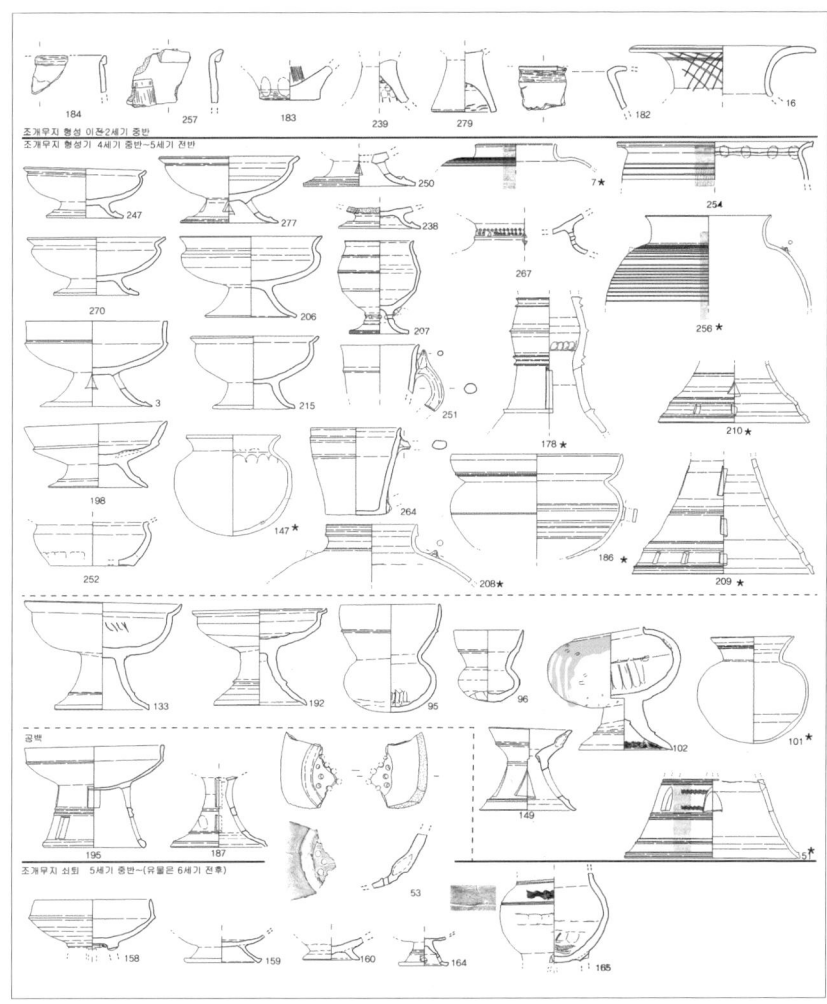

〈도면 4〉 유하리 패총 출토 유물 편년(*:1/10, 이외 1/6)

암문풍의 사격자문을 새긴 장경호의 구연부는 봉황대 유적 패총전시관부지의 1300번과 동일한 조합우각식파수부호의 구연부일 가능성이 높다. 또한 Ⅳ층에서 확인된 연질토기, 2차 2그리드 Ⅶ층의 점토대토기, Ⅵ · Ⅹ층의 두형토기도 조개무지의 중심 시기보다 이른 삼한시대의 것이다. 물론 이러한 유물의 출토량이 적기 때문에 패총과 직접적으로 연관이 있다고는 단정할 수 없고, 출토상황으로 보아 패총보다는 주변 일대에 1~2세기대 유구의 존재 가능성을 보여준다고 생각하는 것이 좋을 듯하다(도면 4).

나. 한화문물연구원 조사구간(한화문물연구원 2021, 2022)

패각층은 1차 조사의 가지구, 2차 조사의 3구역에서 각각 확인되었다. 1차 조사에서는 하층의 공방지와 대형건물지 등이 존재하고 일정 기간동안 자연퇴적층이 쌓이고 난 후 패각층 형성된 것으로, 2차 조사에서는 같은 구역 내 인공구를 메우면서 패각층이 유입된 것으로 보고되어 있다. 또한 퇴적양상에 따라 1차 조사의 패각층 4개층, 2차 조사의 패각층은 3개층으로 구분하였다.

1패각층에서는 사격자문이 새겨진 노형토기가 다수 출토되었는데, 크기로 볼 때 일부는 이미 노형기대화된 것이다. 이러한 특징은 3세기 후반에서 4세기 중반에 나타나는 현상이다. 2차 조사의 1, 2패각층에서 출토된 유사승문양이부단경호편과 평행타날단경호 등도 동일한 시기로 추정된다.

이와 달리 2패각층에서는 삼각집선문을 1단 내지는 2단 새긴 것이 중심이고, 1패각층 출토품과 달리 동체부 중앙이 볼록한 형태를 가진 것이 많다. 이러한 기형은 삼한시대 후기 중에서도 2세기 전~중반부터 출현하는 것으로 알려져 있다. 그러나 63번과 같이 동체부의 어깨가 강조되는 형태도 함께 출토되고 있기 때문에 크게 3세기대로 보고 싶다(도면 5).

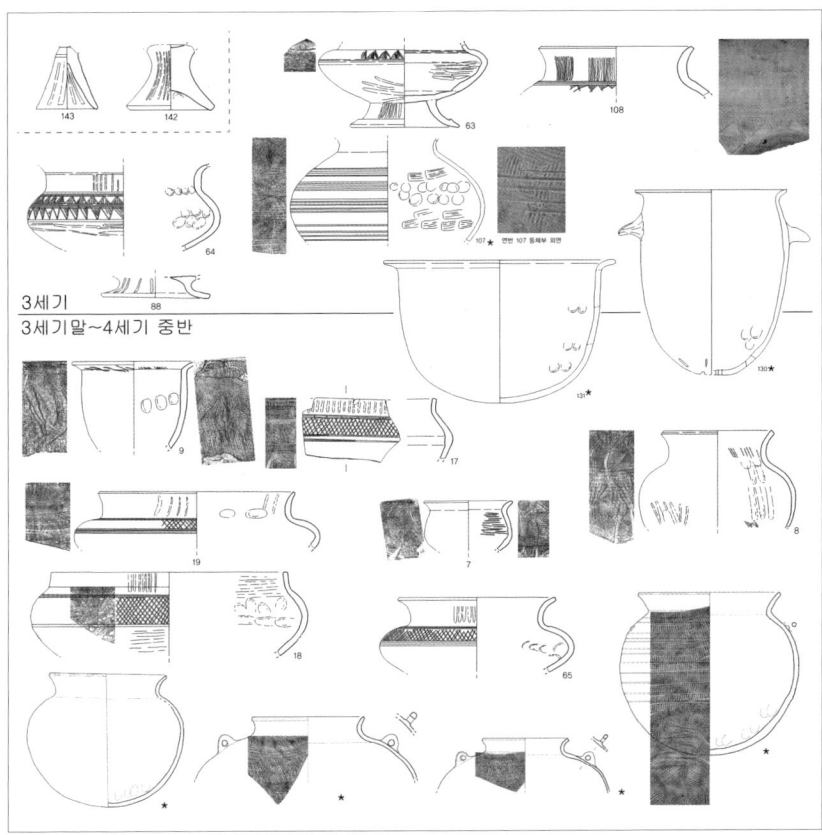

3세기

3세기말~4세기 중반

〈도면 5〉 유하리 유적 조개무지 출토 토기류 편년(*:1/10, 이외 1/6)

4. 김해 신문리 유적

　고김해만 서쪽의 반룡산에서 뻗어 내려오는 구릉 말단부에 위치하고
있다. 2011~2012년에 걸쳐 한겨레문화재연구원(현 가야문물연구원)과 동아
세아문화재연구원(현.동아세아문화유산연구원)에서 발굴조사를 실시하였다.
조개무지는 경사 위쪽에 해당하는 곳에서 1개소, 경사 아래쪽에서 3개소
가 확인되었다. 이 중에서 가장 많은 유물이 확인된 가야문물연구원의 A패

층을 기준으로 편년과 연대를 살펴보고자 한다.

A패총에서는 총 15개 층이 확인되었다. 15층에서는 사격자문을 새긴 노형토기와 노형기대, 와질토기 고배가 확인되고 있으며, 도질토기의 비율이 적은 편이다. 노형토기나 고배의 형태로 볼 때는 3세기 후반 무렵으로 추정되며, 와질단경호가 파편이긴 하지만 아직 동체가 구형을 띠고 있을 가능성이 높은 점도 4세기까지 내려오지 않음을 보여준다.

14층에서는 와질토기 소형고배류가 계속해서 잔존하고 있지만, 배신이 상당히 납작해지고, 연질 노형기대가 등장하는 등 4세기 초~전반의 토기문화와 유사하다. 물론 329번 같은 늦은 시기의 소형기대나 330번과 같은 하지키계고배와 같은 늦은 시기의 유물이 있지만, 소량에 지나지 않기 때문에 14층은 주로 4세기에서도 이른 단계에 속하는 것으로 판단된다. 동아세아문화재연구원에서 조사한 혼토패각층도 이 단계에 속할 것으로 추정된다.

13~10층은 출토유물이 많지 않지만, 유사승석문 단경호와 노형기대의 동체부편, 목리조정한 장동옹 등을 고려하면 4세기 중반 무렵으로 추정할 수 있다. 물론 593과 같은 사격자문의 노형토기, 547과 같은 화염문투창고배, 546의 고배배신 등은, 13~12층이 시기적으로 폭이 넓거나 혼재되어 있음을 보여준다. 다만 11층에서 출토된 파수부광구소호를 고려하면 늦어도 4세기 중~후반 무렵에서 형성된 것으로 판단된다.

9~6층은 평저를 가진 연질토기가 증가하며, 특히 연질발이 소형화되는 특징을 가지고 있다. 또한 삼각투창고배와 장각의 노형기대 등도 확인된다. 이러한 기형은 대체로 4세기 후반에 집중되지만, 850번과 같은 단면 원형의 고리형 파수를 가진 노형기대편, 삼각집선문이 새겨진 노형기대 등 오래된 요소가 함께 확인된다. 이는 앞선 층과 더불어서 어느 정도 시기적으로 겹치고 있기 때문에 나타나는 것으로 판단된다.

이러한 양상은 5~1층에서도 확인되는데, 1050의 삼각투창고배편과 1090의 단각외절구연고배가 대표적인 예이다. 이 토기들은 4세기 후반에 속하는 것이지만, 함께 출토된 것을 보면 장각화되고 대각에 돌대가 1조 있는 외절구연고배나 광구소호와 소형기대가 다수 포함되어 있음을 알 수 있다. 즉, 5~1층 역시 4세기 후반부터 5세기 초까지 어느 정도 시간 폭을

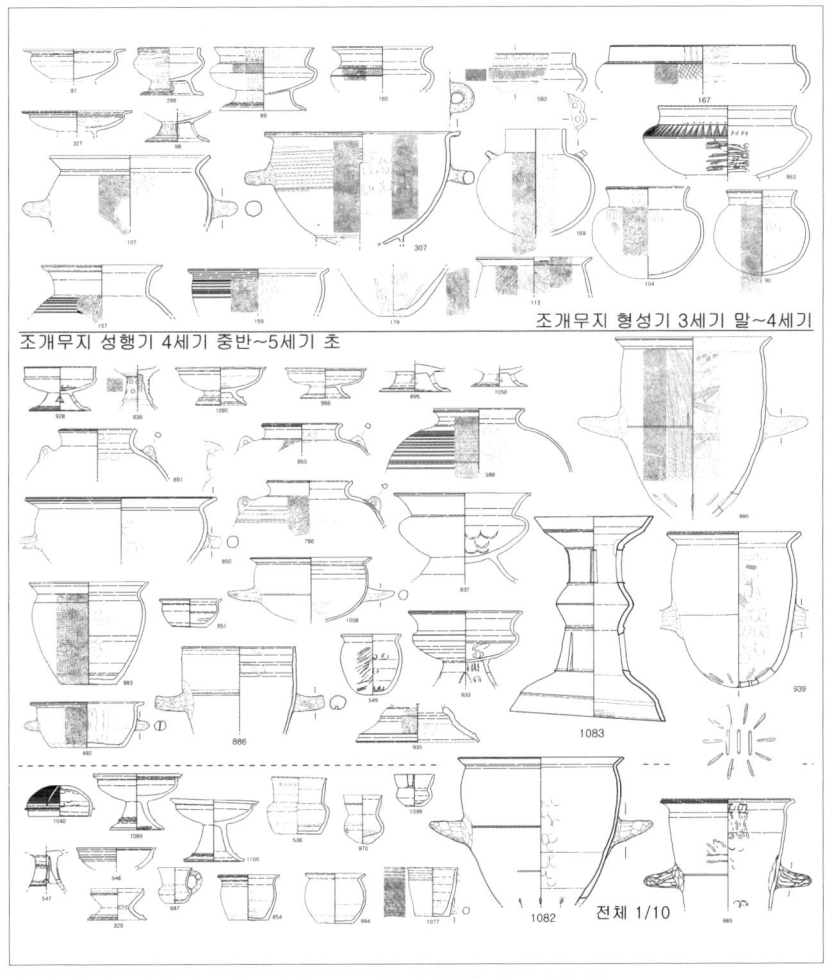

〈도면 6〉 신문리 유적 조개무지 출토 토기류의 편년(*:1/10, 이외 1/6)

가지고 형성되고 있었던 것 같다.

따라서 A패총을 종합해 보면, 후반 무렵부터 조개무지가 형성되어 이후 5세기 전반까지 지속적으로 사용되고 있었던 것으로 판단할 수 있다. 또한 B패총 V층에서 출토되는 노형토기와 III층에서 출토되는 장각화된 외절구 연고배 등을 보면, 유적 전체적으로 조개무지는 3세기 후반부터 5세기 전반까지의 인간활동에 의해서 형성되었던 것으로 볼 수 있다. C패총은 상부에서 수습된 유물만 출토되기 때문에 명확하지 않지만, 역시 이 범위 안에 모두 포함되고 있는 것으로 생각된다(도면 6).

III. 금관가야 조개무지의 추이와 의미

이상에서 살펴본 고김해만의 금관가야 조개무지의 형성과 전개에 대해서 시기별로 간단하게 정리해 두고 싶다. 지금까지 알려진 자료 중 가장 이른 시기에 해당하는 것은 2세기 전후로 추정되는 봉황대 유적의 조개무지이다. 여기에서는 삼한시대의 이른 시기로 추정되는 점토대토기가 출토되고 있으며, 이러한 양상은 다른 조개무지에서는 확인하기 어렵다. 물론 유하리 조개무지에서 점토대토기가 출토되기는 했지만 1점에 지나지 않는다. 또한 부원동 유적에서는 조개무지가 없는 C지구에서 이른 시기의 토기가 확인되고 있지만, 조개무지에서는 확인되지 않는다.

문제는 봉황대 유적에서 출토된 점토대토기를 어느 시기로 보는가이다. 지금까지 삼각형점토대토기의 하한은 늑도유적을 기준으로 하는 기원 2세기무렵까지로 추정하고 있다. 그러나 김해지역에서는 삼각점토대토기의 요소가 조금 늦은 시기까지 남아 있는 것이 이미 지적(경남고고학연구소

2009)되고 있고, 실제 대성동 고분군 옹관A에서는 연질장동옹과 함께 삼각점토대토기의 장동옹이 함께 사용된 사례가 있다.

따라서 봉황대 유적에서 출토된 점토대토기를 늦은 시기까지 남아 있는 것으로 볼 수도 있기 때문이다. 최근 공개된 김해 봉황동 유적 '가'구역 10피트의 구상유구에서는 다량의 칠기와 함께 점토대토기가 공반되었는데, 방사선탄소연대 측정 결과 118~214년으로 점토대토기가 실제로 3세기 전반까지 잔존했을 가능성을 엿볼 수 있다[5].

하지만 한 가지 지적해 두고 싶은 것은 봉황동 유적에서는 단순히 삼각형점토대토기만이 나오는 것이 아니라 원형점토대토기도 확인된다는 점이다. 그리고 실제 늦은 시기까지 잔존하는 삼각형점토대토기는 점토대 접합의 방식이나 기형 등에 차이가 있는 점도 고려되어야 할 것이다. 어쨌든 봉황대 유적에서는 청동기시대 석관묘와 소위 김해식옹관도 조사된 바 있기 때문에 이들 토기가 조개무지 형성 이전 시기의 것이라고 보는 것은 큰 문제가 없다. 그러나 부산대학교박물관에서 조사한 조개무지 하층의 주거지를 패각층이 바로 매몰시키고 있다는 점도 생각하면, 패총과 그 이전의 유구는 시기 차가 크지 않을 가능성도 배제할 수 없다.

또한 전기와질토기에 해당하는 주머니호와 조합우각형파수부호 등도 출토되고 있고, 굽이 남겨진 연질토기도 다수 출토되고 있다. 따라서 이러한 점을 고려하면 봉황대 유적의 조개무지는 늦어도 2세기 무렵에는 형성되기 시작했을 것이고, 이것이 고김해만 삼한·삼국시대 조개무지의 시작이라고 볼 수 있다. 그런데 이때 고김해만의 모든 조개무지가 형성되기 시작한 것은 아닌 것 같다. 현재 고김해만 내 조개무지에서 원형점토대토기가 출토되는 사례가 없고, 삼각점토대토기도 봉황대 유적을 제외하면 거의 확

---

5) 박진일은 경남 해안지역 생활유적의 삼각점토대토기 소멸시기를 사천 봉계리 유적을 예로, 3세기까지존재했을 가능성이 지적한 바 있다.

인되지 않는다는 점을 고려할 필요가 있다.

지금까지의 자료를 참고로 한다면, 봉황대 유적을 제외하면 후기와질토기인 노형토기가 출현하는 시점이 가장 이른 시기인 것 같다. 현재의 연구 성과에 빗대어보면 대략 50년 정도가 지난 후에야 비로소 봉황대 이외 유적에서 조개무지가 형성되는 것이다. 하지만 그렇다 하더라도 유물량이 그렇게 많은 것이 아니므로 대규모의 형성은 좀 더 이후 시기로 생각된다[6].

그런데 신문리 유적에서 볼 수 있듯이 3~4세기가 되면 후기와질토기가 다수 확인된다. 이들 토기는 일부 2세기 중반까지 거슬러 올라갈 가능성을 배제할 수 없지만, 대체로 3세기 후반에서 4세기 초로 추정되는 것이 대부분이다. 즉 이 시기부터 고김해만에서 조개무지가 본격적으로 형성되기 시작하는 것이다. 이러한 점은 인구의 증가에 따른 주변 집단의 성장 등과도 관련될 가능성이 있지만, 역시 이 시기의 사회적 변화와 밀접한 관련이 있지 않을까 한다.

이후 고김해만의 조개무지는 5세기대 전반까지 매우 활발하게 이용되었던 것 같고, 특히 4세기 후반에서 5세기 전반까지 유물이 다량으로 확인되며, 특히 유하리 유적의 경우 단순히 패총뿐만 아니라 수혈 및 제사유구도 이 시기로 추정되고 있어, 당시 고김해만은 매우 활발한 인간활동이 있었음을 엿볼 수 있다.

신문리 유적의 조개무지에서도 4세기 전반대 유물이 확인되지만, 역시 중심시기는 4세기 후반에서 5세기 전반이라고 할 수 있다. 여기에 한 가지 특기하고 싶은 것은 본 발표문에서 다루지 않았지만, 신석기시대 조개무지

---

6) 다만 유하리 유적과 인근하고 있는 양동리 고분군에서는 삼한시대 전기에 해당하는 목관묘가 다수 확인되고 있고, 봉황동 유적을 제외한 다른 고김해만의 조개무지에 비해서 시기적으로 이른 단계의 유물이 출토되고 있다. 따라서 향후 조사가 진행되면 봉황대 유적과 비슷한 시기의 조개무지가 확인될 가능성이 높을 것으로 판단된다.

로 유명한 수가리 패총의 경우 4세기 후반부터 소량이지만 다시 유물이 확인되고 있고, 분절패총 역시 동일 시기에 형성되기 시작한다. 이처럼 4세기 후반부터 중심 지역 조개무지 이외의 조개무지가 형성되기 시작하는데, 이는 인구의 증가나 세력 확대 등과 같은 상황에서의 집단 분화에 따른 것이 아닌가 생각된다[7].

하지만 5세기 중반에 들어서면 양상은 급격하게 변화한다. 봉황대 유적의 조개무지에서는 이 시기의 토기가 급격히 줄어든다. 일부 봉황대 유적에서 확인되는 사례가 있지만, 이전 시기에 비하면 소규모에 지나지 않고 패각층도 매우 얇다. 오히려 5세기 후반 무렵부터 다시 조개무지가 이용되는 것이 아닌가 할 정도이다[8]. 또한 신문리 유적의 조개무지에서는 5세기 중반~후반에 걸친 유물이 거의 보이지 않는다고 할 정도이다.

그러나 고김해만의 모든 패총이 쇠퇴기를 맞는 것은 아닌 거 같다. 앞서 언급한 분절패총의 경우 4세기 후반 형성되어서 6세기까지 계속해서 활용되고 있었던 것이 토기를 통해서 확인할 수 있다. 즉 고김해만의 다른 유적이 조사되면 보다 다양한 양상을 엿볼 수 있지 않을까 한다. 하지만, 중요한 것은 5세기 중엽을 기준으로 상당한 규모의 조개무지 유적이 쇠퇴하기 시작하는 점은 변함없다. 이러한 현상이 왜 나타나는 것인지에 대해서는 조사자료를 좀 더 기다릴 필요가 있지만, 이미 지적되고 있는 것처

---

7) 무리한 추측이라고 생각되지만, 4세기 후반 조개무지 형성 확산과 함께 고김해만 일대에서는 중소형 분묘유적이 조성되는 곳이 있다. 대표적으로 고김해만 내에서는 화정 유적, 두곡 유적, 능동 유적, 분절 고분군 등을 들 수 있으며, 진영분지의 본산리·여래리 고분군도 그러하다. 물론 조개무지와 분묘유적이 직접적으로 연결되는 것은 아니지만, 금관가야의 성장과 함께 인구 증가와 집단 분화 등에 의한 현상으로 볼 수 있지 않을까 생각해 본다.

8) 문제는 국립가야문화유산연구소에서 조사하고 있는 봉황대 유적의 대지성토층의 시기로, 5세기 무렵이라고 한다(김지연 선생님 교시). 그렇다고 한다면 이 시기 봉황대 조개무지의 쇠퇴는 후술하는 금관가야의 쇠퇴와는 다른 이유에서 찾아야 하지 않을까 한다. 향후 면밀한 시기 검토가 필요할 것으로 생각한다.

럼 고구려군의 남정 이후 금관가야의 쇠퇴와 밀접한 관계가 있지 않을까 한다.

IV. 맺음말

이상에서 고김해만의 대표적인 조개무지 네 곳의 편년과 시기를 살펴보고, 금관가야 조개무지의 형성과 전개, 소멸을 간단하게 언급해 보았다. 현재까지의 자료로 볼 때 금관가야의 조개무지는 봉황대 유적을 시작으로 2세기 무렵에서는 형성되기 시작했던 것 같다. 물론 언급했듯이 점토대토기의 귀속연대로 인해 변동 가능성은 있지만, 현재로는 2세기가 가장 안정적이지 않을까 한다. 이후 3세기 후반에서 4세기 전반까지의 시점부터 고김해만 각지에서 조개무지가 등장, 5세기 전반까지 활발하게 이용되고 있음을 알 수 있었다. 특히 4세기 후반 무렵에는 새롭게 조개무지가 형성되는 곳도 있어, 이러한 현상이 금관가야의 성장과 밀접한 관계가 있는 것으로 보았다. 하지만, 5세기 중반무렵에는 봉황동 유적의 조개무지를 비롯해 일부 조개무지의 쇠퇴하거나 지속적으로 유지되는 등 복잡한 양상을 보이는 것으로 생각된다.

조개무지는 당시 사회의 생활모습을 엿볼 수 있는 중요한 유적 중 하나이지만, 유적의 성격상 본 발표의 목적인 편년과 연대 추정이 쉽지 않은 유적이다. 물론 어느 유적보다도 층위조사를 중요시하기 때문에 고고학에서 기본적이라고 할 수 있는 층서학에 기대어 편년으로의 접근이 용이하다고 생각할 수도 있지만, 발표문에서 보았듯이 층서관계와 출토유물의 선후관계가 일치하지 않는 일도 적지 않다. 이러한 문제를 극복하는 것도 발표자의 능력 문제이겠지만, 이번 발표에서는 기존 연구성과를 토대로 큰 틀에서 편년과 연대를 확인하는 것에 그쳤다. 따라서 발표문의 많은 부분에 문제가 있다고 생각되며, 향후 여러 선생님들의 지도를 통해 수정해 나갈 것을 약속하면서 마치고자 한다.

조성원, 「출토 유물로 본 금관가야 조개무지의 형성과 전개 - 삼한·삼국시대를 중심으로 - 」에 대한 토론문

소배경 (삼강문화유산연구원)

발표자께서는 금관가야의 패총유적에서 출토된 유물에 대한 분석을 통해 금관가야의 패총은 2세기 무렵에 김해 봉황대 유적의 조개무지가 형성되기 시작했고 이후 3세기 후반에서 4세기 전반까지의 시점부터 고김해만 各地에서 패총유적이 등장, 5세기 전반까지 활발하게 이용되고 있음을 설명하였다. 특히, 4세기 후반 무렵에는 새롭게 패총유적이 형성되는 곳도 있어, 이러한 현상이 금관가야의 성장과 밀접한 관계가 있는 것으로 보았다. 발표자께서도 밝히듯이 5세기 중반 무렵에는 봉황동 유적의 조개무지를 비롯해 일부 조개무지가 쇠퇴하거나 지속적으로 유지되는 등 복잡한 양상을 보인다.

1. 김해 봉황동 유적 - 복합생활유적의 시기문제

봉황동 유적의 조개무지 상한은 원형점토대토기나 삼각형점토대토기의 존재로 기원전 2세기까지 올려 볼 것인가 아니면 공반유물의 연대로 낮추어 볼 것인가라는 문제에 봉착한다. 우리 연구원의 조사지점인 회현리패총 전시관 부지에 대한 조사에서도 1~113층의 층서 구분이 이루어진 바 있다. 보고문에는 토기유물로 보았을 때, 회현리패총은 56층을 경계로 크게 2분할 수 있으며, 이에 따라 100층에서 57층까지를 I단계, 56층에서 3층까지를 II단계로 구분하였다.

I단계는 다시 88층을 경계로 a, b의 두 期로 小分될 수 있다. Ia기는 사실상 유물 수량이 많지 않아 유물 내용을 정확하게 알 수 없는 점이 있다. 단 黑色磨硏長頸壺의 형식이나 格子文打捺의 부재로 Ib기와 구분해 둔다. Ib기는 소형옹이나 조합우각형파수부장경호 등을 기준하면 古式 와질토기의 늦은 시기 즉 최종규의 III단계가 그 중심시기이다.

II단계도 다시 28층을 경계로 a, b기로 小分될 수 있다. IIa기는 노형토기를 대표로 하는 新式 瓦質土器段階로 최종규의 V·VI단계에 해당되며, IIb기는 평행문타날, 도질토기의 특징에서 최종규의 VI단계에서 도질토기 단계로 볼 수 있다. 그 하한은 4세기대로 생각된다.

생토면의 유구에서는 단 1점의 無文土器 底部片만이 출토되었기 때문에 정확한 연대를 알 수 없으나, 기형의 특징으로 보아 無文時代 晩期로 추정된다. 표토층 및 상부교란층에서는 4~5세기대의 도질토기가 출토된다.

이상에서 회현리패총은 삼한시대에서 삼국초기에 걸친 貝塚이며, 상한은 기원전후에서 하한은 4세기로 판단된다(삼강문화재연구원 2009).

발표자께서 지적하였듯이 점토대문화 단계의 토기(원형점토대토기와 삼각점토대토기)가 출토되고, 굽을 가진 연질토기가 공반되고 있다. 그러나 와질소성의 승석문타날 단경호도 함께 확인되기 때문에 기원후 1세기 중반 무렵으로 보았다. 조개무지와 직접적인 관계가 있는 I단계(Ia·Ib)·II단계(IIa·IIb)의 퇴적양상은 선후관계가 뚜렷하지만, 지금의 편년관으로 보면 각 층의 출토유물이 반드시 층위상 선후관계를 반영하고 있는 것은 아니다. 패총 이전 층과 마찬가지로 고식 요소가 늦은 시기까지 남아 있는 것을 반영하고 있을 가능성이 높다.

패총유적을 조사하다 보면, 층위학적으로 분석하기에 어려움이 따른다. 남해안에 분포하는 패총유적은 층층이 안정적으로 퇴적된 경우보다 자연

재해로 인해 층위가 뒤집히는 경우도 발생한다. 회현리 패총은 이른 시기부터 퇴적된 것으로 추정하지만 재사용이라는 측면도 고려 대상이 되기도 한다. 최근 봉황동 유적 발굴조사 지점에서 대규모 성토물에 패각을 성토재로 사용하기도 한다. 이런 지점 때문에 생활유적의 편년을 정교하게 하는 것은 어려움이 따른다.

발표자께서도 최근 봉황동 유적 '가'구역 10피트의 구상유구에서 출토된 점토대토기가 늦은 시기까지 존재했을 가능성을 제기하였다. 구상유구에서는 다량의 칠기와 함께 점토대토기가 공반되었다. 발표자께서도 방사선탄소연대 측정결과 118~214년으로 점토대토기가 실제로 3세기 전반까지 잔존했을 가능성을 제기하였다. 봉황동 유적 발굴단도 1피트 4세기 문화층을 제외하고 현재 대지조성층은 5세기가 중심연대로 보고 있다. 대지조성층보다 이른 유구로는 칠기가 출토된 이중 溝(壕)를 1~3세기로 추정하고 있다. 토론자는 대지조성층과 이중 壕에 대한 관계가 아직 불명확한 지점이라 생각한다. 이중 壕와 壕 사이 인위적으로 조성된 土壘의 존재로 보아 성토대지조성층과 층위가 연결되고 있는 지점에 대한 고민이 있다.

봉황동 유적은 유구 밀집도가 높고 층위에 대한 정밀한 검토가 필요한 유적이다. 그 속에 인공적으로 조개무지가 결합하여 더 복잡한 변수가 생겨 실제 패각에서 다양한 시기의 유물들이 출토된다.

발표자께 드리는 질문은 봉황동 유적 구릉 정상부를 둘러싼 환호와 점토대문화 단계 조개무지 분포 가능성에 대한 것이다. 일반적으로 회현리패총이 이른 시기의 패총으로 보고 봉황동 유적 남쪽과 서쪽사면부 패총을 회현리 패총보다 늦은 시기로 본다(그림1). 발표자께서 실제로 회현리패총의 상한도 기원 2세기로 보고 있어서 드리는 질문이다.

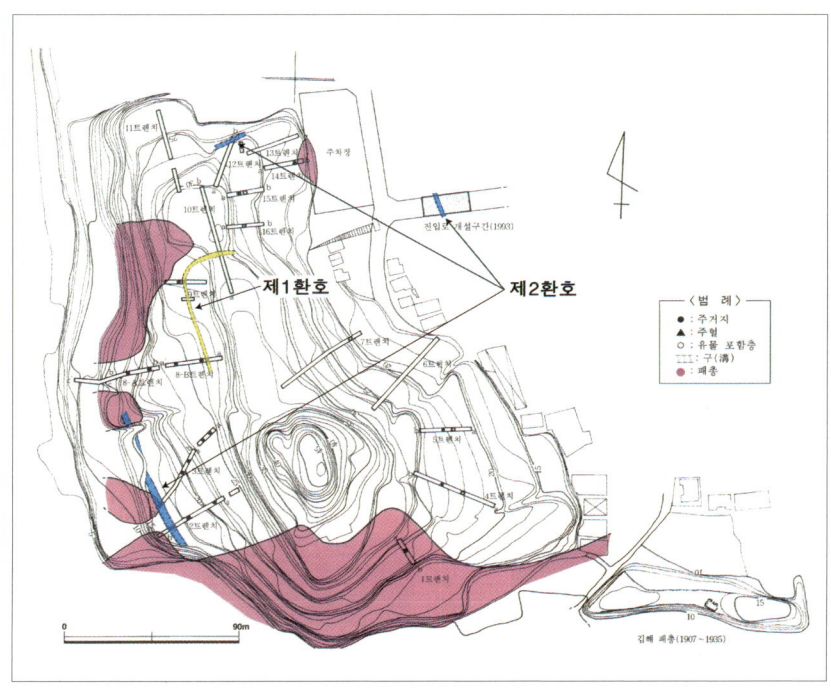

〈그림 1〉 봉황대 패총 분포도(부산대학교박물관 1992)

2. 가야의 경관 - 유하리 유적의 형성과 확대

　김해 양동리 고분군에서 남동쪽으로 뻗어 내린 구릉의 端部에 위치한다. 패각이 층을 이룬 곳은 현재 확인할 수 없으나 지표에 貝殼과 소위 김해기의 토기편이 산재해 있다. 이곳과 양동리고분군과의 거리는 약1.2㎞이다.

　유하리패총은 1918년 도리이 류죠가 고적조사사업에 의해 김해지역을 답사하면서 처음 알려졌다. 1970년대부터 인근의 양동리고분군이 발굴조사되면서 함께 주목을 받게 되었다. 그 후 유하리패총에 대한 정식 조사는 전혀 이루어지지 않다가 2015년 국립김해박물관과 대성동박물관에서 김해시 유하동 180-3번지 외 8필지에 대한 학술조사를 실시하였다(국립김해박물관 2017). 그 결과 유하리패총의 존재를 확인하고, 규모와 양상을 파악

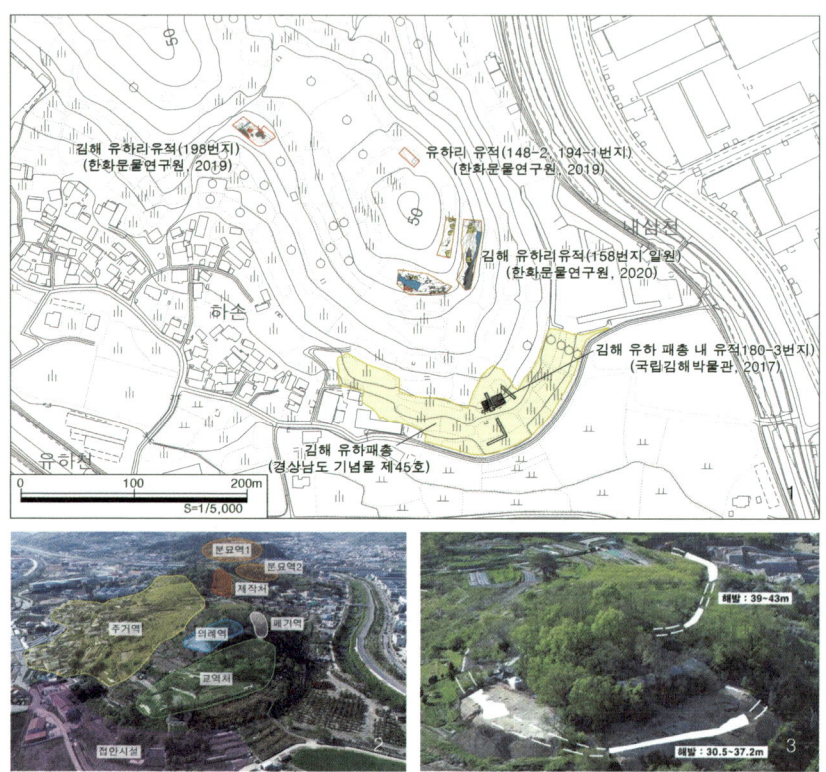

〈그림 2〉 유하리패총 유구현황도(한화문물연구원 2022)

함으로써 두 유적 간의 관계를 검토할 수 있는 자료를 확보하였다. 이 조사를 바탕으로 김해시는 유적의 성격 규명과 향후 유적 보존 및 학술조사의 방향을 설정하여 추가적인 발굴조사를 진행하였다. 그 결과, 지상식주거지, 패각층, 수혈, 제사관련유구, 고상건물지, 환호 등 다양한 유구가 조사(한화문물연구원 2021;2022)되었는데, 주목할 점으로는 구릉의 경사도와 입지에 따라 조성된 유구가 상이한 특징을 보인다(그림2). 그중에서도 환호와 테라스가 관찰되며 頂部를 기점으로 段差를 두고 공간이 구분된 것이 특징이다.

제1환호는 해발 39~43m로 구릉 頂部를 감싸고 돌아간다. 제2환호는 해발 30.5~37.2m로 구릉 中位 능선을 따라 돌아간다. 2개소 모두 환호가 폐기된 이후 패각층이 형성되었다. 현재까지 유하리패총에 대한 부분적인 발굴조사만 진행되고 있어 환호의 全貌가 밝혀지지 않았고, 주거지와 고상건물지, 수혈 등을 비롯한 다양한 유구의 성격이 조사중에 있다. 고성 동외동유적과 마찬가지로 구릉 정부를 감싸고 돌아가는 환호와 그 이후 패총이 형성된 것으로 4세기 패총이다. 그다음 頂部를 중심으로 段差를 보이며, 住居域과 生産域 등이 순차적으로 구축된 것이 확인되고 있다.

토론자는 금관가야 패총 유적 중에서 가장 주목하는 곳이 유하리 유적이다. 유하리 유적군은 가야의 경관(고총+토성?+무역항+의례)을 잘 보존하고 있고 향후에도 중심집락으로 확장할 수 있는 유적이기 때문이다. 발표자께서도 유하리 유적과 인근하고 있는 양동리 고분군과의 근친성을 주장하고 계신다. 양동리 고분군에서는 삼한시대 전기의 목관묘가 다수 확인되고 있고, 봉황동 유적을 제외한 다른 고 김해만의 조개무지에 비해서 시기적으로 이른 단계의 유물이 출토되고 있다. 따라서 향후 조사가 진행되면 봉황대 유적과 비슷한 시기의 조개무지가 확인될 가능성이 크다고 보았다. 유하리 유적에 대한 향후 전망과 학술조사의 필요에 대한 부연 설명을 부탁드린다.

참고문헌

國立金海博物館, 2017, 『金海 柳下貝塚 발굴조사보고서』.
삼강문화재연구원, 2009, 『김해 회현리패총Ⅰ·Ⅱ』.
한화문물연구원, 2022, 『김해 유하동생활유적』.
_____, 2021, 『김해 유하동유적Ⅰ』.

패총으로 본 금관가야 사회

김 다 빈*

개요

　오늘날 김해지역은 대부분 평야로 이루어져 있지만 발굴조사와 토양시추 결과에 따르면 3~4세기 당시에는 해수면이 현재보다 높아 김해평야의 상당 부분이 바다였던 '古김해만'을 이루고 있었다. 금관가야는 이러한 김해만을 중심으로 한 해안, 연안 환경에 입지 하였으며, 가야인들은 바다의 영향을 적극적으로 활용하여 생활하였다.

　고고학에서 '취락'은 사람들이 모여 사는 생활 집단의 공간적 단위를 뜻하며 생활유적, 생산시설, 저장시설 등을 포괄하는 실질적 생활 흔적의 집합체를 의미한다. 패총은 취락 내 형성된 공간으로 과거 사람들이 먹고

---

* 동아대학교

버린 조개껍데기와 각종 생활 쓰레기가 오랜 시간 퇴적되어 형성된 유적이다. 흔히 고대인들의 쓰레기터로 알려져 있지만, 그 분포와 성격을 통해 당시 사람들의 생활양상과 자연환경 활용 방식을 살펴볼 수 있다. 김해지역의 패총 분포를 살펴보면, 대부분이 당시 해안선과 인접한 위치에 형성되어 있었음을 확인할 수 있으며, 이는 금관가야 사회가 해안 및 연안 자원을 적극적으로 이용했음을 보여준다.

금관가야는 고분의 축조가 사회의 중심을 이루는 집단사회로, 특히 대성동고분군을 조영한 집단이 최고 지배층에 해당한다. 이들은 대성동고분군을 묘역으로 삼고 봉황동유적을 생활공간으로 활용한 중심집단이었다. 이에 비해 양동리, 퇴래리, 예안리고분군 등은 중심집단에 대비되는 주변 집단이 조영한 묘역에 해당하는데, 각각 유하리유적, 퇴래리유적, 예안리유적 등 생활공간을 보유하였다. 이러한 구조를 바탕으로 볼 때, 금관가야는 하나의 중심집단과 여러 주변집단이 결합하여 형성된 다층적 사회라 할 수 있다. 각각의 집단은 금관가야 사회를 이루는 구성원으로서 일정한 사회적 역할을 지니기도 하였다.

패총은 단순한 쓰레기터가 아니며 식량자원의 소비와 사회구조를 반영하는 장소로 해석된다. 또한 회현리패총에서 출토된 화천과 같이 교역의 단서를 제공하기도 한다. 본고에서는 삼국시대 김해지역에서 확인되는 패총에 대한 고고학적 검토를 통해 금관가야를 구성하는 개별 집단에서의 패총 양상과 집단의 성격, 자연환경의 활용 양상을 살펴보고자 한다. 이를 바탕으로 시론적이지만 가야의 생활상에 대한 종합적 이해를 시도하고자 하였다.

I. 머리말

오늘날 김해지역은 대부분 평야로 이루어져 있지만 발굴조사와 토양시추 결과에 따르면 고대 해수면은 현재보다 높아 김해평야의 상당 부분이 바다였던 '고김해만'을 이루고 있었던 것으로 밝혀졌다. 금관가야는 이와 같은 내만(內灣) 환경에 입지하였으며, 가야인들은 바다와 하천이 맞닿는 자연조건을 적극적으로 활용하며 생활하였다. 고김해만은 바닷물과 강물이 만나는 기수역에 해당하며, 기수역은 영양분이 풍부하고 다양한 생물이 서식하는 생태적 장점을 갖춘다. 이러한 장점 때문에 일찍부터 인류는 기수역 주변에 터전을 마련하며 살았다. 김해지역에 신석기시대부터 삼국시대에 이르는 다양한 분묘유적과 생활유적이 밀집 되어있는 것도 이와 같은 환경적 요인과 무관하지 않다.

김해지역의 하천은 김해 시내의 호계천 유역과 장유 일대의 조만강 유역으로 나뉜다. 과거, 이 지역은 바닷물이 깊숙이 들어오던 갯골[1] 지형으로 현재의 하천도 그 흔적을 지니고 있다. 갯골은 조수간만의 차에 따라 흐름과 깊이가 달라지는 자연수로를 뜻하는데, 고대에는 외해와 내륙을 잇는 항로로 활용되었을 가능성이 크다. 특히 원지리에서 발원한 조만강은 녹산을 지나 서낙동강으로 이어지며, 해반천, 호계천, 유하천, 대청천, 율하천 등의 지류를 포함한다. 이로 인해 장유와 율하 일대는 근대까지도 습지로 남아 있었으며, 고대에는 수심이 깊은 수역이었을 것이다. 이 일대에 위치한 관동리유적은 수로와 해로를 통한 교통 및 물류 활동을 보여주는 중요

---

[1] 갯골은 조수간만의 차에 의해 갯벌이나 염습지에 형성되는 물길을 뜻한다. 밀물 때 바닷물이 들어오고 썰물 때 바닷물이 빠져나가는 자연적인 수로이다. 조수의 흐름에 따라 물의 방향이 바뀌며, 깊이와 폭이 조수간만의 차에 따라 변화한다.

한 사례라 할 수 있다.

II. 김해만의 패총

패총(貝塚)은 고대인들이 먹고 버린 조개껍데기와 생활쓰레기들이 모여 형성된 일종의 폐기장 혹은 쓰레기장으로 인식되는 유적이다. 신석기시대에는 해양자원을 매우 적극적으로 활용하여 의존도가 높은 생활을 하였지만, 원삼국~삼국시대가 되면 청동기시대 농경이 시작된 이래로 해산물과

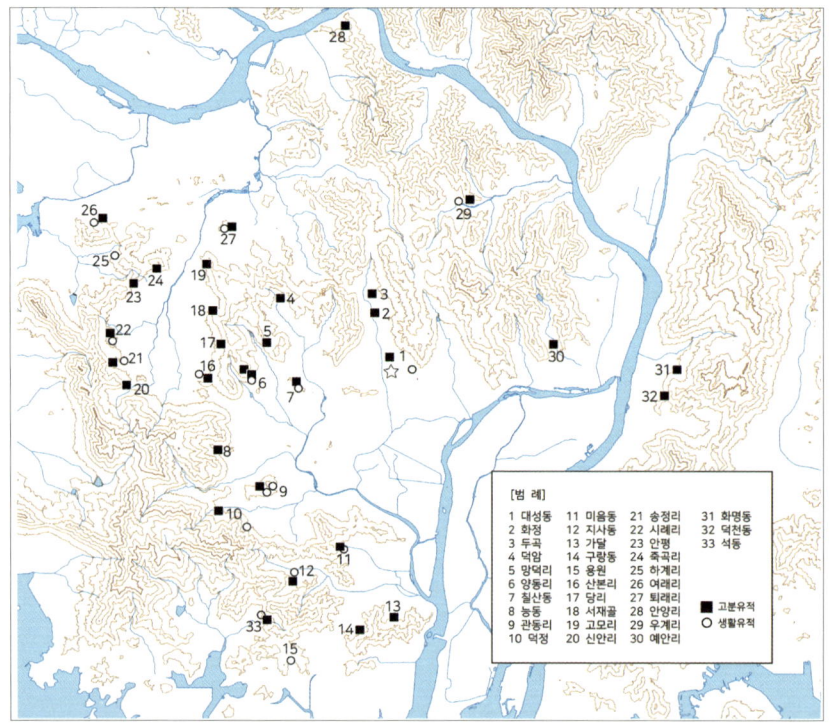

〈그림 1〉 금관가야 권역 주요 유적의 위치

패류 등 해양자원의 섭취는 보조적 수단이 되어 상대적으로 낮은 의존도를 보인다. 이는 생계유지를 위해 해상자원에만 매달리지 않았음을 의미한다. 삼국시대는 인구가 증가하고 교역이 활성화되며 가축사육, 농경의 발전, 사회의 복합화, 계층분화를 통한 위계화가 심화되는 시기이다. 교역에 의해 패총이 등장했다는 주장(최성락·김건수 2002; 최성락·박호성 2022)도 제기되었는데, 패총의 대부분이 중국, 일본에 이르는 해로상에 입지하는 점과 화천이나 장신구, 유리 등 중국계 유물과 일본계 유물이 출토하는 점을 근거로 한다. 또한 낙랑과 대방군이 변한으로부터 철을 수입하였다는 기록이 남아 있다는 점을 통해 교역이 활발해지는 변화 속에서 해안가로 이주가 증가하고 이로 인해 해안지역에 패총이 활발히 형성되었다고 해석한다.

고대의 김해지역은 낙동강 하류와 동쪽 연안이 만을 형성하여 바닷물이 깊숙이 들어오는 김해만을 이루고 있었다. 김해만의 성립을 통해 김해평야 각지에는 농소리, 범방패총과 같은 신석기시대 패총들이 형성되었고, 삼국시대가 되면 김해평야의 대부분에서 패총이 성립된다. 당시의 해수면이 현재보다 높았기에 현재의 김해 시가지나 대성동, 봉황동유적 등은 과거에 모두 만의 연안 혹은 수변 저지대에 해당한다. 따라서 많은 유적들이 김해만의 연안을 따라서 입지하고 있다. 김해만은 수심이 낮고 조류가 완만한 해양환경을 갖추었을 것으로 추정되는데, 이러한 환경은 풍부한 패류와 해산물 자원을 제공해 주었고, 이는 패총이 형성되는데 중요한 역할을 하였다.

1. 봉황동유적

김해 봉황동유적은 봉황대를 중심으로 분포하는 여러 유적군을 포괄하는 명칭으로 봉황토성을 비롯하여 추정 왕궁지유적, 회현리패총 등이 포함된다. 봉황동유적 가운데 가장 먼저 알려진 것은 김해 회현리패총이다. 회현리패총은 1907년 봉황대 구릉을 조사하던 이마니시 류(今西龍)에 의해 처음 조사되어 김해 패총이라 불렸다. 수차례 발굴조사가 이루어졌고 조선총독부에서 1934년 고적으로 지정하면서 '김해 회현리패총'이란 정식 이름이 붙었다. 2000년대 들어 봉황대유적을 묶어 봉황동유적이라고 명칭이 변경되었다. 회현리패총은 봉황대에서 동쪽으로 뻗은 낮은 소구릉에 위치한다. 1907년 최초 조사에서 골각기, 토기파편, 수골, 어골 등이 확인되었다. 이후 몇 차례 조사가 이루어졌고 고배, 호와 같은 토기류와 다양한 동물뼈, 패각류가 출토되었다. 또한 1세기대 신나라 왕망이 주조한 화천(貨泉)이라는 중국 화폐가 출토되기도 했다. 화천은 서북한 지역과 큐슈 북부를 비롯한 서일본지역에서 출토된다. 이는 가야의 대외교역을 잘 보여준다. 가야는 철의 수출과 함께 해상교역을 통해 성장한 정치체로 인식된다. 3세기 후반의 기록인 『三國志』동이전의 왜와 관련된 부분에는 대방군에서 왜에 이르는 해로에서 구야한국(狗耶韓國), 곧 가락국을 漢과 倭를 연결하는 중요무역항으로 기록하기도 하였다[2]. 또한 회현리패총에서는 골각기가 다량 출토된다. 도자의 병부, 골촉, 골침, 복골 등과 1차 가공된 자재 등이 출토되는 점으로 보아 골각기를 제작하는 공방이 패총 인근에 존재했을 가능성을 보인다.

회현리 패총이 입지한 소구릉의 서쪽에는 봉황대가 위치한다. 봉황대는 시굴조사를 통해 구릉의 동쪽을 제외한 모든 사면부를 따라 패각층이 확인되었다. 전면 조사가 이루어지지 않아 정확한 양상은 알 수 없지만, 퇴적의 두께와 광범위한 분포 양상으로 보아 회현리패총의 규모를 넘어서는 봉황동유적의 중심 패총이 형성되어 있었던 것으로 추측된다. 생활상을 추측할 수 있는 유물들이 확인되는데, 호·옹·시루·부형토기 등 생활용기부터 고

---

2) 從郡至倭, 循海岸水行, 歷韓國, 乍南乍東, 到其北岸狗邪韓國, 七千餘里, 始度一海, 千餘里至對馬國(『三國志』券30 魏書 烏丸鮮卑東夷傳 第三十 倭).

배와 장식성이 강한 기대, 광구소호, 소형기대, 토우, 복골 등 다양하다. 패각류, 어류, 조류, 육상포유류, 해양포유류 등도 다량 출토된다. 패각류 중에는 굴이 가장 높은 비율을 보이며 백합도 많이 출토된다. 이외에 소라, 홍합, 갯고둥 등이 확인된다. 이는 해반천 일대를 포함한 지역이 김해만의 영향권에 속했음을 시사하며, 채집이 용이한 자원을 주로 이용하고 있음을 보여준다. 육상포유류 중에서는 사슴이 가장 높은 비중을 차지하는데 뿔과 사지골이 대부분이다. 이는 사슴이 식량자원이면서 동시에 골각기 제작에 선호되는 재료 중 하나였음을 시사한다. 식량자원으로는 멧돼지도 활용되었던 것으로 판단된다. 또한 운송수단 혹은 부차적인 식량자원으로 이용되었을 소와 말뼈도 확인된다. 해양포유류로는 강치, 돌고래, 고래 등이 대표적이다. 어류로는 연안 암초지대에 서식하는 어종이 주로 확인되어 어로활동이 연안에서 집중적으로 이루어졌음을 보여준다.

2. 부원동 유적

부원동유적은 현재의 김해시청 일대에 위치하며 1980년대 발굴조사 이후 토지정비사업으로 인해 대부분 소멸되었다. 봉황동유적으로부터 대략 1km 정도 떨어진 남산 서쪽과 동쪽 경사면에 해당한다. 유적은 크게 세 지구로 나뉘어 조사되었는데 A지구는 남산 서쪽 사면에 해당하며 주거지와 석관묘, 토광묘가 확인되었다. B지구는 동쪽에 해당하며 패총이 확인되었다. C지구는 동쪽의 무문토기산포지역에 해당한다. 패각층에서 출토된 유물은 경질토기 편이 대다수이며, 일본 규슈지역의 야요이계토기도 확인된다. 그밖에 골촉, 복골 등과 각종 골각기가 출토되었다. 탄화된 쌀, 보리, 밀 등과 함께 복숭아씨도 출토되었다. 출토되는 패각류 중에 가장 많은 수를 차지하는 것은 굴이다. 그외 갯고둥 백합, 홍합 등도 출토된다.

3. 칠산동·화목동 패총

칠산동·화목동 패총은 문화유적분포지도 조사를 통해 알려진 유물산포지에 해당한다. 칠산동패총①, 칠산동패총②, 화목동패총으로 명명되어 있는데, 이들은 모두 칠산이라는 산의 능선 말단부에 입지한다. 칠산의 주능선을 따라서는 칠산동고분군이 형성되어 있다. 칠산동패총①로 명명된 유물산포지는 경작지로 개간되면서 파괴되어 현재는 패각과 토기편들만 지표에 흩어진 상태이다. 수습된 자료는 굴과 백합이 대다수를 차지한다. 칠산동패총②도 경작지로 개간된 상태이며 모두 재첩 껍데기로 이루어져 있다. 500m 정도 이격된 위치에 화목동패총이 존재하는데 동일 유적으로 추정되며 삼국시대에 해당하는 토기 편과 패각이 확인된 바 있다. 이들이 입지한 곳이 현재는 김해평야의 평탄면에 해당하지만 당시의 환경을 고려한다면 이곳에는 김해만이 형성되어 있었고, 칠산은 김해만에 위치한 큰 섬이었을 가능성이 있다. 칠산의 주요 능선을 제외하고 산의 사면부와 그 아래 조성된 평탄면 부분은 김해만과 연접하는 곳에 해당하므로, 칠산의 연안을 따라서는 대부분 패총이 형성되어 있었을 것으로 추정된다.

4. 유하동 유적

유하동유적은 경상남도기념물 제45호인 유하패총을 포함한 구릉 일대에 넓게 분포하는 유적군을 포괄하여 명칭할 수 있다. 이 일대에는 양동리 가곡 유물산포지, 유하동 유물산포지, 유하리·하손 유물산포지, 유하리 패총, 하손 패총 등 많은 유물산포지가 입지하고 있어 이 일대에 대규모 집단의 생활공간이 조성되어 있었음을 시사한다.

유하패총은 1918년 도리이 류조(鳥居 龍藏)가 고적조사사업에 의해 김해

지역을 답사하면서 처음 알려졌고 2015년에 학술발굴조사가 이루어졌다. 유하패총은 하손마을이 있는 낮은 야산의 경사면에 분포하며, 조영시기는 출토 토기 편을 근거로 하여 4세기 후반에서 5세기 전반으로 추정된다. 연속하거나 중복되는 수혈은 의례유구나 토취장일 가능성이 있다. 유적의 전체 범위가 조사된 것이 아니라 정확한 양상은 알기 어렵지만 패각층과 소토층이 교대로 퇴적된 양상을 확인할 수 있었다. 이러한 양상은 오랜 기간 동안 형성된 것으로 추정되는 봉황동 유적과 유사성을 보인다. 유하패총에서는 다양한 토기 편과 녹각제도자병, 골촉, 골침과 같은 골각기, 복골 그리고 등자, 철정과 같은 철기류가 출토되기도 하였다.

유하패총이 입지한 구릉에는 유하동 158번지 유적으로 중심으로 하여 여러 유구가 확인된다. 현재까지는 유하동 180-3번지, 148-2번지, 158번지 등 한정된 공간에서만 발굴조사가 이루어졌다. 조사결과 주거지, 수혈, 패각층, 구, 의례관련 유구, 고상건물지 등 다양한 유구가 확인되었다. 출토 유물의 양상으로 보아 양동리고분군과 강한 친연성이 있음을 알 수 있다. 패각층은 자연경사면을 따라 넓은 범위에 분포하고 있는데 토기류와 골각기, 동물뼈와 패각류 등 다양한 자연유물이 출토되었다. 동물뼈와 골각기에서는 사슴의 비율이 월등히 높게 나타난다. 특히 뿔과 사지골이 대부분을 차지하고 있어 골각기 제작에 활용되었을 것이다. 또한 멧돼지뼈도 출토되어 식용자원으로 활용되었을 가능성이 크다. 육상포유류로는 사슴, 멧돼지, 개, 소가 확인되었으며 해양포유류로는 강치가 확인된다. 패각류는 소라, 고둥, 재첩, 홍합, 굴, 백합 등이 확인되었으며, 이중 굴이 가장 높은 비율을 차지한다. 굴과 백합 등은 해안가에서 쉽게 채집이 가능한 종으로 알려져 있어, 유하동 일대가 김해만의 직접적인 영향권에 포함된 자연환경임을 보여준다. 채집된 패각류와 육상포유류 출토 양상을 종합할 때, 계절별로 패각류를 포함한 다양한 식자원을 채집, 획득하여 경제생활을 영위했을 것으로 판단된다. 이는 육상과 해상을 모두 생활권역으로 삼아 경제수역을 형성하며 생활하였음을 잘 반영한다.

'유하리 패총'으로 알려진 유물산포지는 하손마을 뒷산의 남쪽 경사면에 위치하는데 일부 경작이 이루어져 파괴되었다. 채집되는 유물은 대합, 굴, 재첩[3], 소라 등의 패각과 토기 편이 있으며 굴과 백합이 대다수를 차지한다. 인근에 위치한 '하손패총'은 하손마을 뒷 구릉의 동쪽 사면부에 분포한다. 상단부에는 패각이 어느 정도 잔존하고 있지만, 지표에 패각과 토기 편들이 흩어져 있어 전체 규모를 파악하기엔 어려움이 있다. 하손패총은 양동리고분군이 입지한 구릉과 2km 정도 이격되어 있고 구릉의 반대편에는 후포고분군이 입지하고 있어 생활유적이 입지할 가능성이 높은 곳이다.

5. 용산패총

김해시 장유면에 위치한 반룡산 일대에는 다수의 유적이 확인된다. 반룡산 경사면을 따라 용산고분군이 입지하고 있음이 알려져 있는데, 계곡부위에는 용산패총이 입지하고 있다. 패총은 산의 정상부에서 약간 내려온 사면에 형성되어 있는데 남해안 지역 패총의 대부분이 저지대에 분포하는 양상과 대조된다. 지형적으로는 김해만을 조망하기에 유리한 위치에 자리하고 있어 관망에 적합한 입지 조건을 갖추고 있다. 최근 용산패총 범위 내에서 시굴조사가 이루어졌는데, 패각층과 함께 4~5세기대 고상건물이 확인되어 생활유적이 유존할 가능성이 확인되었다.

---

3) 담수산 패류인 재첩의 존재는 유적의 주변 해안환경이 기수역권임을 추측하게 한다.

6. 신문리유적

용산패총이 입지한 반룡산 남동쪽에는 신문리유적과 관동리유적이 위치한다. 신문리유적에서는 다수의 패총과 주거지, 수혈 등이 조사되어 생활구역으로 추정된다. 특히 신문리 생활유적 구간(동아세아연구원 2013)에서는 하지키계 토기가 출토되었는데, 이중구연호, 소형기대, 내만구연옹 등으로 구성되어 있으며, 동남해안 일대의 동래패총·용원패총·부원동유적 등에서 출토되는 유물과 유사한 양상을 보인다.

연접한 신문리유적(한겨레문화재연구원 2015)에서도 패총과 함께 방형 주거지, 고상건물, 수혈, 구상유구 등이 확인되었다. 특히 다양한 형태의 수혈이 조사되었으며, 패총은 총 3개소가 확인되었다. 이들 패총은 주거지 밀집 지역과는 일정한 거리를 두고 형성되어 있어, 공간의 기능적 분할이 이루어졌음을 시사한다. 패총은 주로 구릉 사면의 소곡부에 입지하는데, 구릉 정상부에서 남동쪽에는 패총A가, 북쪽 사면에는 패총B와 C가 위치한다. 이 가운데 패총B는 구릉 정상부에 가까운 층위에서 수혈 등 생활유구가 확인되고, 중위 및 말단부에서는 분묘가 확인되기도 한다. 이는 동일한 공간이 시기나 목적에 따라 다르게 사용되었음을 보여준다. 사회·문화적 변화에 따라 취락 내 공간의 기능이 조정되었으며, 이러한 변화는 패총의 활용 방식에도 반영되었다고 볼 수 있다. 해당 패총들의 조성 시기는 대체로 3세기 후엽에서 5세기 중엽으로, 주거지와 동시기에 형성된 것으로 추정된다.

출토 유물로는 고배, 노형토기, 광구소호, 통형기대, 소형기대, 호 등의 다양한 토기류와 하지키계 토기가 포함되며, 철촉·도자 등의 철기류, 골촉·복골·골침 등 다양한 골각기도 함께 확인된다. 하지키계 토기가 출토된 점은 왜와의 인적·물적 교류가 있었음을 시사한다. 출토되는 동물뼈를 살펴보면 육상포유류, 해양포유류, 조류 등과 패각이 출토된다. 동물뼈 가운데 사슴이 가장 높은 비율을 보이며 멧돼지, 개, 소, 말 등은 소량 확인된다. 패각류는 고둥, 소라, 다슬기류, 굴, 백합, 홍합 등이 확인되며 굴의 비중이 가장 높다. 육상과 해상을 모두 생활권역으로 삼아 생활하였음을 잘 반영한다.

7. 분절패총

현재는 부산시에 속한 강서구 분절마을에 위치하고 있으며 고김해만 권역의 남쪽 부분에 해당한다. 경사가 완만한 동쪽 구릉의 말단부에 해당한다. 지표면에 패각이 다량으로 산포되어 있지만 부분적으로 파괴된 상태이다. 1992년 학술조사에서 확인되었으나 정식 발굴조사는 이루어지지 못했다. 굴 껍데기와 고둥류가 주로 확인되며 4~6세기대에 속하는 토기 편들이 수습되었다.

이후 2007년 범방, 구랑, 미음동 일대에 대한 지표조사를 통해 유적의 범위가 확인되었고 이후 발굴조사가 이루어졌다. 조사 결과 패총과 함께 소성유구, 수혈 등의 유구가 조사되었다. 패총 폐기 후 퇴적층, 패총 형성 구 지표층, 패총 형성 이전 기반층으로 3단계에 걸쳐서 확인되었다. 출토유물로는 토기가 가장 많이 확인되었고 전체 유물수량 중 비중이 낮지만 골각기도 출토된다. 출토유물은 옹, 완, 호, 배 등의 연질토기류가 높은 비중을 보인다. 연질토기에서는 여러 가지 조리흔이 확인되고 있어 실사용된 식기 혹은 조리도구였음을 알 수 있다. 이외에도 경질토기가 출토되는데 이는 인접한 고분에서 유입되었을 가능성이 있다. 외절구연고배가 다수인 점으로 보아 중심 시기는 4세기 말에서 5세기 초로 설정되고 있다. 출토되는 패류로는 다른 유적과 마찬가지로 굴의 비중이 높고 고둥류도 다수 확인된다.

Ⅲ. 삼국시대의 김해만과 집단

고고학에서 '취락(聚落)'은 사람들이 모여 사는 생활 집단의 공간적 단위를 뜻한다. 주거지나 수혈 등을 비롯한 생활유적과 가마, 탄요, 공방지 등 생산시설, 수혈이나 고상건물로 이루어진 저장시설 등을 포괄하는 실질적인 생활 흔적의 집합체를 의미한다. 패총은 이러한 취락 내 형성된 공간이며, 과거 사람들이 버린 각종 생활쓰레기가 오랫동안 퇴적되어 형성된 유적을 뜻한다.

김해지역은 삼국시대에는 만을 이루고 있었고, 이와 같은 지형적 조건에 따라 형성된 김해만 연안에는 삼국시대 분묘유적이 다수 분포한다. 분묘는 대체로 단독으로 조성되기보다는 군집을 이루는 양상을 보이며, 그 주변에는 패총이나 주거지 등으로 구성된 생활유적과 생산유적이 함께 분포하는 경우가 많다. 이들 유적은 상호 유기적인 관계 속에서 하나의 '유적군'을 형성하며, 이는 금관가야 사회를 구성하는 개별 '집단' 단위로 이해된다. 특히 이들 유적군은 생존과 죽음, 즉 생활공간과 매장공간의 공간적 분리를 기반으로 형성되어 있으며, 이러한 경관 구성은 단순한 물리적 배치를 넘어 당시 사회 내부의 공간 인식과 질서 구조를 반영한다. 개별 집단 간의 유기적인 상호관계는 금관가야의 중심집단에 의해 조율되었을 것이다. 이는 정치적 중심세력이 주변 집단을 통합·관리해 나간 방식과도 관련이 깊다. 현재까지는 개별 단위유적의 일부만 한정적으로 조사가 이루어졌거나 조사가 되지 못한 경우도 있어서 이들 간의 세부적인 관계 등 사회구조를 완전하게 파악하고 해석하는데 한계가 있다.

현재까지 이루어진 시굴·발굴조사 및 관련 연구 성과를 바탕으로, 금관가야 권역 내 주요 유적은 크게 분묘유적과 생활·생산유적으로 구분할 수 있다. 특히 고분 인근에 위치하며, 유구나 출토 유물의 성격 등을 고려할 때 하나의 취락으로 간주될 수 있는 유적들을 상호 연계하여 하나의 집단으로 설정하였다[4]. 개별 집단은 분묘유적과 생활·생산유적이 유기적으로 연계되어 하나의 복합 경관을 형성하게 된다. 지리적으로 진례분지에 위치한 여래리, 퇴래리, 하계리집단과 해반천 내측에 위치한 화정집단을 제외하면, 대부분 김해만에 인접한 지역에 입지하고 있다. 다음으로 김해만 권역에서 패총이 확인된 주요 집단에 대해 살펴보겠다.

〈표 1〉 김해지역 삼국시대 주요 집단

집단	분묘유적	생활·생산유적
대성동 집단	대성동고분군	봉황동유적(회현리패총)
양동리 집단	양동리고분군 후포고분군	유하리유적(유하패총)
망덕리 집단	망덕리고분군	망덕리 생활유적
칠산동 집단	칠산동고분군	칠산동(화목동)패총
관동리 집단	관동리고분군 용산고분군	관동리유적 신문리유적 용산패총
여래리 집단	여래리고분군 (본산리·여래리 유적의 Ⅱ구역)	여래리유적
퇴래리 집단	퇴래리고분군 퇴래리 소업 Ⅰ·Ⅱ고분군	퇴래리 생활유적 퇴래리 산8번지·1015-1번지 유적 등
하계리 집단	우동리고분군(추정)	하계리유적
화정 집단	화정고분군	화정유적
미음동 집단	미음동유적 분절고분군	분절패총

---

4) 개별 집단의 명칭은 고분군의 명칭을 기준으로 설정하였다.

1. 대성동집단

　대성동고분군은 금관가야의 정치·사회적 구조와 문화적인 특성을 종합적으로 이해할 수 있는 가장 핵심유적이다. 금관가야의 최고 지배층들의 묘역으로 알려진 고분군이 입지한 구릉으로부터 북쪽에는 탄강설화가 전해지는 구지봉이 있고, 남쪽으로는 봉황대가 있다. 대성동고분군은 중심이 되는 애구지 구릉을 중심으로 시민의 종탑이 있는 평지부분과 구지로구간, 현재의 수릉원 일대를 포함한 주변부까지 넓은 분포 범위를 가진다. 목관묘부터 횡혈식석실묘까지 다양한 묘제가 확인되었으며, 구릉의 정상부와 능선을 따라 길이 8m 혹은 그 이상에 이르는 대형목곽묘가 조성되어 있다. 대성동고분군을 조영한 집단의 생활구역은 봉황대 일대에 형성되는데 봉황토성과 회현리패총 등을 비롯해 다수의 생활유적이 확인된 봉황동유적이다. 대성동고분군의 대형분에서 주로 부장되는 유물들이 출토되고 있어 고분군과 강한 친연성을 보인다. 봉황동유적은 대성동고분군과 함께 금관가야의 중심지를 형성한다. 봉황동유적의 북쪽에는 대성동고분군이 위치하고, 남쪽과 서쪽은 김해만과 접하는 해안가에 해당한다.

〈그림 2〉 대성동집단 공간 구조

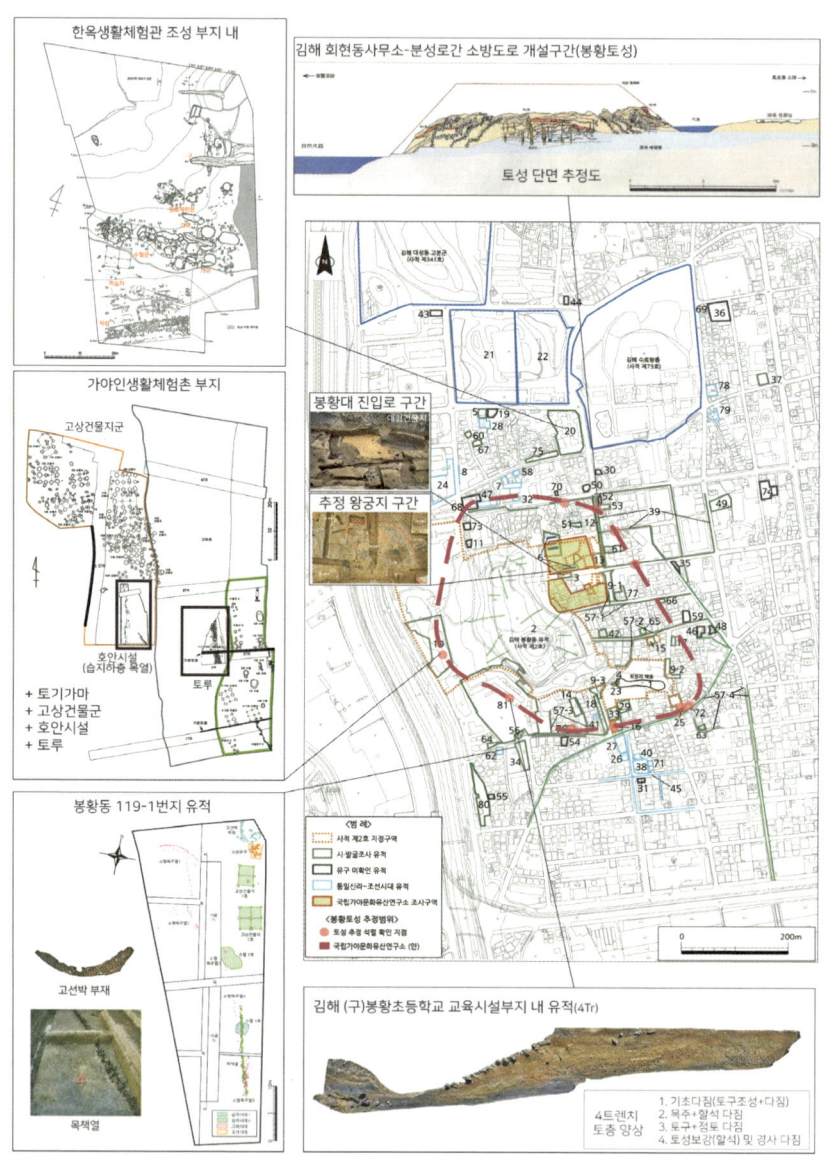

한옥생활체험관 조성 부지 내

김해 회현동사무소-분성로간 소방도로 개설구간(봉황토성)

토성 단면 추정도

봉황대 진입로 구간

추정 왕궁지 구간

가야인생활체험촌 부지

고상건물지군

호안시설
(습지하층 목열)

토루

+ 토기가마
+ 고상건물군
+ 호안시설
+ 토루

봉황동 119-1번지 유적

고선박 부재

목책열

〈범 례〉
사적 제2호 지정구역
시·발굴조사 유적
유구 미확인 유적
통일신라~조선시대 유적
국립가야문화유산연구소 초사구역
〈봉황토성 추정범위〉
토성 추정 석열 확인 지점
국립가야문화유산연구소 (안)

김해 (구)봉황초등학교 교육시설부지 내 유적(4Tr)

4트렌치
토층 양상

1. 기초다짐(토구조성+다짐)
2. 목주+할석 다짐
3. 토구+점토 다짐
4. 토성보강(할석) 및 경사 다짐

〈그림 3〉 봉황동유적 주요 지점과 시설의 배치

봉황동유적은 급격한 도시화로 인해 수차례 시·발굴조사가 이루어져 왔다. 소규모 발굴이 주를 이루었지만, 봉황대 진입로 구간, 봉황동 312번지 일대 '추정 왕궁지 구간'에서 이루어진 발굴조사를 통해 대규모 건물지의 존재와 제의관련 유구와 유물이 확인되기도 하였다. 또한 최근에는 패각을 활용한 성토층이 확인되어 5세기대 대지확장[5]을 위한 대규모 토목공사가 이루어졌음이 밝혀지고 있다[6]. 봉황동유적은 구릉지, 저습지, 평지 등 여러 지형적인 조건을 활용하여 조성되었다. 구릉을 감싸듯 조성된 봉황토성을 중심으로 대형건물, 고상건물, 수혈, 패총, 선착장, 특수건물 등 다양한 시설이 배치되는데, 이는 대성동집단의 생활공간을 넘어서는 복합적 성격의 '중심지'이자 왕성으로 기능했음을 보여준다(이성주 2018; 민경선·김다빈 2019; 김다빈 2020).

봉황동유적은 대성동집단의 생활공간이자 중심거점지로, 금관가야의 왕성으로 기능하기도 하였다. 매장구역과 생활구역의 공간적 분리를 통해 경관을 형성하였고, 이는 일시에 조성된 것이 아니라 장기간에 걸친 점유와 대지 조성을 통해 생활공간을 확장하고, 기능에 따라 특수시설을 의도적으로 배치하여 누적된 결과로 해석된다. 이러한 공간 구획은 봉황동유적이 초기에는 생활공간으로 조성되었으나, 장기간에 걸친 점유와 기능의 확장을 통해 금관가야의 중심지로 점차 고도화되어 갔음을 시사한다. 이처럼 봉황유적의 공간 형성은 '공간은 사회적 산물(Lefebvre 1991)'이라는 관점에서 볼 때, 중심집단과 공동체의 사회적 실천이 구체화된 결과로 이해된다.

---

5) 회현리패총이 형성될 당시에는 봉황대 북쪽 지대가 생활구역으로 사용되었으나 공간이 협소하여 한계가 존재했을 것이다. 이에 생활공간의 확장을 위한 평탄면 대지조성이 필요했을 것으로 판단된다.

6) 최근 공개된 자료에 의하면 5세기대 대규모 토목공사의 흔적인 패각성토층이 확인되었다(국립가야문화유산연구소 2025). 대지조성층인 패각성토층과 그 아래에서 유기물층과 구상유구가 확인되었으며 칠기류가 다수 출토되었다.

2. 양동리집단

양동리집단은 양동리고
분군과 후포고분군을 매장
구역으로 삼는다. 양동리
고분군은 구릉의 사면부와
정상부, 하단부에 이르기
까지 넓은 분포를 보인다.
기원전 2세기대부터 기원
후 5세기대에 걸쳐 형성
된 대규모 고분군이다. 다
양한 묘제와 수많은 유물

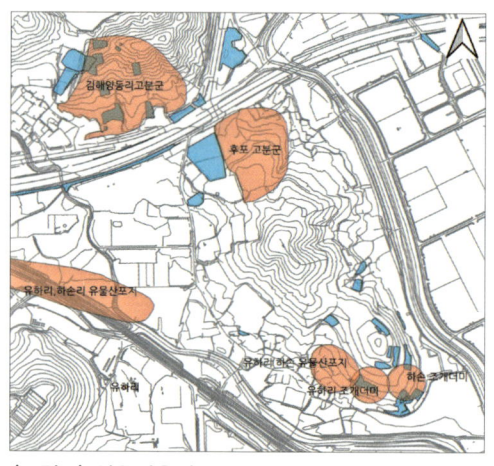

〈그림 4〉 양동리유적군(S=1:10,000)

이 출토되어 가야의 성장과 발전을 한눈에 보여주는 중요한 유적이다. 후
포고분군은 양동리고분군과 마주보고 있는데, 도로 개설 이전에는 양동리
고분군이 입지한 능선과 이어지는 곳에 해당하여 동일한 고분군으로 볼 수
있다. 후포고분군도 전체 범위 중 일부지역만 조사되었는데, 목곽묘, 석곽
묘, 옹관묘 등이 확인되었다. 후포고분군이 입지한 구릉의 반대편에는 유
하패총이 입지한다.

양동리집단의 생활구역은 유하패총 일대를 아우르는 유하동유적으로 비
정된다. 유하패총이 위치한 구릉의 말단부와 동일한 구릉 상부에 유하동유
적이 입지하여 서로 연장선상에 있다. 유하동유적의 발굴조사 결과 지면식
주거지와 수혈, 고상건물지, 의례관련 유구 등이 확인되었다. 특히 제사와
관련이 있는 것으로 추정되는 유구가 확인된 점이 주목할 만하다. 내부에
서 다양한 유물이 출토되었는데 고배, 노형기대, 광구소호, 소형기대, 연질
토기 등의 토기류와 철겸, 철착이 출토되었다. 중앙부에서는 외절구연고배

가 5겹씩 3줄로 총 15점의 고배가 원형을 그대로 유지한 채 노출되었는데, 끈을 이용해 묶은 상태로 목재 상부에 보관되다 폐기된 것으로 해석된다. 이러한 고배의 출토 양상은 단순한 수혈이 아닌 제기(祭器)를 보관하던 장소일 가

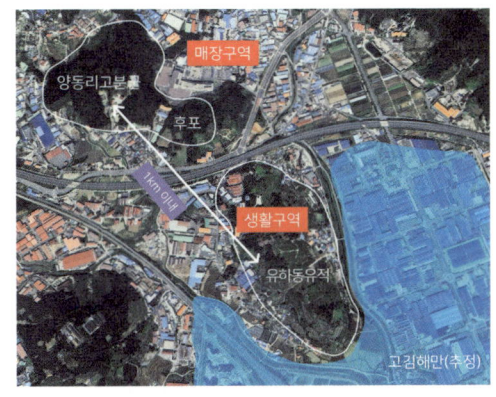

〈그림 5〉 양동리집단 공간구획 모식도

능성을 시사한다. 혹은 제의가 행해진 후 폐기된 모습일 가능성도 있다. 또한, 유구와 함께 복골이 출토된 점도 어떠한 형태이든 집단의 의례행위를 내포하고 있음을 시사한다.

　유하동유적은 구릉 정상부가 가장 이른 시기, 유하패총이 있는 말단부가 가장 늦은 시기에 해당하여 입지에 따라 시간성의 차이를 보인다. 이에 대해서 해퇴로 인한 자연환경에 대한 적응결과라는 해퇴로 인한 자연환경 적응의 결과라는 견해[7]도 존재하지만, 당시 해수면의 높이를 고려할 때 다른 요인을 시사한다. 구릉의 패각층과 함께 2개의 인공구가 설치되는데 구를 통한 공간 분리가 이루어진 것으로 보이며, 구의 폐기 이후 패각이 매립된 점으로 보아 생활공간의 확장이 이루어졌던 것으로 판단된다. 가장 이른 시기에 조성된 구릉 정상부의 생활공간이 인구나 필요한 시설의 증가 등으로 인해 공간이 부족해짐에 따라 대지조성을 통해 구릉 말단부까지 점차 생활공간의 확대가 이루어지고 있음을 유추해 볼 수 있다. 구릉 말단부 인근에는 하천이 흐르고 있고, 김해만과 인접한 부분에 해당된다는 점 등 입

───────────────

7) 보고자는 김해만의 후퇴라는 자연환경의 변화에 따른 대처로 인해 입지에 따른 시간차가 존재하는 것으로 이해하고 있다(한화문물연구원 2022).

지를 고려해볼 때, 교역과 관련된 접안시설 등이 위치했을 가능성이 있다.

3. 관동리집단

관동리유적은 반룡산 남동쪽 사면과 그 배후의 충적지 경계에 위치한 금관가야의 대표적인 항구유적으로, 교역 관련 시설이 집중된 공간이며 교역에서 중요한 역할을 담당한 집단이다. 관동리 집단에 속하는 유적 가운데, 현재까지 발굴조사가 이루어진 곳은 생활·생산구역에 해당하는 관동리유적과 신문리유적으로, 매장구역은 아직 정식 조사가 이루어지지 않았다. 다만 지표조사 결과, 반룡산에서 동남쪽으로 뻗은 구릉을 따라 용산고분군과 관동리고분군이 분포하고 있는 것으로 확인되었으며, 지역 명칭에 따라 두 고분군이 구분되지만, 지형적 연속성과 입지 조건을 고려할 때 동일 집단의 묘역으로 이해된다. 이 중 관동리고분군은 반룡산 동남쪽 말단부에 위치하며, 분포 범위는 야산 정상부까지 이르는 것으로 추정된다. 목곽묘와 석곽묘가 주를 이루는 것으로 알려져 있으며, 비교적 넓은 분포 범위와 다수의 유물 채집 정황으로 보아 규모가 큰 고분군이 조성되었을 가능성이 크다.

〈그림 6〉 관동리집단의 공간 구획 모식도

〈그림 7〉 관동리유적 잔교 복원도(소배경 2011 전재) 및 잔교 부재

　생활·생산구역에 해당하는 관동리유적과 신문리유적 가운데, 특히 관동
리유적은 금관가야의 대표적인 항구유적으로 평가된다. 유적은 충적지에
입지하며, 잔교(棧橋) 유구의 존재를 통해 선착장이 형성되어 있었음을 추
정할 수 있다. 선착장과 연결되는 도로유구, 도로 주변에 밀집된 고상건물
군이 확인되었으며, 교량은 남북 방향으로 길이 약 24m, 너비 약 3m 규모
를 가진다. 도로 및 잔교 주변의 고상건물은 선착장과의 근접성으로 보아,
교역품 혹은 물류를 저장·관리하기 위한 창고로 이용되었을 가능성이 제
기된다.

　이처럼 관동리 집단의 공간 구조는 묘역, 주거구역, 교역시설 등 기능에
따른 명확한 구획으로 구성되어 있다. 묘역은 관동리·용산 고분군, 주거구
역은 신문리 유적, 교역 관련 시설은 선착장과 창고군이 위치한 관동리 유
적으로 각각 구분되며, 이러한 구성은 집단 내부의 체계적인 공간 분할과
경관 조성 방식을 잘 보여준다.

IV. 패총으로 본 금관가야 사회

1. 패총의 활용

　패총은 고대인들이 먹고 버린 조개껍데기와 생활쓰레기들이 모여 형성된 일종의 폐기장 혹은 쓰레기장으로 인식되어 온 유적이다. 선사시대부터 형성된 패총은 성격에 따라 크게 두 가지로 나뉘는데, 하나는 주거지 인근에 패각과 쓰레기를 버려 형성된 것이다. 이 경우 다양한 유물이 공반되며 주거지와 밀접한 연관 관계를 가진다. 다른 하나는 패류를 채집한 장소에서 주거지로의 운반을 위해 껍데기를 1차로 가공 처리하는 과정에서 형성된 것으로 패각 이외의 유물은 드물다. 후자를 가공유적이라 할 수 있는데 패류의 서식처나 패류를 채집한 장소 주변에 위치하며 노지와 패각층으로 이루어진 단순한 형태를 의미한다(이준정 2002). 원삼국~삼국시대가 되면 해양자원은 보조적인 식량 수단으로 변화한다. 삼국시대 패총의 경우 생활공간의 구분과 구획이 이루어지면서 폐기장으로서의 기능과 함께 다양한 공간으로 활용되었던 것으로 추측된다. 패총 내 출토유물을 살펴보면 단순히 패각만 존재하는 것이 아닌 다양한 자연물 혹은 인공물이 출토된다. 그 중 다수를 차지하는 것은 토기편, 동물뼈, 골각기이다. 골각기 제작을 위해 다듬어진 재료가 출토되는 경우도 많고 미완성의 골각기가 출토되는 경우도 많다. 이러한 점으로 보아 골각기 제작을 위한 임시 작업공간으로서 사용도 이루어졌을 가능성이 있다. 캠프와 같이 임시적인 작업공간으로서 사용되었을 것으로 추정되며 제작 과정에서 발생하는 실패품의 폐기도 함께 이루어졌을 것으로 추측되기에 폐기장과 구분은 어렵다.

1) 의례 공간으로서의 패총

최근 몇몇 발굴조사를 통해 패총이 단순히 폐기장의 기능만 가진 것이 아닌 복합적인 용도로 기능하였을 가능성이 점차 부각되고 있다. 일례로 해남 군곡리패총을 주목하고 싶다. 군곡리패총은 기원전 2세기에서 기원후 5세기에 걸쳐 형성된 유적으로 구릉 정상부를 에워싸는 패각층의 규모는 다른 유적과 비교하여 초대형에 속한다고 할 만큼 규모가 크다. 구릉의 정상부는 광장과 의례 공간이 형성되어 있어 공간의 명확한 구획이 확인된다. 이와 함께 외래계 유물이 다수 출토되어 백포만 일대가 고대의 무역항의 역할을 수행했음을 보여준다. 최근 발굴조사에서 배모양 토우[8]와 부

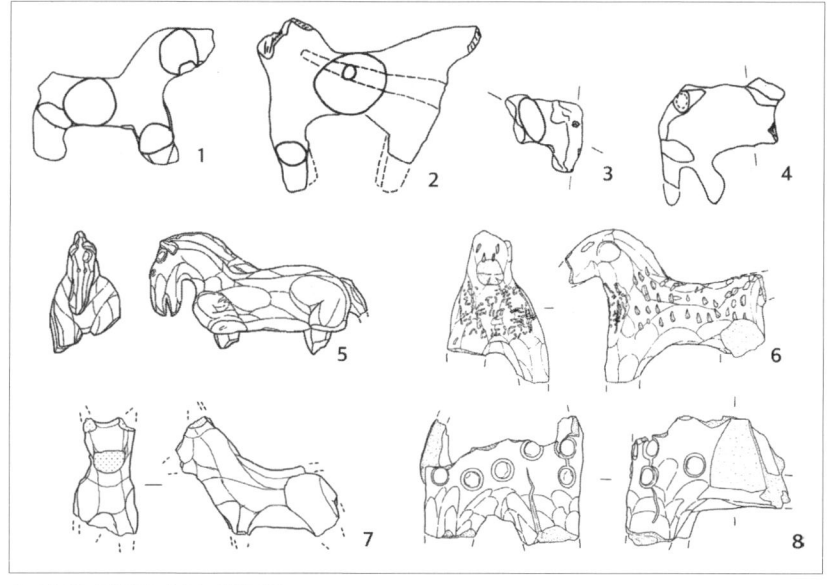

〈그림 8〉 김해만 출토 마형토우
(1~4: 부원동유적, 5: 봉황토성, 6: 소방도로개설구간 14통, 7: 유하패총, 8: 망덕리 생활유적)

---

8) 토우는 넓은 의미에서 사람, 동물, 생활용구, 집 등 여러 가지 모습을 흙으로 본떠 나타낸 것이라 정의 된다(이난영 1997). 토기를 형상화한 것은 소형토기 혹은 모형토기로 불려 왔으나, 토기로서의 기능이 없고 상징성을 강조한 것은 토우로 분류할 수 있다(김다빈·

뚜막형 토우가 출토되었다. 토우는 대체로 의례와 연관된 것으로 이해되는 유물이다. 배모양 토우는 길이 9.3cm의 소형으로 바닥은 평저형이다. 선수와 선미가 구별되고 돛대와 키가 설치되었을 것으로 보이는 투공이 있다. 단순한 투공만 존재하여 실제로 돛을 설치한 것인지는 불확실하지만 전체적인 형태는 전통배의 구조와 유사하다.

금관가야 권역에서도 다양한 토우가 출토되는데 출토 양상을 분석한 결과 주요 지점에 대해 토목공사와 관련된 의례, 교역과 관련된 의례 등 생산·생업과 관련된 의례가 토우를 통해 이루어졌을 가능성이 있다(김다빈·민경선 2019). 봉황동유적에서는 회현리패총, 추정 왕궁지 구역, 봉황토성, 가야인생활체험촌부지 내 유적 등 다양한 곳에서 물범, 말, 집, 토기형태 등 여러 가지 토우가 출토되었다. 봉황토성 외측에 위치한 한옥생활체험부지 내 유적 70호 수혈에서 人形, 馬形, 器形 토우가 출토되었는데 제사 의례와 관련된 상징물로 해석된다. 인형은 제사장 혹은 신을 형상화한 것으로 추정되고, 마형은 제물 혹은 희생물의 의미를 지닌 것으로 추정된다. 또한 호와 기대를 형상화한 것과 같은 기형은 제의에 사용되는 제기를 상징하는 것으로 이해된다. 부원동유적과 망덕리 생활유적, 유하패총에서도 마형토우가 출토되고 있으며 기형(器形)토우도 함께 출토되는 경우가 많다. 금관가야 사회 내에서 토우는 의례용품으로써 여러 집단에서 활용되었음을 알 수 있다.

한편 패총에서는 패각과 함께 동물뼈와 골각기의 출토량이 높은데 이중 의례용으로 이해되는 것은 복골이다. 복골은 점을 치는 데 사용한 동물의 뼈를 뜻하며 주로 청동기시대~통일신라시대 유적에서 출토된다. 소나 사슴, 멧돼지의 견갑골을 주로 이용하는데 뼈에 구멍을 파거나 불로 지져 생

민경선 2019). 군곡리패총 출토품의 경우도 토우로 상정할 수 있다.

긴 금이나 흔적을 보고 길흉화복을 점치는 것이다. 해안지역과 내륙지역 등 광범위한 출토양상을 보여 당시 사회에서 동물 뼈를 이용한 점복의례가 활발했음을 시사한다. 또한 각골(刻骨)은 뼈의 외면에 세로 방향으로 여러 줄의 촘촘한 홈을 파서 선각을 새긴 것으로 찰음악기로 추정된다(복천박물 관 2007). 각골은 대체로 사슴뿔 중에 지각을 다듬어 제작하며 부산 낙민동 패총, 동래패총, 창원 신방리유적 등 다수 출토 사례가 있다[9]. 악기 역시 기록에서 확인할 수 있듯이 고대 사회의 의례와 밀접한 관련이 있어 패총에서 발견된 다양한 의례용품은 패총이 단순 폐기장으로써의 기능뿐만 아니라 의례 공간으로서의 역할도 겸했을 가능성을 보여준다.

중심집단에서 이루어지던 의례와 공동체에 소속된 개별집단에서 이루어지던 의례는 규모와 성격 면에서 차이가 존재했을 것이다. 중심집단에서 이루어진 의례는 보다 규모가 크고 공동체를 위한 의례가 주를 이루었을 것으로 추측된다. 개별집단 내 의례는 취락 내 소규모 공간에서 복골과 동물형, 기형 토우를 활용한 일상 의례의 형태였을 것으로 추측해볼 수 있다. 중심집단에서 확인되는 의례 시설이나 유물과는 차별화되었을 것이다. 다만 패총이 의례장소로 직접 활용되었는지, 의례가 종료된 후 의례용품을 폐기한 장소인지는 아직까지는 명확하지 않아 가능성만 제시하고자 한다.

2) 패각의 성토재 활용

유하리유적에서는 구릉을 감싸듯 등고선과 평행하게 조성된 인공구가 조사되었는데 생활구역의 경계부에 설치하여 경계 표지를 목적으로 조성된 것으로 생각된다. 인공구가 폐기된 이후 상부에 패각의 매립이 이루어졌다. 패각의 매립은 구릉의 경사면을 따라 생활공간의 확장을 위한 계획

---

9) 봉황동유적의 출토품 중에는 소뼈를 이용해 만든 것도 존재한다.

적 공사로 생각된다. 유하
패총의 단면 조사에서도
패각의 폐기와 지면 정지
가 반복적으로 이루어짐이
확인된다. 또한 원형에 가
까운 패각이 많고 대형 패
각이 다수 확인되며 지형
에 평행한 상태로 놓여진
것이 많다는 점에서 평탄
한 대지를 조성하기 위해
바닥을 다지는 과정에서

〈사진 1〉 (구)봉황초등학교 교육시설부지 내 유적 5트
렌치 다짐양상(가경고고학연구소 2022)

패각을 사용하였을 가능성도 제기된다(김헌석 2017).

　이는 봉황동유적에서 확인된 대규모 대지조성층과 유사하다. 봉황동유
적의 핵심구역인 추정 왕궁지 유적은 봉황대 구릉의 말단에 위치하여 동쪽
으로 경사가 낮아지는 지형을 이룬다. 최근 발굴조사에서는 경사면을 따라
대규모 대지 조성이 확인되고 있다. 대지 조성의 배경에는 집단의 성장과
이에 수반된 생활공간의 수요 확대, 경사면 지형의 활용 등 여러 가지가 작
용했을 것이다[10]. 이러한 봉황동 유적의 대지 조성에는 토성축조시 다수 확
인되는 방식인 목주[11]와 토질이 다른 흙을 교차로 쌓는 성토법이 사용되었
던 것으로 추정된다. 봉황토성의 일부가 확인된 유적에서는 다짐층간에 토

10) 봉황토성이 조성될 당시, 해반천 인근 지역은 습지가 형성되어 있었을 가능성이 있다.
　이에 따라 생활면 확장을 목적으로 한 대규모 토목공사가 시행된 것으로 파악된다. 이러
　한 해석과 관련하여, 「가락국기」의 가야 궁성 기록 중 '신답평'을 간척지로 이해하는 견해
　(박미정 2021)도 제시된 바 있다.
11) 가야토성에서 주로 확인되는 것으로 당시 핵심적인 토목 기술 중 하나였을 것으로 추정
　된다. 추정왕궁지 유적 내 10피트에서 목주공과 목주로 추정되는 나무기둥 일부가 확인
　되었다.

성의 구성 비율을 의도적으로 다르게 하여 다짐한 양상이 확인된다. 사질 점토, 불다짐, 패각혼입 등이 확인되는데, 패각을 두껍게 다짐한 양상이 주를 이룬다. 패각은 토양 내 수분의 이동을 억제, 차단하는 기능을 하기 때문에 성토층의 안정성을 높이고, 토압으로 인한 자연적 붕괴를 방지하는 효과를 발휘하게 된다. 이를 이용하여 토성의 축조단계부터 패각을 이용하고 있고, 하나의 공정이 마무리 될 때 의도적으로 두껍게 혼입하여 활용하는 양상도 관찰된다. 봉황토성과 봉황동유적의 경우 봉황대 사면의 패각층이나 회현리패총의 패각을 성토재로 활용하였을 것이다. 이는 대규모 토목 공사에 소요되는 인력과 시간을 절감하기 위해 가까운 곳에서 성토 재료를 조달하는 것이 운반의 효율성과 노동력 절감, 토질의 적합성 등 복합적 요인에 기인한 것으로 판단된다.

고성 동외동 유적에서도 4세기대의 대지 조성층이 확인된다. 기초부는 목주를 이용하여 조성하였고 성토부는 토질이 다른 흙을 다져 축조하였다. 또한 이중 환호와 패총이 확인되었는데, 환호(壕)의 성토 강화재로 패각과 토기 편, 할석을 사용한 것으로 해석하고 있다(소배경 2024). 따라서 패각은 단순한 생활 폐기물이 아니라, 성토재의 역할을 수행하며 토성 성토부나 인공 대지 조성층을 구축하는 데 적극적으로 활용되었으며, 철 생산 과정에서 온도를 높이는 조제재(助劑材)로도 활용되는 등 다목적 자원으로 기능했던 것으로 판단된다. 이렇게 다목적 활용을 고려할 때, 패각은 가야 사회에 필수적인 자원이었을 것이다.

2. 금관가야의 생활상

금관가야는 여러 집단이 결합하여 형성된 복합사회로, 각 개별집단은 매장구역과 생활·생산구역이 유기적으로 연결된 세트 구조를 갖추고 있었다. 금관가야의 중심집단은 대성동집단으로 회현리패총, 봉황토성과 봉황대를 포괄하는 봉황동유적과 대성동고분군이 세트를 이루는 구조이다. 봉황동유적은 크고 작은 주거지와 대형건물, 선착장, 제의시설, 제작공방 등 다양한 기능을 가진 시설들이 지형을 고려함과 동시에 기능에 따라 의도적으로 배치되어 중심지의 경관을 이룬다. 중심지의 이러한 경관 요소는 주변의 개별집단에서도 유사하게 관찰된다.

김해만 일대 패총과 생활유적에서는 패각, 동물뼈, 골각기 등 다양한 자연유물이 확인된다. 출토된 패각과 동물뼈의 종 구성과 비중은 유적의 입지 환경과 생업활동의 양상을 반영하는 중요 자료이다.

김해지역 대부분의 패총에서는 굴이 가장 높은 비중을 차지하며, 백합 또한 공통적으로 다량 확인된다. 이외에 소라, 갯고둥, 홍합, 전복, 재첩, 꼬막, 다슬기류 등이 보고된다. 굴과 백합은 연안의 암반이나 사질 해안에서 쉽게 채집이 가능한 종으로 이러한 출토 양상은 가야인의 채집활동이 낮은 수심의 연안에서 집중적으로 이루어졌음을 시사한다. 김해만 내 유적의 분포를 보면 칠산동패총은 만 중앙부에, 회현리·부원동·유하리·용산패총은 만의 깊숙한 내부에 위치한다. 회현리패총은 구릉 연변에 위치하여 전면은 바다, 후면은 해반천의 입구부에 해당하며 이러한 지형적 조건을 반영하여 회현리패총에서는 기수역과 하안군집의 패류가 다량 출토된다. 유하리패총에서도 담수산패인 재첩의 비중이 높게 나타나 해당 유적 주변의 해안환경이 기수역에 속하였음을 보여준다.

생활유적에서 출토된 동물뼈는 육상포유류, 해양포유류, 조류 등 다양한 종을 포함한다. 이는 당시 수렵의 결과 혹은 가축화의 결과일 가능성이 있다. 육상포유류와 해양포유류가 모두 확인되며, 비중은 육상포유류가 높다. 육상포유류 중에서는 사슴과가 압도적으로 많으며, 특히 뿔과 사지골의 비율이 높다. 이외에도 멧돼지, 소, 말, 개 등이 확인된다. 사슴 다음으로 멧돼지의 출토 비중도 높은 편인데, 이는 골각기 제작과 함께 식용자원으로서의 이용이 두드러진 것으로 추정된다. 소나 말 등은 운송수단 또는 부차적인 식량자원으로 활용되었을 가능성이 있다. 특히 소는 주로 경작이나 운송 등의 축력을 이용할 목적으로 사육하다가 식용도 이루어졌을 것이다. 또한 다양한 의례에서 희생물로 활용되는 사례도 있다. 의례수혈이나 고분, 우물 등의 의례에서 주요 희생 대상으로 활용되었다. 패총이나 저습지와 같은 생활유적에서 발견되는 소 유존체의 경우는 일반적으로 축력의 이용 이후 식용 폐기물로 단백질원의 하나였을 것으로 추정된다.

해양포유류로는 특히 강치가 다수 유적에서 출토되며 돌고래나 고래류도 일부 확인된다. 이러한 포유류는 모두 외해에 서식하는데, 김해만 밖의 외해까지 진출하여 해양포유류의 포획 활동이 이루어졌음을 시사한다. 해양포유류 포획의 목적은 식량확보의 측면도 존재했겠지만 주목적은 가죽[12]과 기름의 확보였을 가능성이 크다.

골각기는 생활도구와 의례도구로 나눠볼 수 있는데, 생활도구에는 도자병, 골침, 골촉 등이 포함되고 의례도구에는 복골과 각골이 해당한다. 생활도구 제작에는 가공이 용이하고 수급이 안정적이었던 사슴 뿔이 주로 사용되었고 특히 녹각이 중요한 재료였음을 알 수 있다. 이러한 양상은 사슴과가 단순한 단백질원의 식량자원을 넘어 골각기 제작의 핵심소재였음을 보여준다.

이상과 같이 금관가야인들은 해상과 인접한 자연환경 속에 매장구역과 분리된 생활구역을 조성하였으며, 육상포유류 뿐만 아니라 해양포유류와 패각 등 다양한 식자원을 계절에 따라 확보하였을 것이다. 다방면으로 생활권을 확대하고 경제 수역을 형성하여 생활하였던 것으로 판단된다.

---

12) 강치과에 해당하는 바다표범의 가죽은 반어피라 불리는 주요 교역품목의 하나였으므로 이를 획득하기 위한 활동이 이루어졌을 것이다(정찬우 2011).

V. 맺음말

남해안 연안지역에서는 김해 회현리패총, 부산 낙민동유적, 양산 다방동유적, 창원 성산유적, 마산 현동유적, 고성 동외동유적 등의 패총이 해안을 따라 입지하고 있으며 이들은 대부분 비슷한 양상을 띤다. 김해지역을 중심지로 삼는 금관가야 권역의 패총도 유사한 양상을 보인다. 현재는 평야지대로 이루어져 있지만 고대에는 바다를 이루었던 김해만을 중심으로 이 연안을 따라 다수의 삼국시대 유적이 입지한다. 분묘유적이 다수 분포하는데 이들 인근에는 생활, 생산유적이 유기적으로 결합한 복합 유적군, 즉 하나의 개별 집단을 형성한다. 이를 통해 고대 금관가야 사회의 공간적·사회적 구조를 추론해 볼 수 있다. 각 집단은 생활공간과 매장공간을 분리하고 기능에 따른 구조물을 배치함으로서 사회 내부의 질서와 위계가 반영된 경관을 구축하고자 하였다. 특히 봉황동유적과 유하리유적의 경우 중심집단과 거점집단으로서 각각의 경관을 구축하고 있음을 알 수 있었다.

패총에서 출토되는 패각과 동물뼈 등으로 보아 당시 금관가야 사회에서는 해양과 육상에서의 다양한 자연자원의 이용과 교역 활동이 활발히 이루어졌음을 보여준다. 동남해안을 중심으로 한 해상 교역로로 한반도와 중국, 일본을 연결하는 주요 통로였음을 패총 출토 외래계 유물과 왜계토기의 존재를 통해 유추해 볼 수 있다.

이와 같이 패총은 고대 사회의 일상생활과 의례, 경제 활동이 복합적으로 어우러진 생활 공간이자 사회적 공간으로서의 역할을 수행하였다. 따라서 패총의 연구는 단순한 폐기장으로서의 해석을 넘어 고대 사회 구조와 문화의 역동성, 생활상 등을 이해하는데 많은 자료를 제공하고 있다. 금관가야 사회를 다층적으로 해석하고자 시도하였으나, 아직 발굴되지 못한 유적이 많고 자료가 제한적이라 개별 집단 간 관계 및 의례 공간의 구체적 기능 등 해명되지 못한 부분이 많다. 이는 향후의 과제로 남겨두고자 한다.

참고문헌

〈보고서 및 도록〉

가경고고학연구소, 2022, 『김해 (구)봉황초등학교 교육시설부지 유적』.

경남문화재연구원, 2012, 『부산 분절패총』.

국립가야문화재연구소, 2019, 『김해 봉황동유적 발굴조사보고서Ⅰ』.

국립가야문화유산연구소, 2025, 『김해 봉황동유적 출토유물 자료집: 옻칠 그리고 목기』.

국립김해박물관, 2017, 『김해 유하패총』.

동아대학교박물관, 1981, 『김해부원동유적』.

동아세아문화재연구원, 2013, 『김해 망덕리·신문리 생활유적』.

부산대학교박물관, 1998, 『김해봉황대유적』.

복천박물관, 2007, 『또 하나의 도구—골각기』.

삼강문화재연구원, 2016, 『김해 관동리 삼국시대 진지』.

한겨레문화재연구원, 2015, 『김해 신문리 유적』.

한화문물연구원, 2021, 『김해 유하동유적Ⅰ』.

한화문물연구원, 2022, 『김해 유하동 생활유적』.

〈논고〉

김다빈·민경선, 2019, 「토우를 통해 본 금관가야 사회의 일면」, 『영남고고학』 84, 영
　　　남고고학회.

김다빈, 2020, 「금관가야 사회의 중심과 주변」, 『영남고고학』 88, 영남고고학회.

김헌석, 2017, 「김해 유하패총 출토 패각류 분석결과 보고」, 『김해 유하패총』, 국립김
　　　해박물관.

민경선·김다빈, 2019, 「금관가야 중심지로서의 봉황동 유적」, 『한국고고학보』 109,
　　　한국고고학회.

박미정, 2021, 「금관가야 토성에 관한 일고찰」, 『문물연구』 39, 동아시아문물연구소.

소배경, 2011, 「김해 관동리유적과 가야의 항구」, 『가야의 포구와 해상활동』, 인제대
학교 가야문화연구소.

소배경, 2024, 「고성 동외동 고지성취락의 구조」, 『고성 동외동유적 II』, 삼강문화재
연구원.

이난영, 1997, 「신라의 토우」, 『신라토우』, 통천문화사.

이성주, 2018, 「국읍으로서의 봉황동유적」, 『김해 봉황동유적과 고대 동아시아』, 인
제대학교 가야문화연구소.

이준정, 2002, 「패총 유적의 機能에 대한 고찰」, 『한국고고학보』 46, 한국고고학회.

정찬우, 2011, 「철기시대 동물유체 연구」, 목포대학교 석사학위논문.

최성락, 1993, 「원삼국시대 패총문화」, 『한국고고학보』 29, 한국고고학회.

최성락·김건수, 2002, 「철기시대 패총의 형성배경」, 『호남고고학보』 15, 호남고고학회.

최성락·박호성, 2022, 「호남지역 철기시대 패총의 형성 배경」, 『도서문화』 59, 국립
목포대학교 도서문화연구원.

Lefebvre, H. 1991, *The production of space*. Translated by Donald Nicholson-
Smith, Blackwell.(Original work published 1974).

김다빈, 「패총으로 본 금관가야 사회」에 대한 토론문

임학종 (전 국립김해박물관)

1. 발표문 13쪽의 Ⅲ. 삼국시대의 김해만과 집단의 2. 양동리 집단 항에 나오는 유하동 패총의 158번지 제사관련유구(사진 1)를 묘로 보는 시각도 있는데 혹시 어떤 생각이신지 답해 주시기 바랍니다.

2. 역시 발표문 13쪽의 '유하동 유적은 구릉 정상부가 가장 이른 시기, 사면부, 말단부가 가장 늦은 시기에 해당하여 입지에 따라 시간성의 차이를 보인다. 초기 구릉 정상부에 한정되었던 주거공간이 점차 사면부와 말단부까지 확대되고 있음을 보여준다.'라고 하였다. 형성 순서는 그렇다 하더라도, 그 원인이 海退에 따라 고지에서 저지로 생활역이 확대되었다는 논지로 이해된다. 물론 발굴조사 기관의 의견입니다. 삼국시대에 김해만이 海水域이었음은 맞지만, 이 유적의 경우 현재 유하패총의 아래 농경지로 사용되고 있는 구역까지만 바닷물이 들어왔을 것으로 추정되므로, 유적 頂部에서 해퇴와 관련하여 생활역이 제한될 이유는 없다고 보는데 어떤 입장이신지 설명하여 주시기 바란다.

3. 해남 군곡리 패총 정상부에서 출토된 배모양토기를 설명하면서 '노걸이와 돛 등을 설치할 수 있는 구멍이 확인' 된다고 하였는데(사진 2), 노걸이와 돛이 공존할 수 있나요? 돛은 '배 바닥에 세운 기둥에 매어 펴서 올리고 내리고 할 수 있도록 만든 넓은 천으로 바람을 받아 배를 가게 하는 것'으로, 원해를 항해하는 배로 봐야 합니다. 가야 출토 배모양토기 중에는

창원 현동 출토품(사진 3)이 이에 해당하고 다른 몇 예가 더 있기는 합니다. 군곡리 배모양토기는 돛을 다는 시설이 없다고 보는데 다른 생각이 있으신 지요?

4. 발표문 17쪽의 '봉황동 유적의 대지 조성에는 토성 축조 시 다수 확인 되는 방식인 목주와 토질이 다른 흙을 교차로 쌓는 성토법이 사용되었던 것으로 추정된다.' 하였는데, 구체적으로 어느 현장의 어느 구역인지 알고 싶습니다.

사진 1. 유하리 158번지 주거지와 제사관련 유구 사진

사진 2. 해남 군곡리 패총 배모양토기

사진 3. 창원 현동 출토 배모양토기

김다빈, 「패총으로 본 금관가야 사회」에 대한 토론문

소배경 (삼강문화유산연구원)

발표자께서는 여러 논고를 통해 '금관가야의 사회상'을 복원하고자 하였다(김다빈 2019:2020a:2020b:2023). 이번 발표문도 패총유적과 고분군을 통해 삼국시대 금관가야 내 주요 집단을 10개 권역으로 설정하였다. 그중에서 패총유적이 확인된 대성동집단, 양동리집단, 관동리집단을 중심으로 논지를 전개하였다. 아울러 패총의 활용(의례 공간으로서의 패총과 성토재)과 식자원을 통해 금관가야의 생활상을 살펴보았다. 토론자의 소임을 다하고자 궁금한 점을 질문드리고자 한다.

1. 금관가야의 주요 집단(대성동집단, 양동리집단, 관동리집단)

대성동집단은 생활공간을 넘어서는 복합적 성격의 '중심지'이자 왕성으로, 매장구역과 생활구역의 공간적 분리를 통해 경관을 형성하였고, 이는 일시에 조성된 것이 아니라 장기간에 걸친 점유와 대지조성을 통해 생활공간을 확장하고, 기능에 따라 특수시설을 의도적으로 배치한 결과로 해석하였다. 이러한 공간 구획은 봉황동 유적이 초기에는 생활공간으로 조성되었으나, 장기간에 걸친 점유와 기능의 확장을 통해 금관가야의 중심지로 점차 고도화된 것으로 보았다.

양동리집단의 생활구역은 유하리 유적이다. 유하리 유적은 구릉 정상부가 가장 이른 시기, 사면부, 말단부가 가장 늦은 시기에 확대된다고 보았다. 양동리집단의 경관도 고총과 유하리 유적 그리고 'ㅇㅇ津'으로 설정할 수 있다. 향후 조사의 방향도 이런 지점에 중점을 두고 진행되길 바란다.

관동리집단은 관동리-신문리-관동리고분군-용산패총으로 구성된 것으로 보았다. 역시 관동리집단의 경관도 고분군과 복합생활유적 그리고 '官洞津'으로 구분할 수 있다.

발표자도 고김해만 권역 금관가야의 경관을 고총·고분군—복합생활유적 [토성]-'○○津[무역항]'으로 보았다. 고김해만 권역 이외의 다른 금관가야 집단 중에서도 위와 같은 경관적 특징을 보이는 유적이 있다면 부연 설명을 부탁드린다.

2. 가야의 경관 - 高塚과 海畔津 그리고 居館

봉황동 유적은 금관가야의 王城으로 추정되고 있으며, 최근까지 국가차원의 핵심유적으로 중점 발굴조사가 진행되고 있다. 몇몇 연구자는 海畔津과 官洞津을 內港과 外港으로 이해하기도 한다(김창석 2012;김재홍 2021). 또 다른 연구자는 大成洞高塚群이 특정인과 공동체 성원과의 분리를 뜻하는 死의 세계라 한다면 生의 세계에서 분리시켜 주는 장치가 居館으로 보고 봉황대 저습지 구역에서 확인된 건물지군을 '海畔館'으로 주장한 바 있다(崔鍾圭 2015). 崔鍾圭는 봉황대유적을 都城이나 王城보다는 居館으로 보고 '海畔館'이라 하였다. 그들이 王 인지의 여부가 먼저 증명되어야 하기 때문이다. 都城은 城 중의 우두머리라는 의미가 있는데 그들이 하급城부터 상급 城에 이르는 체계를 확립한 것인지도 불명확하다고 보았다. 高塚과 城이 조합을 이루고 있음이 발굴조사를 통해 밝혀진 것은 최근의 성과라고 할 수 있다.

대성동고총군과 봉황토성, 옥전고총군과 옥전토성[성산토성], 지산동고총군과 주산성, 말이산고총군과 가야리토성에서 城과 高塚이 근접하여 검출되었다. 고성 송학동고총군과 관계있는 城은 여전히 알려지지 않았는데,

만림산토성과 동외동유적에서 다중방어시설로 추정되는 환호와 성토구조물의 존재가 확인되었다(삼강문화재연구원 2023;2024). 그 외에도 남산토성이 알려져 있어 송학동고총군과 결합된 城을 특정하기가 어렵다. 현재로서는 송학동고총군과 만림산토성의 관계가 설정될지는 향후 발굴조사 경과를 지켜봐야 한다.

토론자가 주목하는 것은 김해 봉황토성과 합천 옥전토성 그리고 함안 가야리토성은 하천을 끼고 있는 점에서 三者의 유사성을 지적하고 싶다. 三者 모두 물류의 結節點과 같은 역할을 했을 가능성이 있다. 특히 玉田土城은 黃江의 河口에 인접한 점과 加耶里土城도 신음천 河口에 인접한 점에서는 봉황토성만큼 존재감이 있다. 이런 추정이 가능하다면 봉황토성의 해반천 구간에서 검출되었던 물류 倉庫群이 玉田土城이나 加耶里土城의 河川에 접한 구간에서도 마찬가지로 검출될 가능성이 있다. **김해 봉황토성처럼 津 내지는 선착장 같은 集荷場을 자신의 영향이 가장 강하게 미치는 곳에 마련코자 하는 이유는 소위 域外品을 獨占管理하는데 있는 것 같다(소배경 2023).**

가야권역에서 가장 왕성에 근접하고 있는 유적이 봉황동 유적이다. 봉황토성 안과 밖으로 120여차례 시·발굴조사가 진행되었다. 지금도 국립가야문화유산연구소에 의해 학술조사가 진행 중이다. 향후 **봉황동 유적의 학술조사 방향에 관한 고민이 있으시면 의견을 부탁드린다.**

참고문헌

김다빈·민경선, 2019, 「토우로 본 금관가야 사회의 일면」, 『영남고고학』 84, 영남고고학회.

김다빈, 2020a, 「금관가야 사회의 중심과 주변」, 『영남고고학』 88, 영남고고학회.

_____, 2020b, 『金官加耶 社會 研究』, 동아대학교박사학위논문.

_____, 2023, 「가야의 교역」, 『加耶-가야 역사·문화 연구 총서Ⅲ-분류사-』, 국립가야문화재연구소, pp.322~362.

김재홍, 2015, 「대성동고분군의 생업 환경과 그 변화」, 『고고학탐구』 18, 고고학탐구회, p.41.

_____, 2021, 「가야인의 해양 경제활동」, 『가야인 바다에 살다』, 국립김해박물관, pp.230~251.

김창석, 2012, 「고대 교역장의 중립성과 연맹의 성립」, 『역사학보』 226, 역사학회.

소배경, 2023, 「加耶의 津과 交易路- 南海岸을 中心으로-」, 『고대, 교역. 도시 그리고 가야』 제13회 아라가야 학술회의, 함안군·국립창원대학교, pp.151~172.

三江文化遺産研究院, 2023, 『固城 東外洞 遺蹟』.

_____, 2024, 『固城 東外洞 遺蹟Ⅱ』.

崔鍾圭, 2015, 「加耶文化」, 『考古學探究』第17號, 考古學探究會.

김다빈, 「패총으로 본 금관가야 사회」에 대한 토론문

김양훈 (창원대학교)

1. 중심집단과 개별집단 의례의 규모와 성격 면에서 차이가 존재할 것으로 보았다. 그런데, 중심과 주변의 의례 구분은 시설 규모와 행위의 복잡성, 참여 범위와 정치적 연계성 등을 종합적으로 분석해야 한다. 따라서 이에 대해 재검토할 필요가 보이는데, 발표자가 제시한 견해의 전제가 무엇인지, 그리고 이와 관련하여 또 다른 해석의 가능성이 있는지 궁금하다.

2. 패총을 의례공간의 가능성을 언급하면서, 의례장소인지 의례용품 폐기장인지 명확하지 않다고 하였다. 패총을 의례공간으로 규정하기 위해서는 의례관련 수혈 등 공간의 존재와 동일 행위의 반복이 전제되어야 한다[1]. 그러나 특정 유물의 폐기만으로 의례 공간의 가능성을 제기하는 것은 고민해 볼 필요가 있다. 이와 관련한 고고학적 이론 혹은 다른 지역 사례를 전제한 것인지 궁금하다

3. 패총의 활용방식에 대해 의례와 성토재 활용만 제시하였다. 그러나 회현리, 유하패총 등은 다양한 성격의 유물이 출토되어 여러 활용방식을 언급할 수 있을 것인데, 이에 대한 설명이 부족한 점은 아쉽다. 발표자가 고민했던 또 다른 활용방식이나 해석을 무엇인지 궁금하다.

---

1) 윤호필, 2017, 「가야지역의 선사·고대 수변의례」, 『가야인의 불교와 사상』(인제대학교 가야문화연구소·김해시 편), 주류성, 137~143쪽.

출토 유물을 통해 본 김해 봉황동 유적의 위상
- 최신 조사 성과를 중심으로 -

김 지 연*

Ⅰ. 들어가며

　　금관가야의 왕성(왕궁지)으로 널리 알려진 김해 봉황동 유적은 현재 회현리 패총을 포함한 봉황대 구릉 일대를 통칭하여 국가사적으로 지정·관리되고 있다. 우리나라에서 패총유적의 고고학적 조사가 언제부터 시작되었는지는 명확하지 않다. 그러나 이마니시류(今西龍)의 「조선에서 발견된 패총에 대하여」라는 글을 통해 1907년 8월 이마니시류가 회현리 패총의 존재를 확인하고 구릉 서쪽 단애부에 대한 조사를 하였음을 알 수 있다. 이는 우리나라 패총유적 조사의 시초이자 봉황동 유적에 대한 최초의 조사로 평

---

* 국립가야문화유산연구소

가된다(복천박물관 2011; 윤태영 2013).

　패총의 존재는 단순히 먹고 버린 조개껍질과 각종 폐기물이 오랫동안 축적된 쓰레기장만을 가리키는 것이 아니다. 장기간의 정주 과정이 반영된 마을 흔적이며, 과거 식료자원 이용 방식과 자연환경, 생업 활동 등 다양한 생활상을 직접적으로 보여주는 자료로써 고고학적 가치가 매우 크다. 일반적으로 해안가 마을은 장기간 안전한 거주를 위해 구릉지에 입지하고 환호를 두르며, 내부 공간을 계획적으로 활용하였다. 중심 주거지역에서 떨어진 외곽에는 먹고 남은 패각이나 생활 폐기물이 축적되어 패총이 형성되었다. 또한 구릉 저지대와 해안이 맞닿는 지역에는 배를 안전하게 정박하기 위한 접안시설인 선착장이 존재했을 가능성도 추정된다(복천박물관 2011).

　패총 유적에서는 장기간 거주한 인간 활동에 의해 풍부한 유물들이 발견된다. 회현리 패총에서도 여러 차례 조사를 통해 중요한 유물들이 출토되었다. 1920년 10월 조사에서 출토된 화천(貨泉)[1]은 왕망(王莽)이 세운 신(新)나라(8~23년) 시기에 주조된 30여 종의 동전[2] 중 하나로, 해남 군곡리, 나주 양동, 제주 산지항, 종달리, 금성리 등지에서도 확인된 바 있다(복천박물관 2011; 국립김해박물관 2014). 왕망전(王莽錢)은 주조연대[3]가 명확하고

1) 화천의 외면 형태는 원형이며, 내부에 방형의 구멍이 있고 오른쪽에 '貨'자, 왼쪽에 '泉'자를 배치하고 있으나 제주도 산지항 출토 화천처럼 극히 드물게 좌우 글자가 바뀐 것도 있다. 화천의 크기는 오수전보다 약간 작으며, 회현리 출토품은 지름 2.3cm, 두께 0.1cm, 무게 2.4g이다. 오른쪽의 '貨'자는 육안으로 일부 확인되나, 왼쪽의 '泉'자는 결실되어 아랫부분만 확인이 가능하며, 모양도 뒤틀려 있다(국립김해박물관 2014).

2) 新대에 발행된 大泉, 契刀, 錯刀, 小泉, 貨布, 貨泉 등을 일컬어 왕망전(王莽錢)이라고 한다. 왕망전은 짧은 기간 동안 발행되었음에도 불구하고, 당시 주조량이 많아 중국 중원지역과 동북지역, 한반도, 일본 등에도 많은 수량이 출토되고 있다(국립김해박물관 2014).

3) 원래의 용도와 달리 전세되거나 민간에서 주조하는 경우도 많아 연대를 파악하는 데 신중할 필요가 있다(이재현 2005). 한반도 내 유입시기는 연구자마다 의견 차가 있으나, 일반적으로는 기원후 1세기 전·중엽대로 설정하고 있으며(이영훈·이양수 2007), 중국에서 주조된 후 한반도로 유입되는 시간을 그리 오래 산정하지 않고 있다(국립김해박물관 2014).

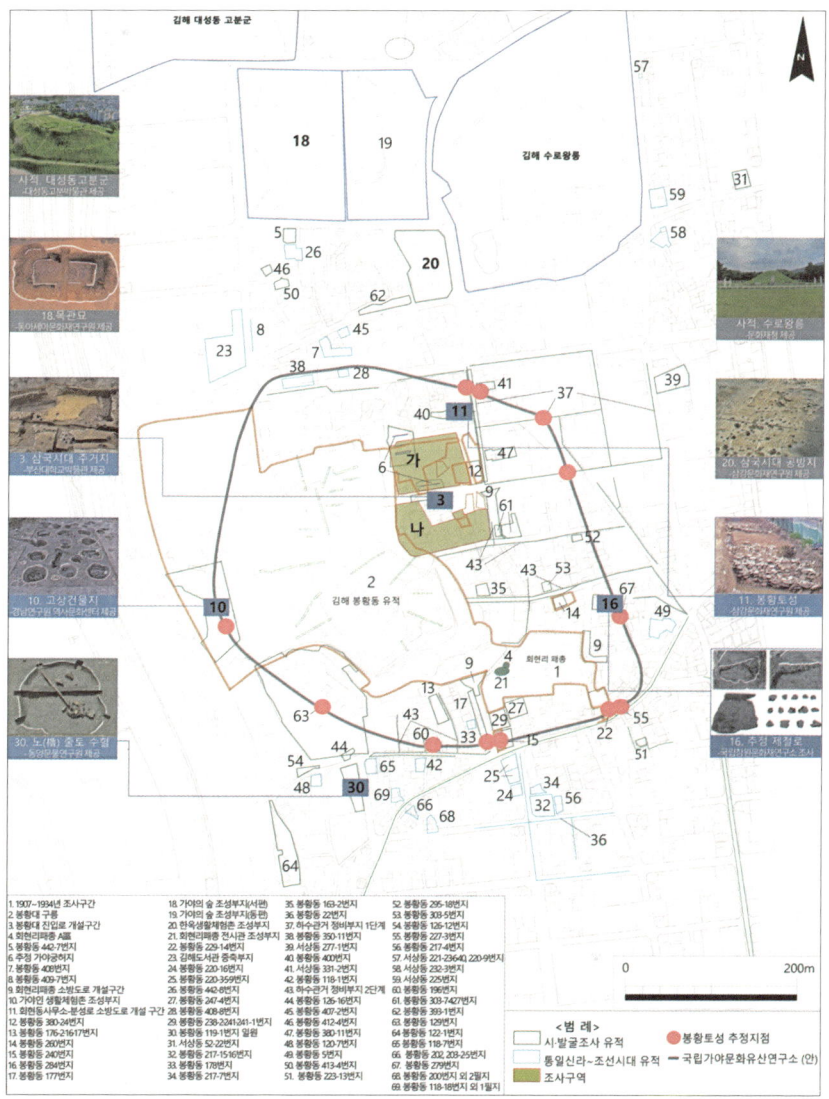

〈그림 1〉 김해 봉황동 유적 일대 분포현황도(국립가야문화유산연구소 제공)

비교적 짧은 기간 동안 통용되어 출토 유적의 절대연대를 밝히는 데 결정적인 역할을 한다. 또한 당시의 대외교류 양상을 파악하는 데 중요한 자료이다. 화천의 기능과 용도에 대한 연구를 살펴보면 한반도 내에서 본래의 통용 목적인 상품거래 수단의 용도로는 사용되지 않았을 것으로 본다. 주로 대외교류 담당자나 수장층 등 제한된 계층이 사여받은 정치적 상징성이 강한 위세품의 성격으로 추정되고 있다. 혹은 부장품으로서 수장층이나 교역을 담당한 지배계층의 무덤에 노잣돈과 같은 역할을 했던 것으로도 볼 수 있다(이영훈·이양수 2007; 국립김해박물관 2014). 특히 회현리 출토 화천은 불에 그을린 흔적과 도끼 등으로 찍어 깨트리려는 흔적 등이 확인되어 의례 행위와 관련되었을 가능성이 상정되기도 한다(국립김해박물관 2014).

이외에도 동검(銅劍), 동사(銅鉈, 청동새기개)[4], 훼룡문경(虺龍文鏡, 부산대학교박물관 2003) 등 청동제 유물과 벽옥제관옥 등이 출토되었다. 이러한 유물들이 수장급 무덤이 아닌 패총에서 확인된 사실은 봉황동 유적 일대가 일반적인 생활유적을 넘어 특수한 성격을 지녔음을 시사한다.

최근 국립가야문화유산연구소에서 진행 중인 봉황동 유적 발굴조사에서는 금관가야 중심지로서의 위상을 보여주는 중요한 유물들이 새롭게 확인되고 있다. 본고에서는 봉황동 유적에서 출토된 최신 자료 가운데 기종 확인이 가능한 유물을 대상으로, 기종 및 재질별로 특징에 따라 나누어 검토하겠다. 전체 출토품을 다루기에는 지면상 한계가 있으므로, 대표적인 유물에 초점을 맞추며 특히 최신 조사 성과를 중심으로 그 의의를 도출하고자 한다.

향후 유물 복원 작업과 추가 발굴조사가 진행되면 유물의 수량이나 출토 기종이 추가되어 분명 재고될 부분들이 있을 것이다. 그러나 현 단계에서 출토 유물들을 살펴보고 정리하는 것 또한 학술적으로 중요한 의의가 있다고 판단하였다.

---

4) 동사란 끝이 삼각형을 이룬 짧은 칼 모양의 도구로, 평면 형태는 대나무 잎 모양이다. 원래는 나무로 만든 손잡이에 가죽이나 섬유질의 끈을 감아 사용되는 것이 일반적이다(국립문화재연구소 2015).

Ⅱ. 김해 봉황동 유적 최신 조사 현황

그간 김해 봉황동 유적과 그 일대에는 80여 차례 시굴 및 발굴조사가 이루어졌다. 앞서 언급한 바와 같이 1907년 회현리 패총에 대한 조사를 시작으로, 일제강점기 전후로 총 8차례의 조사가 진행되었다. 이후 1992년 부산대학교박물관이 봉황대 구릉 일대에 대한 시·발굴조사를 실시하였다. 이를 통해 주거지·환호·패총 등을 확인하고, 유적의 전반적인 성격을 파악할 수 있었다. 이어 고상건물지(경남발전연구원 2013), 봉황토성(경남고고학연구소 2005), 추정 제철로(국립창원문화재연구소 2005) 등이 확인되었다. 또한 목책열과 고선박부재, 노 등이 출토되어 당시 활발히 해상교역을 펼쳤던 금관가야의 접안시설 존재를 추정할 수 있게 되었다(동양문물연구원 2014).

그러나 기존 조사의 대부분은 소규모 구제발굴 성격이었기에 유적의 전모를 파악하는 데에는 분명한 한계가 있었다. 이에 국립가야문화유산연구소에서는 2015년부터 현재까지 봉황대 구릉 동편의 나지막한 말단부(봉황동 315-1번지 일원, 12,169㎡)에 대한 학술발굴조사를 진행하고 있다. 유적조사는 1~10Pit로 구획하여 실시하였다.

특히 국립가야문화유산연구소의 최신 조사 성과가 주목되는데, 크게 3가지로 나누어 볼 수 있다. 첫째, 1993년 봉황대 진입로 개설구간에 대한 부산대학

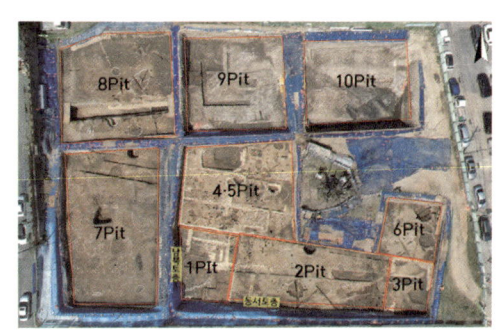

〈그림 2〉 김해 봉황동 유적 '가'구역 조사구획도(국립가야문화유산연구소 2024)

교박물관 조사에서 확인되었던 대형건물지(46호 주거지)와 유사한 성격의 중요 건물지군이 새롭게 확인되었다. 이 건물지들의 시기는 금관가야의 최전성기인 4세기대, 지금으로부터 1,700년 전에 해당된다.

〈그림 3〉 김해 봉황동 유적 3호 건물지(국립가야문화유산연구소 2024)

특히 최근 조사가 이루어진 1Pit 3호 건물지(Ⅹ층)는 너비 약 10m 내외로, 김해지역 일대에서 규모가 가장 큰 편에 속한다. 건물지 내부에서는 바닥다짐, 기둥자리, 구들시설(아궁이+고래) 등이 확인되었다. 비록 특별한 내부시설은 발견되지 않았지만, 초대형에 속하는 규모와 여러 동의 대형건물지군의 존재를 통해 당시 권력집단과 연결시켜 볼 수 있을 것이다.

둘째, 저지대의 습지 구역에서는 다량의 패각과 여러 재료를 섞어 인위적으로 쌓아올린 대지조성층(8~10Pit)이 확인되었다. 약 1,600년 전, 4세기 후반~5세기 전반에 축조된 것으로 추정된다. 단순히 먹고 버린 조개껍질이 쌓인 조개무지(패총)와 달리, 의도적인 축조공정을 통해 주변 패총에서 혹은 근처에서 먹고 남긴 패각들을 모아 모래와 진흙, 불맞은 흙, 목탄 등과 섞어 단기간에 대지를 성토한 것으로 파악된다. 평면 반구상 형태(봉분 형태)의 토제를 만들고, 토제와 토제 사이사이를 메워나가는 방식으로 축조하였다. 다만 대지조성층 상부는 주택 건설 등으로 인해 심하게 교란되어 당시의 상황을 파악하기에 어려움이 있다. 그러나 이는 금관가야의 뛰어난 축조 기술과 대규모의 노동력, 재화를 동원할 수 있었던 국가 권력 등을 짐작할 수 있다는 점에서 큰 의미가 있다.

셋째, 10Pit 대지조성층(패각성토층) 아래에서 확인된 2중의 구상유구

〈그림 4〉 김해 봉황동 유적 '가'구역 10피트 남벽–동벽 토층(국립가야문화유산연구소 2025)

이다. 1호 구(溝)는 잔존 길이 10.8m, 너비 3.79m, 깊이 78~88cm이며, 2호 구는 잔존 길이 9.53m, 너비 2.42m, 깊이 70cm이다. 단면 형태는 'U'자형이며, 구 양측에는 둑을 쌓아올렸다. 이는 구상유구를 조성할 때 파낸 흙을 이용하였으며 구가 더 크고 깊게 보이도록 하고, 동시에 구를 보호하려는 의도가 있었을 것으로 추정된다. 둑과 둑 사이는 약 581~588cm로 일정한 간격을 유지하며, 구상유구와 둑의 진행방향은 북서–남동향으로 일치한다(국립가야문화유산연구소 2025).

구상유구의 바닥층에서는 토기 편들이 출토되어 기종 파악이 어려우나, 태토 및 성형기법 등을 관찰해 보면, 주머니호와 조합우각형파수부호 등의 와질토기로 판단되며, 시기는 2세기 전~중반으로 추정

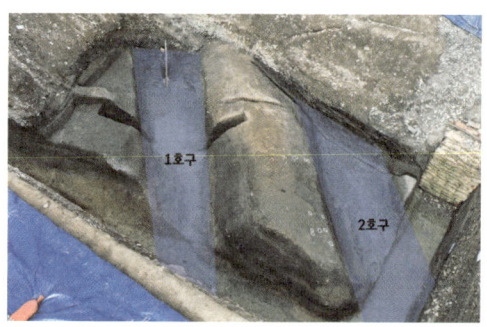

〈그림 5〉 김해 봉황동 유적 '가'구역 10피트 2중 구상유구(국립가야문화유산연구소 2025)

된다. 구 내부에는 여러 시기의 토기들이 뒤섞여 출토되어 특정 시기를 판단하기에 다소 무리가 있다[5].

2중으로 조성된 구상유구의 경우, 주로 청동기시대부터 삼국시대까지 마을 유적을 둘러싼 방형 또는 원형의 환호(방어시설) 혹은 환구(구획시설 혹은 의례시설)의 기능을 하였을 가능성이 높다. 물론 구상유구와 관련된 문화층에 대한 조사가 이루어져야 그 용도와 성격을 확정 지을 수 있을 것이다.

이 구상유구에서는 1~2세기대 고급 옻칠 그릇 등 다량의 목기가 출토되었다. 이를 통해 금관가야의 중심지로 알려진 김해 봉황동 유적이 변한 시기부터 핵심 거점지역이었음을 증명할 수 있었다(국립가야문화유산연구소 2025). 다음 장에서는 이와 같이 봉황동 유적에서 출토된 중요 유물들을 살펴보도록 하겠다.

Ⅲ. 김해 봉황동 유적 출토 주요 유물

봉황동 유적에서 가장 많이 출토된 유물은 삼국시대 생활용 토기류이다. 시루, 호, 옹, 발, 완, 부형토기 등의 다양한 기종이 확인된다. 특히 조리용 토기는 내외부에 남아있는 여러 흔적들을 통해 사용 방식 등을 추정해 볼 수 있는 중요 자료이다. 이외에도 의례용(부장용) 토기류, 토우(흙인형), 칠기 및 목기류, 골각기(뼈도구), 철기류, 방추차 및 어망추, 장신구 및 장식품 등이 다량으로 출토되었다. 이 가운데 유적의 성격을 잘 보여줄 수 있는 특징

---

5) 개방된 구의 사용과 폐기 시점의 차이, 물의 영향을 받는 등 유구의 특성상 시기를 특정하기에 어려움이 있다. 2세기대가 중심 시기로 추정되지만, 구상유구를 운영하였던 시기의 문화층(마을유적)에 대한 추가 조사가 이루어져야 명확하게 파악 가능할 것이다.

적인 유물을 선별하여 검토하고자 한다.

1. 변한(弁韓)의 진귀한 옻칠 그릇

앞서 언급한 대지조성층(9~10Pit) 아래의 유기물층과 2중의 구상유구에서 목기(목제품) 약 300여 점이 출토되었다. 산성 토양인 우리나라에서는 나무로 만든 목기와 칠기 등이 시간이 흘러 땅 속에 온전히 남아 있기가 매우 어렵다. 그러나 봉황동 유적의 저지대(10Pit)는 지형적 특성상 유기물(나무, 씨앗 등)이 잘 보존되는 습지 환경이기에 굉장히 양호한 상태로 목기가 출토되었다. 그중에는 출토 사례가 극히 드문 고급 칠기와 목기 유물이 포함되어 있어 주목된다.

특히 칠기는 고대부터 희소성이 강하고, 선진 기술이 요구되는 사치품이다(이제현 2022). 옻칠은 옻나무에서 나오는 수액을 정제하여 기물 표면에 바르는 것을 뜻하며, 윤기와 광택을 내고 물과 부패, 열로부터 보호하는

〈그림 6〉 김해 봉황동 유적 출토 추정 의례용 유물 일괄(국립가야문화유산연구소 제공) ①: 옻칠 두형 그릇, ②~④: 옻칠 두형 그릇 배신 및 대각, ⑤: 옻칠 뚜껑, ⑥: 항아리모양 목제품, ⑦: 새모양 목기, ⑧·⑨: 칠 뚜껑, ⑩: 점뼈(복골), ⑪: 소형토우

효과를 지닌다. 옻나무 수액은 한 그루에서 채취할 수 있는 양이 80~150g 정도로 귀한 원료이며, 수액 채취부터 정제 등 옻칠 제작 과정이 매우 복잡하다. 그렇기에 고대 사회에서 쉽게 얻기 힘든 특수하고 값진 물건에 옻칠을 하였다(이제현·장용준 2020).

봉황동 유적에서는 옻칠을 바른 두형 그릇(漆豆), 칼집(漆鞘), 뚜껑(漆蓋) 등이 출토되었으며, 새모양 목기, 항아리모양 목제품, 목제 식기류, 목제 농기구류 등도 확인되었다. 옻칠 두형 그릇(漆豆)은 목지름이 1cm 정도로 매우 얇고 조형미가 돋보이는 이례적인 형태이다. 기존 출토품은 굽다리 상위 1/3지점에 돌출된 띠장식을 두르고, 접시와 굽다리 부분을 따로 만들어 결합한 방식으로 제작되었다. 그러나 봉황동 출토품은 접시와 굽다리 부분을 일체형으로 제작하였다. 이는 결합식보다 훨씬 가공하기가 까다롭고, 정교함이 필요하다. 바닥면에는 별도의 옻칠은 하지 않았고 중앙에 구멍이 뚫려 있다. 이는 제작과 관련된 흔적으로 추정된다. 이 그릇들의 수종 분석 결과, 모두 오리나무류인 것으로 확인되었다.

보통 목기는 형태의 변화상이 크지 않아, 시기 구분이 어려운 편이다. 그러나 옻칠 두형 그릇은 창원 다호리, 성주 예산리, 포항 성곡리 등 기원전 1세기부터 기원후 1세기 정도의 한정된 시기에 수장급 목관묘(나무널무덤)에서 출토된 바 있다. 봉황동 유적 출토 옻칠 두형 그릇은 〈표 1〉과 같이 지금껏 생활 유적에서는 최초로, 단일 유적에서 최다량 확인된 최고급 유물로 볼 수 있다.

옻의 채취 시기는 초여름인 6월부터 한여름을 지나 9월 무렵 정도까지의 한정된 기간에만 가능하며, 당시에는 이를 장기간 보관할 수도 없었다. 그렇기 때문에 칠기는 연대측정 분석 시 가장 시기를 명확하게 파악할 수 있는 시료로 알려져 있다. 봉황동 유적 옻칠 두형 그릇 중 5점의 칠도막 시료를 연대측정한 결과, 공통적으로 1~3세기 초로 확인되었다.

〈표 1〉 영남지역 목관묘 출토 옻칠 두형 그릇 출토 현황표(국립가야문화유산연구소 2025, 일부 수정)

유적명	유적성격	유구명	출토유물	잔존고(高)	출토 수량
창원 다호리	무덤	6호 목관묘	원형두 1점	16.2cm	11점
		30호 목관묘	칠기고배 1점	20cm 내외	
		傳 출토	원형두 7점 방형두 1점 대각부 1점	24.9~32.8cm 27.3cm 25.5cm	
성주 예산리	무덤	30호 목관묘	칠두 6점	18.6cm내외	12점
		31호 목관묘	칠두 6점	25.8~27cm	
포항 성곡리	무덤	4호 목관묘	칠두 8점	14~34cm	8점
김해 봉황동	생활유적	구상유구	칠두 18점	25.7cm	18점

*목이 짧은 형태(고배형), 칠 흔적만 남은 것은 제외함

　주목되는 또 하나의 유물은 옻칠 칼집이다. 결실된 부분이 있지만 잔존 상태가 매우 양호한 편이다. 일반적으로 곡률을 가진 대도(大刀)의 칼집과는 달리 직선적이고 비교적 얇은 형태로, 소도(小刀)용인 것으로 추정된다. 잔존 길이는 약 12.75cm 정도이며, 내면에 얕은 홈이 파여 있어 칼날을 꽂는 공간을 마련한 것으로 보인다. 흑칠 바탕 위에 붉은색 안료로 4조 1세트의 선을 시문하였다. 유물의 제작 시기는 옻칠에 대한 연대를 분석한 결과, 앞서 살펴본 옻칠 두형 그릇과 유사한 기원후 1~3세기 초로 확인되었다. 유사한 예로는 가야의 숲 3호 목관묘 출토품이 있다. 일본 야요이시대 후기의 후쿠오카현 이마쥬쿠고로우에(今宿五郞江) 유적에서 출토된 용기 파편의 경우 흑칠을 한 후, 붉은색 안료로 3조 1세트의 문양을 구성하였다. 기종은 다르지만 문양 구성 등이 봉황동 유적 출토품과 흡사하다. 두 유물 모두 공통적으로 수종분석 결과, 벚나무류를 사용한 것으로 확인되

었다(국립가야문화유산연구소 2025).

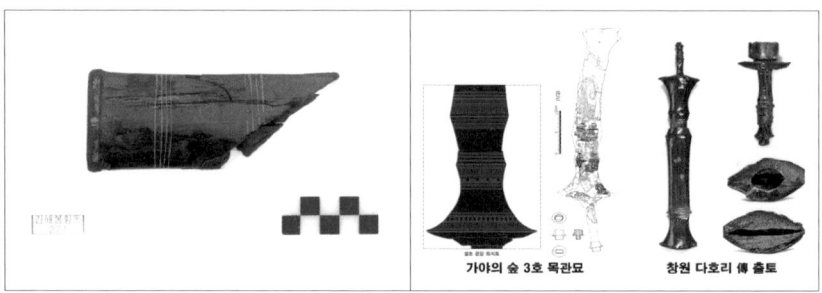

〈그림 7〉 김해 봉황동 유적 출토 옻칠 칼집 및 비교자료(국립가야문화유산연구소 2025, 일부 수정)

　봉황동 유적 출토 옻칠 칼집이 중요한 이유 중 하나로 붉은색 안료를 들수 있다. 안료 분석 결과, Hg(수은), S(황)이 주성분으로 검출되어 진사(辰砂) 또는 주사(HgS, 황화수은)로 밝혀졌다(국립가야문화유산연구소 2025). 일반적으로 사용되는 산화철(Fe_2O_3)에 비해 진사는 산지가 한정적이고 구하기어려운 귀한 재료로 여겨진다. 변한의 수장급 무덤인 창원 다호리 15호분출토 삼각거치문통형칠기도 흑칠 위에 붉은 안료로 얇은 선을 장식하였으며, 안료 분석을 통해 진사임을 확인하였다. 대성동고분군 수장급 무덤인70호, 88호 출토 칠도막 분석에서도 대부분 진사를 사용한 것으로 확인되었다(임지영 2021). 이처럼 높은 신분이 소유하였을 것으로 추정되는 고급칠기가 봉황동 유적에서 다량 출토되어 유적의 위상을 다시금 증명하였다.

　이와 함께 의례용으로 추정되는 새모양 목기, 항아리모양 목제품 등이출토되었다. 새모양 목기는 전체 너비 19.2cm, 길이 8.6cm, 두께 2.4cm로, 평면상 측면 형태(옆 모습)의 새를 형상화한 것이다. 이와 유사한 사례는우리나라에서 매우 드물다. 새에 대한 고대인의 관념은 다양하였는데, 풍요를 가져다주는 존재 혹은 하늘과 땅을 이어주는 매개체로 신성시되었다.삼한 및 삼국의 분묘에서는 새를 영혼의 전달자로 여겨 형상화한 토기가 널리 부장되었다. 생활유적에서는 마을의 안녕(수호)과 풍요를 위해 천신에 지내는 제의와 관련하여 새를 모티브로 한 유물이 종종 확인된다(복천박물관 2011).

항아리모양 목제품은 2~3세기 무렵 제작되었던 와질토기 중 굽다리긴 목항아리(대부장경호), 이른바 亞자형 토기라 불리는 기종과 유사한 형태를 보인다. 다만 토기와 달리 이 목제품에는 다리 받침이 부착되어 있다. 아주 드물게 울산 조일리 65-3 유적 내 9호 목관 출토 토기에서 다리 받침이 있는 형태가 확인되었다(울산문화재연구원 2019). 이 목제품의 잔존 높이는 17.2cm, 입지름 12.4cm, 몸통지름 15.3cm이며, 일부 결실된 상태로 출토되었다.

이들과 함께 점뼈(복골), 소형 토제품(모형토기) 등도 확인되었다. 복골은 고대 사람들이 동물 뼈에 구멍을 뚫거나 끝이 뾰족한 도구를 불에 달구어 지져 생긴 흔적을 보고 점을 치는 용도로 사용되었다. 주로 사슴의 견갑골이 사용되었으며, 소나 돼지의 견갑골이나 늑골이 사용된 사례도 있다. 의례용 칠기 및 목기, 복골 등 이러한 출토 유물들을 통해 봉황동 일대에서 중요한 의례가 이루어졌음을 추정할 수 있다.

이외에도 원통형칠기, 옻칠 칼 손잡이(劍把), 방패형 목기, 자귀자루, 나무그릇, 국자, 나무 뚜껑, 방망이, 결구부재, 이형목기 등 다양한 칠기와 목기가 출토되었다.

봉황동 유적 출토 칠기와 목기의 수종분석 결과, 오리나무류·상수리나무류·벚나무류·뽕나무류가 전체의 약 77% 이상을 차지하였다. 이 중 옻칠을 한 목기는 오리나무류, 벚나무류의 비중이 특히 높다. 이러한 수종은 조직이 균일하여 가공이 용이하고, 발림성이 우수하여 옻칠 유물 재료로써 적합하였던 것으로 추정된다. 특히 붉은 안료로 장식된 칠기들은 벚나무류로 확인되었다. 벚나무는 오리나무에 비해 조직이 균일하여 가공이 용이하고, 결함 발생 가능성이 적어 고급 목재로 취급되었을 가능성이 높다(국립가야문화유산연구소 2025). 반면, 농기구류인 자귀 자루는 단단한 상수리나무류로 제작된 것이 확인되었다. 이러한 수종분석 결과를 종합해보면, 당시에도 용도에 따라 목재를 선택적으로 활용하였음을 알 수 있다.

2. 금관가야 왕들의 무덤 '대성동고분군'과 닮은 봉황동 유적 출토품

앞서 언급한 바와 같이, 김해 봉황동 유적에서는 조리용이나 보관용 등으로 사용된 생활용 토기가 가장 많이 출토되었다. 이와 함께 고운 태토를 사용하여 1,100~1,200℃의 높은 온도로 소성한 회청색의 단단한 의례용 토기도 여러 기종이 다량 출토되었다. 특히 대성동고분군 출토품과 유사한 형태가 확인되어 주목된다.

봉황동 유적에서는 주변 생활유적에 비해 그릇받침(기대, 器臺)의 출토 비율이 높다. 기대는 바닥이 둥근 호(壺) 등을 올려놓기 위해 만들어진 받침이다. 실제로 그릇(호)이 올려진 채 발견된 사례도 많아, 그릇의 받침으로 사용된 것임은 틀림없어 보인다. 기대는 굽다리접시(고배) 등에 비해 크고, 문양을 새기거나 띠 장식을 덧붙여 만들어 화려한 편이다. 특수목적을 지닌 의례용(공헌용)으로 주로 사용되었으며, 고분군 내에서도 위계 높은 무덤에서 더 많이 출토되는 경향을 보인다. 소형 기대를 제외하면, 기대는 형태에 따라 크게 화로형(노형), 바리모양(발형), 원통형(통형) 등으로 구분된다.

현재 조사 중인 봉황동 유적은 5~6세기대 삼국시대 문화층을 중심으로 이루어졌으며, 그보다 아래 시기인 4세기대 문화층 조사는 한 구역(1Pit)만 진행되었다. 따라서 시기 차가 있는 토기의 출토 비율을 말하기는 어려운 상황이다. 추후 조사를 통해 출토 수량이 추가 확보되면, 보다 구체적인 논

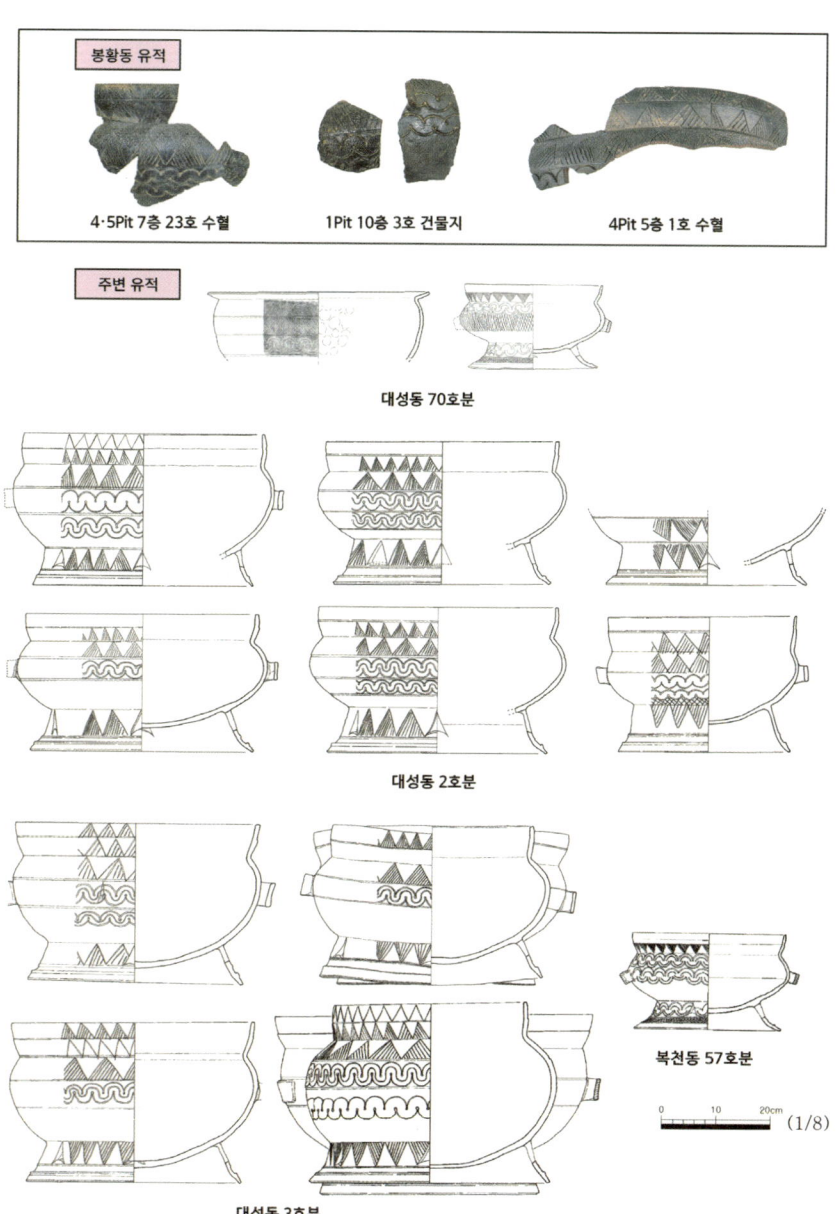

봉황동 유적

4·5Pit 7층 23호 수혈   1Pit 10층 3호 건물지   4Pit 5층 1호 수혈

주변 유적

대성동 70호분

대성동 2호분

복천동 57호분

0   10   20cm
(1/8)

대성동 3호분

〈그림 8〉 김해 봉황동 유적 출토 복합문양 파수부노형기대 편 및 비교자료

의가 가능할 것이다. 본고에서는 지금까지의 출토 사례를 중심으로 살펴보고자 한다.

금관가야의 시그니쳐 토기 중 하나인 손잡이가 달린 화로형기대(파수부노형기대)는 3세기 말부터 5세기 전엽까지 집중적으로 제작·사용되었다. 손잡이(파수)의 형태(봉상파수→대상파수)와 부착 위치(동체상중위→중하위), 구연부(口緣部) 형태(외반구연→내만구연), 대각(臺脚) 형태(대각 돌대 無→有, 장각화) 등에서 시기별 변화상이 나타난다.

생활유적에서는 대체로 온전한 형태를 갖춘 토기보다는 파편 상태로 출토되기 때문에, 전체 기형을 알기 어려워 구체적인 시기 파악 역시 쉽지 않다. 그러나 봉황동 유적 출토 노형기대는 소성상태가 매우 좋고, 일부 문양이 새겨진 것이 확인되는 점에서 주목된다.

이러한 삼각집선문과 반원컴퍼스문이 복합시문된 파수부노형기대는 금관가야 왕묘인 대성동고분군에서 제한적으로 집중 출토되며, 부산 복천동고분군에서도 소량 확인된다. 대성동고분군에서도 모든 무덤에 부장된 것이 아닌, 초대형급 규모에 속하고 구릉의 주능선에 위치한 수장묘인 대성동 2·3호분에서 4~5점씩 집중적으로 출토된다. 이처럼 대성동고분군 내에서도 규모와 입지가 탁월한 무덤에서 주로 출토되므로, 이는 곧 위계성을 반영한 위세품으로 기능했음을 보여준다. 따라서 봉황동 유적 출토 노형기대는 금관가야 지배집단의 묘역인 대성동고분군과의 관계성을 입증함과 동시에 지배층의 생활공간이었음을 보여주는 고고학적 증거라 할 수 있다(민경선·김다빈 2018; 국립가야문화유산연구소 2024).

회청색 경질의 노형기대는 현재까지 제토 과정에서 수습된 유물을 포함하여 총 15점이 확인되었다. 이 중 복합시문된 노형기대는 무려 3점이 확인되었다. 이러한 노형기대가 출토된 대성동 2, 3, 70호분의 연대는 4세기 후반으로 설정할 수 있으므로 봉황동 유적 출토품이 제작·사용된 시기도 이와 유사할 것으로 판단된다.

봉황동 유적 출토 원통형(통형)기대 또한 주변 유적과 차이를 보인다. 김해 인근에서 띠 장식이 부착된 통형기대가 출토된 사례는 극히 드물다. 대성동고분군에서 조사된 무덤 대다수의 시기가 4~5세기 초에 조성된 점을 고려하면 더욱 그러하다. 띠 장식이 달린 통형기대는 5세기 이후 고령의 대가야 권역 고분에서 주로 확인되며, 특히 뱀 모양 세로띠 장식 통형기대는 대가야의 수장묘의 주요 부장품으로 알려져 있다.

봉황동 유적 출토 통형기대는 연질기대를 포함하여 기형을 알 수 있는 개체가 현재까지 총 21점이 출토되었다. 이 가운데 무려 8점이 띠 장식이 달린 통형기대로, 1~2cm 너비의 띠를 부착하고 그 위에 원문 혹은 유충문(점열문)을 찍었다. 이 중 1점(유충문)을 제외하면 모두 원문이 찍혀있고, 원문의 크기는 큰 것과 작은 것으로 구분된다. 또한 띠 장식은 한 줄만 부착된 반면, 고령지역 출토품은 대체로 두 줄의 띠가 다수를 차지한다. 두 지역의 통형기대는 형태적으로 차이가 있으며, 시기도 금관가야 권역의 기대가 조금 더 이르거나 유사할 것으로 추정된다.

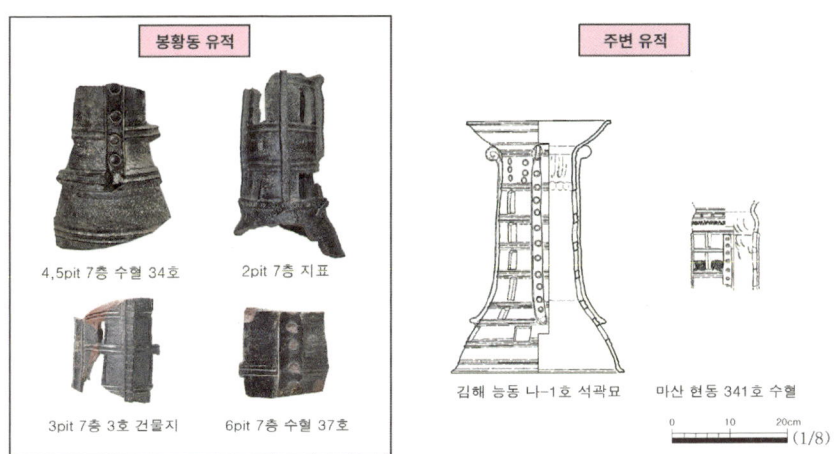

봉황동 유적

4,5pit 7층 수혈 34호   2pit 7층 지표

3pit 7층 3호 건물지   6pit 7층 수혈 37호

주변 유적

김해 능동 나-1호 석곽묘   마산 현동 341호 수혈

0   10   20cm
(1/8)

〈그림 9〉 김해 봉황동 유적 출토 띠 장식 통형기대 및 비교자료

김해 능동 나–1호 석곽묘, 마산 현동 341호 수혈에서는 봉황동 출토품과 매우 유사한 띠 장식 통형기대가 출토되었다. 공반 유물을 통해 보았을 때, 해당 유구의 시기는 5세기 중·후반으로 판단된다.

김해지역 일대에서 통형기대가 출토된 유적은 대성동, 양동리, 예안리, 망덕리, 죽곡리, 퇴래리, 화정, 능동, 가달 등 고분에서 주로 확인된다. 생활유적의 경우, 봉황동 이외에도 망덕리, 신문동, 부원동패총, 유하 패총 등이 있다. 고분군과 생활유적 출토 사례 전체를 살펴보아도, 봉황동 유적 일대에서 압도적으로 출토되고 있으며, 이는 수변제사 등 의례용으로 사용되었을 것으로 추정된다. 즉 봉황동 일대에서 중요 제사의식이 빈번하게 거행되었음을 짐작해 볼 수 있다.

이외에도 대성동고분군 출토품과 유사한 가리비 장식품, 방추차형 석제품, 골제 검파두식 등이 봉황동 유적에서 출토되었다. 특히 사슴의 중족골로 제작된 미완성 골제 검파두식은 정교한 제작기술을 필요로 하는 골제품으로, 대성동 85호분 출토품도 비교 가능하다. 이러한 여러 유물들을 통해 두 유적 간의 밀접한 관련성을 파악할 수 있다.

대성동고분군에서는 3세기 말~5세기 초까지 금관가야 전성기의 수장급 무덤이 주로 확인되었다. 반면, 봉황동 유적은 금관가야의 태동기부터 멸망 이후에 이르는 전 시기에 걸친 문화층이 확인된다. 따라서 금관가야의 성쇠를 파악할 수 있는 핵심 유적임을 다시 한번 강조하고 싶다. 앞서 살펴본 띠 장식 통형기대는 대성동고분군에서는 확인되지 않는다. 이는 대성동고분군과의 관련성이 없거나 해당 유물의 중요도가 낮음을 의미하는 것이 아니다. 시기적으로 대성동고분군에서 거의 확인되지 않는 5세기 중반 이후의 유물이기 때문이다. 즉 대성동고분군만으로는 밝히기 어려운 5세기 중·후반 이후 금관가야의 모습을 봉황동 유적을 통해 가늠해 볼 수 있다. 이처럼 5세기 전반 이후에도 봉황동 유적 일대가 여전히 금관가야의 중심지로 기능하였음을 알 수 있다.

3. 왕성 내부에 자리잡은 골각기 및 철기 공방의 흔적

고대의 왕성(도성)은 왕이 거주하는 공간인 왕궁, 일반민의 거주구역, 관청(관아), 제의시설(제단), 그리고 생산시설(공방 등)을 갖춘 중심지로, 오늘날 수도와 유사한 개념으로 정의할 수 있다. 백제 풍납토성, 경주 월성뿐만 아니라, 시기적으로 차이는 있으나 백제 사비 도성, 익산 왕궁리 유적 등에서도 왕성 내부에서 생산시설이 확인된다. 금관가야 왕성으로 비정되는 봉황동 유적 역시 왕실 물품을 조달하기 위한 관영 공방이 존재하였을 것이다.

봉황동 일대에서는 공방과 관련된 흔적이 일부 확인되었다. 봉황동 284번지에서는 추정 제철로가 조사되었다(국립창원문화재연구소 2005). 봉황대 구릉 북쪽 사면에 남북으로 설정된 10트렌치 남쪽 끝에서는 평탄하게 깔린 냇돌이 불을 맞았으며, 극히 부분적으로 철녹이 부착되어 있었다. 조사단에서는 이를 제철과 관련된 유구일 것으로 추정하였다(부산대학교박물관 1998). 이처럼 비록 명확한 제철유구가 확인되지는 않았지만, 공방의 존재

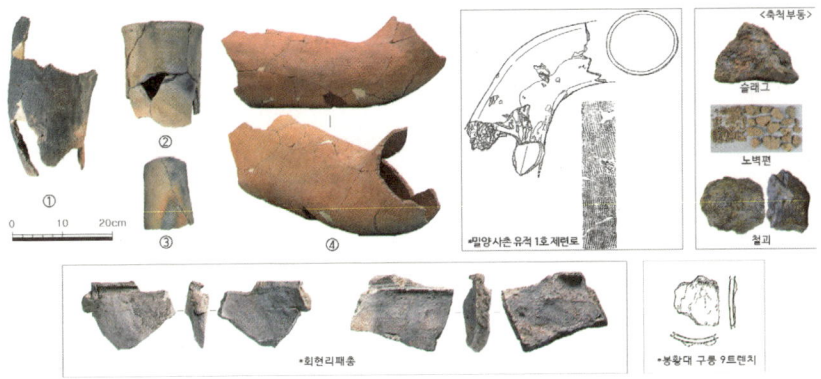

〈그림 10〉 김해 봉황동 유적 출토 송풍관 및 비교자료(국립가야문화유산연구소 2024 일부 수정)

를 추정해 볼 수 있는 여러 흔적은 찾아볼 수 있다.

현재 조사 중인 봉황동 유적에서는 대구경 송풍관과 철광석, 슬래그, 철괴(철재) 등 철 생산과 관련된 양호한 자료가 확인되었다. 송풍관은 송풍 장치인 풀무와 노 내부를 연결하는 관으로, 우리나라에서는 조선 후기까지도 대부분 제철 유적에서 흙으로 만든 송풍관이 출토되었다. 송풍관은 내경을 기준으로 크게 대구경과 소구경으로 구분된다. 대구경은 형태에 따라 곧은 것(직관형)과 한쪽으로 휘어진(곡관형)으로 나뉜다. 풀무에서부터 직관형(일자형) 송풍관이 서로 이어져 곡관의 직선부까지 연결되고, 곡관은 노벽을 관통한 후 급격히 아래쪽으로 꺾이는 형태를 보인다(국립문화재연구소 2019). 봉황동 출토품은 잔존 길이 49cm, 최대 직경 21cm의 대구경 곡관형이다. 격자타날 및 정면 흔적 등이 확인되며, 철재 용착 흔적이나 사용흔은 확인되지 않는다. 이는 6세기대의 밀양 사촌 유적 출토품과 규격 및 제작기법 등이 유사하다. 이외에도 회현리 패총에서는 슬래그가 부착된 송풍관 편 1점과 슬래그가 부착되지 않은 송풍관 편 1점 등이 확인된 바 있다(경남고고학연구소 2009). 봉황대 구릉 9트렌치에서도 송풍관 편이 출토되었다. 외면에 슬래그와 모래알갱이가 혼합된 상태로 부착되어 녹황색을 띤다(부산대학교박물관 1998). 이는 슬래그 흔적 등으로 보아 실제 제철 작업에 사용된 것으로 판단된다.

보통 대구경 송풍관은 제련로에서 주로 사용되지만, 경주 황성동 유적과 같이 정련단야와 용해주조 공정에서도 사용된다. 서울 풍납토성, 경주 월성 등 도성 내에서도 주로 제련은 이루어지지 않고 단야 및 용해주조 공정만 이루어졌다. 이로 보아 봉황동 유적에서도 제련 공정이 이루어졌을 가능성은 높지 않다(김권일 2023).

이처럼 봉황동 유적 일대에서 확인된 제철로와 대구경 송풍관, 슬래그, 철재 등으로 보아 왕성 내부에서 철기 생산 공정이 이루어진 시설 혹은 집

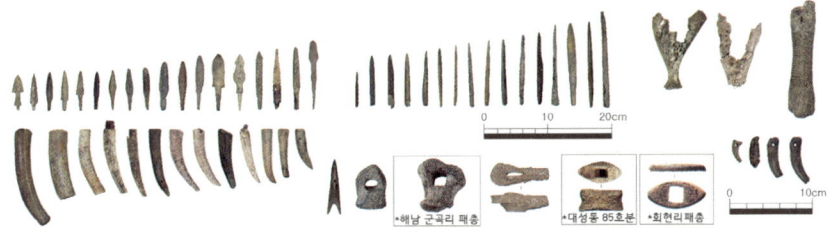

〈그림 11〉 김해 봉황동 유적 출토 각종 골각기 및 비교자료(국립가야문화유산연구소 2024 일부 수정)

단이 존재하였음은 틀림없을 것으로 생각된다.

　다음으로는 봉황동 유적에서 뼈도구(골각기) 공방의 존재를 추정할 수 있는 요소들을 살펴보고자 한다. 인간은 동물과 밀접한 관계를 맺으며 삶을 영위해왔다. 동물은 농경, 운송, 사냥, 전쟁, 애완 등 다양한 영역에서 활용되었으며, 사후에는 고기와 가죽, 뼈, 뿔 등을 통해 의복이나 각종 생활도구, 장신구 등의 재료로 유용하게 쓰였다. 또한 장례나 제의 의식 등에 희생되거나 상징물로 이용되기도 하였다.

　봉황동과 같은 생활유적에서는 인간 삶의 자취가 담긴 다양한 동물유체가 확인된다. 이들은 당시의 생업, 환경, 식단, 계절성 점유 등 수많은 정보를 담고 있는 중요한 자료라 할 수 있다. 봉황동 유적에서는 특히 사슴 뼈가 가장 많이 출토되었는데, 사슴은 고기, 뿔, 뼈, 가죽 등 다양한 부분에서 활용도가 매우 높은 편이기 때문이다. 이외에도 육상포유류(개, 말, 소, 멧돼지 등), 해양포유류(강치, 고래 등), 조류(꿩, 닭 등), 파충류(남생이 등), 어류(상어, 농어 등), 패류(굴, 백합 등) 등이 다량 확인되었다.

　이러한 동물 뼈로 만든 뼈도구(골각기)는 뼈바늘(골침), 뼈화살촉(골촉), 녹각제 손칼손잡이(도자병부) 등이 다수를 차지하며, 일부 뼈장신구 등도 확인되었다. 이와 함께 다양한 미완성의 골각기도 출토되었다. 사슴 녹각(뿔)이나 사지골 등을 도구로 만들기 위해 마연하거나 인위적으로 절단한 흔적 등이 남아있다. 특히 출토된 동물유체 중에서 녹각이 압도적으로 높은 비율을 보이는 점은 이를 제작 재료로써 의도적으로 선택하였음을 시사한다. 비록 골각기 제작용 수혈(구덩이)은 확인되지 않았지만, 현재까지의 출토 양상으로 보아 골각기 공방의 존재를 추정해 볼 수 있다.

이뿐만 아니라 봉황동 유적에서는 토기 제작 관련 받침모루(내박자)도 확인되어, 주변 일대에서 토기 제작 및 생산 관련 공정도 진행되었을 것으로 판단된다.

4. 흙으로 빚은 다종다양한 예술품; 토우(흙인형), 상형토기(이형토기)

토우(土偶)는 '흙으로 빚은 인형'을 뜻하며, 인물(人物), 동물(動物), 혹은 기물(器物) 등의 형태를 흙으로 빚어 소성한 것이다. 학계에서는 토우와 토용을 달리 보기도 한다. 토용(土俑)은 그 자체를 독립적으로 사용하였던 완성품인데 비해, 토우는 기물에 부착하여 장식적인 효과를 내는 것으로, 그 기능과 유행 시기에서 차이가 있는 것으로 구분한다(국립문화재연구소 2009). 그러나 유물의 시기와 성격에 따라 토우, 토용, 도용이라는 용어를 엄밀히 구분 짓기 어려워 혼용되기도 한다.

또한 액체를 담을 수 있는 용기의 기능과 형태를 가지면서 기마인물(騎馬人物), 오리, 말, 서수(瑞獸)와 같은 인물, 동물 혹은 수레, 집, 신발, 배 등의 기물을 형상화하여 토기로 제작하는 경우도 있다. 흔히 이를 이형토기(異形土器) 또는 상형토기(像形土器)라고 부른다. 그러나 액체를 담을 수 없거나 다양한 형태로 만들어졌기 때문에 토우의 개념과 구분이 애매한 부분이 있다(국립문화재연구소 2001).

토용은 내세의 또 다른 삶을 위해 순장자 대용으로 무덤에 부장하기 위해 만든 토제 인물 또는 동물 모양을 가리킨다. 토우에 비해 인물의 표정과

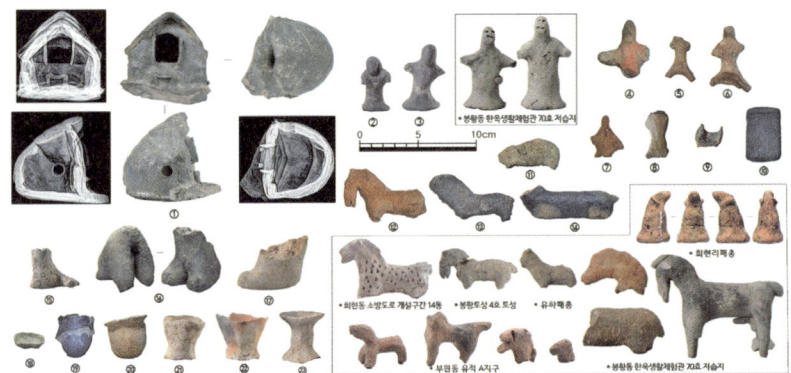

① 2pit 7층 문화층 ②,③ 6pit 7층 37호 수혈 ④ 2pit 7층 문화층 ⑤ 4·5pit 7층 문화층 ⑥ 8pit 5층 7호 수혈
⑦ 9pit 1호 건물지 ⑧ 2pit 7층 문화층 ⑨ 7층 문화층 ⑩ 6pit 7층 문화층 ⑪ 5층 문화층 ⑫ 9pit 7.5m 유물포함층
⑬ 9pit 7.7m 패각층 ⑭ 9pit 7.7m 유물포함층 ⑮ 2pit 7층 34호 수혈 ⑯ 5층 문화층 ⑰ 2pit 7호 수혈
⑱ 9pit 패각성토층 ⑲ 1pit 5층 문화층 ⑳ 2pit 7층 문화층 ㉑,㉒,㉓ 2pit 7층 37호 수혈

〈그림 12〉 김해 봉황동 유적 출토 가형토기·토우 및 비교 자료(국립가야문화유산연구소
2024 일부 수정)

옷차림 등이 매우 사실적으로 표현되어 있다. 우리나라에서는 신라가 삼국
을 통일하기 직전인 7세기 중엽에 중국 당(唐)나라 분묘문화의 영향을 받아
토용을 무덤 부장품으로 도입하였다. 신라 출토 토용은 신라인의 얼굴 표
정, 옷차림, 헤어스타일은 물론 관인의 옷차림새까지도 살펴볼 수 있을 정
도로 섬세하게 표현되어 있다(국립문화재연구소 2009).

이처럼 토우와 토용은 구분되어야 하지만, 토용은 7세기 이후의 사실적
표현이 담긴 부장품으로 한정할 수 있고, 토우는 포괄적인 '흙으로 빚은 인
형'의 범주로 이해할 수 있다. 봉황동 유적 출토품은 기물에 부착하기 위해
만든 것은 아니지만, 그렇다고 해서 섬세한 기법으로 제작한 부장품도 아
니므로, 본고에서는 토우라는 용어로 통칭하고자 한다.

토우의 성격과 관련해서는 유아용 놀잇감(장난감) 혹은 제사용 공헌품이
나 명기(明器)와 같은 부장용품 등 특수 목적을 지닌 것으로 보기도 한다.
이는 출토지의 성격과 위치, 출토 상황 및 시기에 따라 달리 이해될 수 있
을 것이다.

봉황동 유적에서는 인물형, 동물형, 사물형 등 다양한 토우가 확인되었다. 현재 조사 중인 봉황동 유적을 비롯하여 토성 외측의 한옥생활체험관 부지 내 유적(경남고고학연구소 2007), 회현리 패총(경남고고학연구소 2009) 등에서 토우가 출토되었다.

봉황동 유적(가야소)에서 인물형토우가 총 7점 확인되었다. 이 중 6Pit 37호 수혈(Ⅶ층)에서는 인물형토우 2점과 띠 장식 통형기대 편, 유공광구소호 편, 사물형토우(소형토기), 방추차 등 다양한 유물이 출토되었다. 잔존규모는 442cm, 너비 310cm, 깊이 124cm로, 수혈 중 크고 깊은 편에 속한다(국립가야문화유산연구소 2023·2024). 37호 수혈 남쪽으로 약 2.5m 이격된 위치에는 35호 수혈(Ⅶ층 6Pit)이 확인된다. 이 수혈은 바닥 전면에 다량의 토기 편(기벽 두께 1.5cm 내외, 최소 5~7개체 대호 동체부편 등)을 의도적으로 깔아서 여러 겹으로 겹겹이 쌓인 상태로 확인되었다. 인근의 김해 한옥생활체험관 부지 내 유적 70호 수혈에서는 다양한 종류의 토우가 출토되었다. 토기, 사람, 말 모양 등을 본떠 만든 토우가 출토되었는데, 보고자는 인물형토우를 제사장 혹은 조상신, 마형(馬形)토우를 제물, 제기형토우는 제기를 형상화한 것으로 추정하였다(경남고고학연구소 2007). 봉황동 유적 일대에서 확인되는 이러한 유구들은 의례와 관련된 성격일 가능성이 높다.

동물형토우는 대체로 간결하게 특징만 표현된 것이 많아 동물의 종류를 특정하기 어렵지만, 개나 곰과 같은 친숙한 동물이나 새나 말과 같이 신앙적 상징성을 지닌 동물을 형상화한 것으로 추정된다. 이러한 동물형토우는 장난감이나 애완용 혹은 주술적 성격을 지닌 제의용 공헌품으로 제작되었을 것이다(복천박물관 2011). 봉황동 유적 일대에서 가장 많이 확인된 동물형토우는 말을 형상화한 것이다. 말은 하늘과 교통하는 신성한 동물로서 신에 대한 희생의 제물로 인식되었다. 이에 마형토우는 실제 동물 대신 공헌물로 이용되었을 수 있다. 나아가 전쟁의 승리나 교역 관련 의례 등과도 연관되었을 가능성이 있다(김다빈·민경선 2019). 마형토우는 김해지역에서는 부원동 패총, 망덕리 생활유적, 유하 패총 등에서 출토되었고, 사천 늑도, 동래 낙민동 유적, 창원 봉림동 유적 등지에서도 확인되었다. 현재 조사 중인 봉황동 유적에서는 마형토우가 총 4점 출토되었다.

또한 봉황동 유적(가야소)에서는 원문을 찍어 장식한 점박이물범을 형상화한 토우도 확인되었다. 하반신만 남아있어 전체 모습을 파악하기는 어렵지만, 물범과 같은 바다 동물을 본뜬 사례라는 점에서 특이하다(김다빈·민경선 2019).

사물형토우 중에서는 바리, 접시 뚜껑, 솥(釜), 고배 등 생활용 토기를 축소하여 만든 것을 소형토기, 모형토기라 칭한다. 이 가운데 호(壺)와 기대를 형상한 것은 제기형토우라 부르기도 한다. 이러한 토우는 봉황동 일대에서는 봉황동 유적(가야소), 봉황토성, 가야인생활체험촌 부지 내 유적(경남발전연구원 역사문화센터 2005·2013), 봉황대유적(부산대학교박물관 1998), 한옥생활체험관 부지 내 유적 등에서 출토되었다. 이외에도 사천 늑도, 해남 군곡리, 고성 동외동, 김해 부원동 등 해안 지역과 광주 신창동, 경산 임당 저습지 등 내륙의 생활유적에서도 확인된다(복천박물관 2011). 봉황동 유적(가야소)에서는 현재까지 토기 모양을 본뜬 토우가 총 21점 출토되었다.

봉황동 유적에서는 이 밖에도 말의 안장, 방패 등을 형상화한 토우 등도 확인된다. 안장형토우는 소성이 좋은 경질제이며, 정면에서 보았을 때, 전륜과 후륜의 높이가 달라 실제와 가깝게 표현되어 있다. 방패형 토우는 높이 약 5cm로, 전면에만 거치문이 시문되어 있으며 위쪽은 마감처리가 되어 있고 아래쪽은 결실되었다(김다빈·민경선 2019). 고대 방패는 주로 나무나 가죽 등 유기질 재료로 제작되어 실물이 잘 남기 어렵다. 경주 월성이나 경산 임당 유적 출토 실물 방패를 보면 작은 구멍이 다수 뚫려 있고, 기하학적 문양 등도 확인된다. 또한 안악 3호분 행렬도에 그려진 방패와도 형태적으로 차이가 있고, 방패의 손잡이 등도 부착되어 있지 않기 때문에 봉황동 출토 토우를 방패형이라 단정 짓기는 어렵지만, 거치문이 시문된 사례가 있는 점을 고려할 때 방패형토우로 추정하고자 한다(김다빈·민경선 2019).

봉황동 유적 출토품 중 대표적인 유물은 가형토기(家形土器, 집모양토기)이다. 가형토기는 집 또는 창고의 형태를 본뜬 상형토기(象形土器)를 일컫는다(국립문화재연구소 2009). 집은 편안한 삶의 공간이자 자연과 타인의 위협으로부터 가족을 보호해 주는 안식처이다. 이러한 집을 본떠 만든 가형토기는 내세의 안녕과 풍요 또는 건물의 무사 등을 기원하기 위해 만들어졌다. 삼국시대 가형토기는 20여 점에 이르는데 대부분 출토지가 불분명하나, 출토 유구가 명확한 7점 중 5점은 무덤에서 발견되었다. 이는 삶의 안식처였던 집을 무덤에 부장하여 내세에도 영혼이 평안하고 풍요롭게 지내기를 염원하기 위함으로 이해된다(정관박물관 2019). 가형토기는 주구(注口)가 부착된 것과 그렇지 않은 것으로 나뉘며, 전자의 비율이 훨씬 높다(국립문화재연구소 2009). 액체를 따를 수 있는 굴뚝 모양의 주구가 있어 제사의식을 행할 때 주기(酒器)로도 사용되었다. 또한 가형토기는 당시 건축물을 본떠 만들었기 때문에 실물이 남아 있지 않은 고대 건축의 면모를 직접 대면할 수 있는 매우 중요한 자료이다(정관박물관 2019).

고대의 집을 본뜬 토기는 제기나 주기의 기능도 지녔기에 그 이용 주체를 수장급 인물로 추정할 수 있다(정관박물관 2019). 물론 모든 가형토기가 최고 지배층 무덤이나 특별한 의미를 지닌 유구에서 출토된 것은 아니므로, 지배층의 소유물로 한정할 순 없지만, 주로 의례용이나 부장용으로 사용되었음은 분명하다. 가형토기는 한반도뿐만 아니라 중국 대륙과 일본열도, 연해주 등지에서도 확인되며, 당시 동아시아 국가들에서도 부장품이나 제의 관련 명기로 사용되었다(정관박물관 2019).

가형토기는 가옥의 형태를 사실적으로 표현하고 있는데, 지상식(地上式, 중층식)과 기둥이 달린 고상식(高床式) 구조 등으로 나눌 수 있다(국립문화재연구소 2009). 고상식 구조는 창고형(곳간형)으로, 곳간에 곡식이 항상 가득하도록 풍요를 기원하는 농경 사회의 전통적인 신앙과 이승과 저승에서 넉넉한 삶을 누리도록 염원한 마음이 담겨 있었던 것으로 추정된다(국립문화재연구소 2009).

봉황동 유적 출토품은 지상식(중층식)에 해당하며, 타원형 받침판 위에 둥근 벽체를 올려 옥내 공간을 만들고 그 위에 짧은 지붕을 덧붙인 평면 반원형의 지상 가옥 구조이다. 높이는 약 6cm로 현존하는 삼국시대 가형토기 중 가장 작은 크기이며, 구조는 간략화된 편이다. 정면 중앙에는 1단의 사다리 혹은 단이 배치되고, 그 위에 직각으로 열어젖힌 여닫이식 문이 표현되어 있다. 출입문은 정면 벽체의 기울기에 따라 약간 비스듬히 세워졌으며, 내부는 비어 있다. 좌측 벽에는 옥내 공간과 연결되는 둥근 구멍이 뚫려 있어 주구 역할을 했던 것으로 보인다. 이처럼 비어 있는 내부 공간과 연결되도록 구멍을 뚫은 사례는 봉황동 유적 출토품이 유일하다. 지붕은 초가로 추정되며, 받침판의 정면 앞쪽 반원 부분은 앞마당을 표현한 것으로 보이나 절반가량 파손 결실되었다. 정선된 태토를 사용한 회청색의 단단한 경질제이며, 토기 외면에 자연유가 부착되고, 곳곳에 물손질한 흔적이 확인된다(정관박물관 2019). 제토 과정에서 수습되었기에 출토 위치나 정확한 시기는 알 수 없으나, 발견된 문화층의 위치로 보아 5세기대로 추정된다.

봉황동 유적(가야소)에서는 차륜형토기(수레바퀴모양토기) 편, 각배(角杯, 뿔잔) 편 등도 출토되었다. 이 역시 제토 과정에서 수습되어 시기가 명확하진 않지만, 출토된 문화층을 고려할 때 5~6세기대로 파악된다. 보물로 지정된 의령군 대의면 출토품과 함안 말이산 34호분 출토품 등은 2개의 바퀴

와 뿔잔, 굽다리로 구성되
어 있으며, 의령군 대의면
출토품(보물)은 뿔잔에 고
사리 모양 장식이 부착되
어 있다. 차륜형토기는 수
레바퀴와 수레 모양을 사
실적으로 표현하여 당시의
운송 수단을 이해하는 데
중요한 자료이다. 굽다리

〈그림 13〉 김해 봉황동 유적 출토 상형토기(국립가야
문화유산연구소 2024)

위에 뿔잔과 잔을 부착한 형태로 보아 장례 의식에서 술이나 물을 담아 따
르는 데 사용되었거나, 고인의 안식을 기원하는 일정한 의식 후 매납한 것
으로 추정되고 있다(국립문화재연구소 2015).

삼국시대 각배는 김해 덕산리 출토품(국보)과 같이 기마인물상이나 짐승
의 뿔 모양을 그대로 모방해서 만든 형태, 혹은 고배 대각 위에 뿔잔을 끼
우거나 붙인 형태로 만든 것으로 크게 나눌 수 있다. 봉황동 유적 출토품은
소성 상태가 굉장히 우수하고, 기벽이 매우 얇으며, 기마인물상의 각배와
흡사한 격자무늬가 새겨져 있다.

이러한 수레바퀴모양 토기와 각배는 배모양 토기(舟形土器), 오리모양 토
기 등과 함께 이승에서 저승으로 영혼을 운반하는 도구로 이해되며, 무덤
의 장송 의례에 사용된 제사용 기물로 추정된다(국립문화재연구소 2015). 이
와 같이 다양한 토우와 이형토기의 출토 양상은 봉황동 유적 일대에서 지
배 집단에 의한 공동체적인 의례가 이루어졌음을 시사한다.

Ⅳ. 마치며 ; 출토 유물을 통해 본 유적의 가치

    고대 삼국 도성(왕성)의 공통된 경관을 살펴보면 주로 하천변 혹은 해안가에 인접하면서 지배권력의 공간을 우월한 입지에 배치하는 특징을 보인다. 봉황동 유적 일대는 삼면이 산으로 둘러싸여 있고, 남쪽으로는 낙동강(고김해만)이 펼쳐져 있다. 유적은 봉황대 구릉의 동편 말단부에 위치하며, 구릉의 서쪽으로는 해반천이 흐르고, 북쪽과 동쪽으로는 금강천과 호계천이 흘렀다. 이러한 지리적 조건은 외부 침입으로부터 안정적인 천혜의 요새임과 동시에 바다와 접해 있어 해상교역에도 최적의 환경을 갖추었다. 이처럼 봉황동 유적은 탁월한 입지와 경관을 가졌을 뿐 아니라 토성 내부에 위치하며, 금관가야 왕묘인 대성동고분군과 지근거리에 있어 이를 조망할 수 있다. 봉황대 구릉을 둘러싼 환호, 수장급의 화려한 출토 유물, 유적 내 유구의 밀집 중복 양상(집주현상), 문헌기록 등은 봉황동 유적을 금관가야의 왕성으로 비정할 수 있는 정황을 뒷받침한다(김지연 2024).

    이상으로 유적의 입지와 출토 유물 및 유구 등을 종합해 보면, 본 유적에서 행해진 의례는 다른 유적과는 차별화된 성격을 지녔을 가능성이 높다. 봉황동 유적은 핵심적인 입지에 위치하며, 가형토기와 상형토기, 각종 의례용 토기, 고급 칠기 및 목기, 바다 동물형 토우 등 출토 사례가 드문 유물의 사례를 통해 볼 때 일반적인 생활유적과는 차이가 있음이 분명하다. 따라서 이 유적에서는 개인의 평온과 안녕을 기원하는 차원을 넘어, 국가적으로 중시된 의례가 거행되었을 가능성이 크다. 특히 해안가와 인접하여 대외교역이 활발하였던 점을 고려할 때, 제의 행위의 대상이 바다(물)와 관련된 수변 제의, 항해의 안전이나 어로의 풍요, 교역의 성공 등을 기원하는 의례가 이루어졌을 것으로 추정된다. 비록 제단과 같은 특수시설이 아직 확인되지는 않았으나, 현재 학술발굴조사가 진행 중이므로 이러한 가능성을 열어두고자 한다(김다빈·민경선 2019).

아울러 1~3세기대 고급 칠기의 출토를 통해 봉황동 유적 일대가 변한 시기부터 줄곧 중심 거점이었으며, 이 시기부터 이미 지배집단이 주체가 된 의례가 이루어졌음을 알 수 있다. 대성동고분군과 관련성이 높은 출토 유물들 또한 봉황동 유적이 지배층의 생활공간이었음을 시사한다. 더불어 각종 철기와 골각기 생산 관련 유물 및 그 흔적은 왕성 내부에 공방이 자리하고 있었음을 유추하게 한다.

향후 이러한 생산 유구와 저장 시설 그리고 의례가 행해진 제단, 왕궁의 존재가 조사를 통해 밝혀지기를 기대한다. 앞으로 봉황동 유적 일대의 조사가 지속적으로 이루어지면 금관가야 중심지로서의 공간 구성과 경관 복원이 더욱 선명하게 이루어질 것이다.

* 본 원고는 국립가야문화유산연구소 김해 봉황동 유적 발굴조사팀의 도움을 받아, 자료 수집과 공동 논의를 바탕으로 작성하였음을 밝혀둔다. 지면을 빌려 감사의 마음을 전하고자 한다.

참고문헌

〈단행본〉

국립가야문화유산연구소, 2024, 『김해 봉황동 유적 ─2024 발굴성과 공개설명회 자료집─』.

국립가야문화유산연구소, 2025, 『김해 봉황동 유적 새로운 발견, 옻칠 그리고 목기』.

국립문화재연구소, 2001, 『한국고고학사전』.

국립문화재연구소, 2009, 『한국고고학전문사전: 고분편』.

국립문화재연구소, 2015, 『한국고고학전문사전: 고분유물편』.

국립문화재연구소, 2019, 『한국고고학전문사전: 생산유적편』.

복천박물관, 2011, 『선사·고대의 패총 인간, 바다, 그리고 삶』.

정관박물관, 2019, 『영혼의 안식처 집모양 토기』.

〈논문〉

김권일, 2023, 「가야의 철 및 철기」, 『가야 역사·문화 연구 총서Ⅲ ─분류사─』.

김다빈·민경선, 2019, 「土偶를 통해 본 金官加耶 社會의 一面」, 『영남고고학보 84』.

김지연, 2024, 「금관가야 왕성의 확장과 의미」, 『고성 동외동 유적과 그 이웃들』.

민경선·김다빈, 2018, 「금관가야 중심지로서의 봉황동 유적」, 『한국고고학보109』.

이영훈·이양수, 2007, 「한반도 남부 출토 오수전에 대하여」, 『永川 龍田里 遺蹟』, 국립경주박물관.

이재현, 2005, 「남한출토 낙랑관련 유물의 현황과 성격」, 『제33회 韓國上古史學會 학술발표요지─낙랑의 고고학』.

이제현, 2022, 「우리나라 고대 옻칠의 기원과 양지리 유물」, 『경산지역 청동기~원삼국시대 문화 전개양상』, 제1회 경산시립박물관 학술대회.

이제현·장용준, 2020, 「삼한시대 영남지역의 칠기」, 『삼한의 신앙과 의례』, 국립김해

　　박물관.

* 발굴조사 보고서 생략

가야 패총 출토 외래유물 시론

김 일 규*

Ⅰ. 머리말

한반도 남부지역에서 중원문물 유입의 시초와 관련한 고고학적 해석은 철기의 출현이라고 할 수 있다. 철기가 출현하고 일정한 시간을 거친 후에 조성된 것으로 편년하는 서해안과 남해안 일대의 여러 유적에서는 漢 문물이 출토하는 예가 많이 확인되고 있다. 이러한 현상은 이 시점부터 한반도 남부가 中原[漢 帝國] 문화권의 영향권에 들어선 것을 시사하는데, 그 직접적 원인으로는 고조선 멸망에 따른 한사군 설치를 들 수 있다. 이 문물 가운데는 남중국해의 교역과 관련된 것으로 볼 수 있는 유물도 일부 확인되는데, 이는 한반도 남부가 '서아시아–남아시아–남중국해'를 잇는 소위 '해상 실크로드'의 권역에 포함되었을 가능성을 제시한다.

---

* 부산대학교

이 글에서는 남해안의 가야[1] 고지에서 발굴 조사된 패총에서 출토된 외래유물 가운데 중국제 유물 및 서·남아시아산으로 예상되는 유물을 검토하여 그 성격과 특징을 파악한다. 한편으로는 이 유물들이 가야에 유입된 경로와 배경 및 가야에서는 어떤 용도로 사용되었는지를 해당 시대상에 맞추어 고고학적으로 살펴본다. 이러한 검토 결과에 근거하여 가야 사회에서 외래유물이 갖는 의의를 파악하고 가야의 사회상을 복원할 수 있는 고고학적 자료를 축적한다.

II. 외래유물의 검토

가야 패총에서 출토된 외래유물은 크게 중국산, 서아시아 내지는 남아시아산, 일본에서 유입된 유물로 구분할 수 있다. 이 글에서는 앞의 두 예를 중심으로 살펴본다.

1. 화폐

가야 패총에서 출토된 중국의 화폐는 四銖半兩錢, 五銖錢, 大泉五十, 貨泉이 있다.

사천 늑도에서는 사수반량전과 오수전, 고성 동외동패총에서는 대천오십, 창원 성산패총에서는 오수전, 김해 회현리패총에서는 화천이 출토되었다. 이 동전들은 모두 方孔圓錢이다. 중국에서 圓形方孔의 錢形은 전국

---

1) 이글에서는 본 학회의 취지에 따라 『삼국사기』의 서기 42년 가야건국 기사에 맞춰 작성한다.

시대 중기 秦에서 半兩錢을 주행하면서부터 본격화되었는데, 서한 武帝代에 출현하여 隋代까지 주조된 오수전을 거쳐 20세기 초 民國時代에 주행한 民國通寶도 이 형태를 유지하였다. 方孔圓錢은 '天圓地方', 즉 '하늘은 둥글고, 땅은 네모나다'라는 고대 중국의 우주관이 반영되어 있다[2].

1) 四銖半兩錢

사수반량전은 西漢 文帝 5년(BC175)에 처음 주조된 것으로 景帝를 거쳐 武帝 時 오수전이 출현할 때까지 주행한 동전이다. 사수반량전은 統一秦 말부터 서한 呂后 때까지 이어진 혼란스러운 화폐체계를 타개할 목적으로 시행한 화폐개혁으로 발행한 것인데, 이전의 半兩錢 및 여후 때의 八銖半兩錢과 五分錢을 대체하여 법정화폐로 공인한 동전이다. 이후 무제는 오수전 체제의 시작과 동시에 사수반량전의 주조와 유통을 법적으로 엄금하였지만, 당시 화폐가 가지는 등가물로서의 특징으로 인해 위진대를 거쳐 남북조시대까지도 유통되었다.

늑도 유적에서 출토된 사수반량전은 한사군 설치 이전부터 한반도 남해안의 사회가 중국과 교류하였다는 근거로 제시되고 있는데, 중국에서 사수반량전이 유통된 시간을 고려하면 이러한 가설은 심사숙고의 여지가 다분하다.

2) 五銖錢

오수전은 西漢 武帝 元狩5年(BC118)에 처음 주조하여 平帝代까지 280억여 매가 발행되었다[3]. 王莽이 한 왕조를 폐하고 新을 건국한 서기 9년

---

2) 서한 淮南王 劉安이 편찬한 《淮南子》天文訓: "天圓地方 道在中央", 서진의 魯褒가 저술한 《錢神論》: "錢之爲體 有乾有坤 內則其方 外則其圓"

3) 《漢書》食貨志: "自孝武元狩五年三官初鑄五銖錢 至平帝元始中 成錢二百八十億萬餘云"

에 폐지하였지만, 東漢 光武帝 建武16年(AD40)에 오수전 체제로 복원하였다. 이후 남북조와 수 왕조를 거쳐 唐 高祖 武德4年(621) 開元通寶가 개시될 때까지 739년 동안 사용한 고대 중국의 대표적인 화폐이다.

능도와 성산패총에서 출토된 오수전은 모두 동한 오수전이다. 능도 출토 오수전은 〈그림 1-7·8〉의 동한 光武帝 建武17年~建武中元年(41~57년) 연간에 주조한 範式[거푸집 형식]에 해당하는 오수전이다(杜維善 2009:325-329). 성산패총 출토 오수전은 동한 만기 桓靈年間의 오수전으로 〈그림 1-4·5〉의 桓帝 建和元年~靈帝 中平2年(147~185년) 연간에 주조한 범식에 해당하는 오수전(杜維善 2009:386-396)에 해당한다. 앞서 언급한 사수반량과 마찬가지로 兩漢代에 주행한 오수전 역시 위진대는 물론 남북조시대까지도 유통되었다.

3) 大泉五十

王莽은 '新'을 건국한 이듬해인 始建國二年(10년)에 3차 화폐개혁으로 보화제(寶貨制)를 시행하여 28품의 화폐를 새롭게 발행하였다[4]. 이때 발행된 화폐 가운데 대표적인 것이 '六泉十布'[5]라고 일컫는 16종류이다.

대천오십은 六泉十布의 六泉, 즉 泉貨六品 가운데 법량과 가치가 가장 큰 6품의 동전이다. 小泉直一은 1품으로 오수전과 동급의 가치인데, 대천오십은 소천직일 50매의 가치를 가진다[6]. 그러나 이 크기와 무게의

---

4) 《漢書》食貨志: "莽即真 以為書劉字有金刀 乃罷錯刀 契刀及五銖錢 而更作金銀龜貝錢布之品 名曰寶貨 ..... 莽知民愁 乃但行小錢直一 與大錢五十 二品並行 龜貝布屬且寢"

5) 六泉[泉貨六品]: 小泉直一, 幺泉一十, 幼泉二十, 中泉三十, 壯泉四十, 大泉五十. 十布[布貨十品]: 小布一百, 幺布二百, 幼布三百, 序布四百, 差布五百, 中布六百, 壯布七百, 第布八百, 次布九百, 大布黃千. 각 품(品)은 크기, 무게 및 그 가치에서도 차등을 두었는데, 등가적이지는 않았다.

6) 《漢書》食貨志: 王莽居攝 變漢制 以周錢有子母相權 於是更造大錢 徑寸二分 重十二銖 文曰大錢五十。

차이가 품계 차이와는 등가적이지 않다. 즉, 오수전은 직경 2.3~2.5cm, 무게 3.0~3.5g 전후인데, 동일한 가치를 가지는 소천직일은 직경 1.45~1.5cm, 무게 1.5~1.6g 전후로 거의 배 가까이 차이가 난다. 그리고 오수전과 소천직일 각각의 50매 가치를 가지는 대천오십은 직경 2.6~3.1cm, 무게 9~13g 전후에 불과하다. 심지어 布貨 10품인 大布黃千은 소천직일 1000매의 가치이지만 무게는 8~12g에 불과하다.

왕망이 시행한 화폐제도는 다양한 화폐의 종류 및 등가물로서의 특징을 상실하고, 각 종류의 화폐에 차등을 적용하여 대중이 번잡함을 느껴 실패한 정책이 되었다. 이로 인해 대천오십과 소천직일을 제외하고는 모두 폐지하였다. 이처럼 화폐에 등가를 적용하지 않은 차등 시책은 가치가 가장 낮은 소천직일과 오수전 등을 녹여 대천오십, 대포황천 등의 고가치 동전, 즉 盜鑄錢 등 불량한 위조화폐의 양산을 초래하였다[7]. 이로 인해 민간에서는 기존의 오수전을 더 신뢰하였다. 이러한 일련의 화폐개혁은 위폐의 확산과 통화공급의 초과로 이어져 경제 파탄을 야기하는 등 완전히 실패하였다. 이는 新莽이 15년이라는 짧은 시간 내에 멸망한 한 요인으로 작용하였다.

4) 貨泉

화천은 新莽의 화폐, 즉 왕망전 가운데 가장 대표적인 동전이다. 화천은 天鳳元年(14년)에 제4차 화폐개혁의 일환으로 주조를 시작하여 동한 光武帝 建武十六年(40년)까지 주행되었다. 4차 화폐개혁 때는 金·銀·龜·貝의 화폐를 다시 유통하고, 대천오십과 소천직일을 폐지하는 대신 화천 및 화

---

7) 《漢書》王莽傳: "錯刀 一直五千 契刀 一直五百 大錢 一直五十 與五銖錢並行。民多盜鑄者。...... 欲防民盜鑄 乃禁不得挾銅炭。...... 盜鑄錢者不可禁 乃重其法 一家鑄錢 五家坐之 沒入為奴婢。"

천의 25배 가치를 가진 貨布를 발행하였다[8].

《漢書·食貨志》의 기사에 의하면 직경은 1寸, 무게는 5銖, 명문은 오른쪽에 '貨', 왼쪽에 '泉'을 표기하였다. 《漢書·律曆志》에 근거하면 秦漢代의 도량형은 기장[黍]의 낱알을 최소 기준의 표준으로 하는데, 1銖는 기장 100粒의 무게, 1尺은 기장 100립을 연속한 길이이고, 1寸은 기장 10립을 합한 길이이다[9]. 서한~신망대와 동한대의 1尺은 각각 23cm, 23.4cm로 치환된다(白云翔 2014). 즉, 양한대의 1寸은 23mm 내외, 1銖는 0.673g이므로[10] 화천은 직경 23mm 전후, 무게는 3.4g 전후로 산정된다(吳承洛 1993). 화천 역시 실제 주행 기간은 26년에 불과하지만, 오수전과 함께 위진대는 물론 남북조시대의 유구와 유적에서도 출토되고 있다.

회현리 패총에서 출토된 화천은 일부 결실되었지만, 직경 등 법량과 외형으로 볼 때 白云翔(2020)이 분류한 화천 B형에 해당한다. 화천 B형은 中型 화천으로 당시의 '法定標準錢形'이라고 할 수 있을 정도로 가장 많이 제작 유통된 화천 형식이다.

한반도 서·남해안과 제주도 및 일본열도에서 출토된 오수전과 왕망전 등 양한대의 화폐에 관한 해석은 다양하다. 낙랑과의 경제적 교역의 산물인 물자 교환의 화폐적 기능(이현혜 1998; 武末純一 2008; 권욱택 2019), 정치적 교섭의 산물인 위세품(이청규 2003; 박선미 2009; 김지희 2022:329-330), 청동기의 원료(정인성 2003), 무덤 부장 및 안전 항해를 위한 의례용품(이영

---

8) 《漢書》食貨志: "天鳳元年 復申下金銀龜貝之貨 頗增減其賈直. 而罷大小錢 改作貨布 ...... 重二十五銖 直貨泉二十五. 貨泉徑一寸 重五銖 文右曰貨 左曰泉 枚直一 與貨布二品並行".

9) 《漢書》律曆志: "度者...... 以子穀秬黍中者 一黍之廣 度之九十分 黃鐘之長. 一為一分 十分為寸 十寸為尺 十尺為丈 十丈為引 而五度審矣. ...... 權者 銖,兩,斤,鈞,石也 所以稱物平施 知輕重也. 本起於黃鐘之重. 一龠容千二百黍 重十二銖 兩之為兩. 二十四銖為兩. 十六兩為斤. 三十斤為鈞. 四鈞為石."

10) 1銖를 0.65g으로 산정한 연구도 있다(国家计量总局 외 1981).

훈·이양수 2007; 권욱택 2019; 이양수 2004), 군현의 출입증이나 허가증(김길식 2006; 김지희 2022:315), 군현의 상인이 교역권 확장을 목적으로 배포한 것(이청규 2008), 신망 멸망 후 낙랑군에서 용도 폐기된 왕망전의 처리목적(古澤義久 2015) 등 여러 가설이 있다.

서해안과 남해안의 여러 유적과 제주도 및 일본 열도에서도 오수전과 왕망전이 출토되는 예가 빈번한 현상은 당시 이 동전들이 특정 목적을 가졌음을 강하게 시사한다.

이 중 출입증 역할은 일견 고려해 볼 수도 있지만, 《漢書·王莽傳》에는 "吏民[하급 관리와 서민]은 (都城) 출입 시, 布錢을 소지하고 이것으로써 符傳[증빙서류]을 대신하였다. (포전을) 소지하지 않은 자는 廚[식당, 여관]나 傳[驛傳] 시설을 이용할 수 없었으며, 關津[검문소]에 억류되었다. 공(公), 경(卿)은 모두 궁전에 입출시 (布錢을) 지녔는데, 이를 엄중하게 행하였다[11]." 이처럼 당시 궁전과 도성의 출입 시에는 출입구의 검문소에서 포전이 증빙서류와 출입증 역할을 하였다.

이때의 포전은 '육천십포'의 가운데 가장 가치가 높은 '大布黃千'으로 추정된다. 그렇지만 지금까지 남해안에서 출토된 왕망전의 포전은 단 2점뿐인데, 전남 장흥 평화리 출토 대포황천과 제주 산지항에서 출토된 화포이다. 출입증 역할이라면 딱히 대포황천이 아니더라도 화포를 비롯한 왕망전의 포전이 서해안과 남해안의 교역항으로 예상되는 대부분 유적에서 출토되어야 그 해석이 가능하지만, 실상은 그렇지 않다.

따라서 양한대의 화폐는 의례용, 원료용, 출입증의 역할보다는 물자 교환수단, 즉 실제 화폐의 용도 내지는 군현과 교역할 수 있는 대상에게 한정

---

11) 《漢書》王莽傳: "吏民出入 持布錢以副符傳 不持者 廚傳勿舍 關津苛留。公卿皆持以入宮殿門 欲以重而行之."

하여 주어진 권리증[12]과 같은 용도로 통용되었다고 하는 해석이 좀 더 타당할 듯하다.

2. 漢鏡

회현리패총과 동외동패총에서는 한경의 파편이 출토되었다.

회현리패총 출토 한경은 복원 직경이 8.2cm에 불과한 소형이다. 이 한경은 크기에 비해 폭이 넓은 주연부, 단사선 구획문, 그 내부에 일부 잔존한 선문은 주연과 평행을 이루는 것에서 보고서에서는 虺龍鏡으로 복원하였다. 그러나 이러한 속성들 특히 일부만 잔존한 선문은 〈그림 2-2~6〉에서 보듯이 일광경에서 문자를 구획한 雲文[궐수문] 및 鳥文鏡에서 새 머리의 깃 부분으로 복원될 가능성이 충분하여 딱히 훼룡경으로 한정할 필요는 없다.

동외동패총의 한경은 잔존한 문양의 속성으로 볼 때 서한 말~동한 조기에 유행한 瑞獸鏡 내지는 神獸博局鏡으로 복원할 수 있다. 이 거울도 복원 직경이 10cm에 불과한 소형경이다. 그렇지만 이 거울은 앞서 언급한 훼룡경, 일광경 등의 한경보다는 다소 고급품으로 분류한다.

武帝 末~昭·宣帝代에 일광경, 소명경 등의 이체자명대경을 비롯하여 조문경, 훼룡경 등 간략화된 명문과 문양을 가진 투박하게 만든 여러 종류의 소형 거울들이 나타나 서한 만기~동한 조기에 크게 유행하였다. 이는 전국시대~서한 중기까지 중·대형 거울 위주로 유행하였던 것과 비교하면 대조적 현상이다. 이는 서한 만기에 청동거울이 일반·보편화 되었음을 의미하는데, 거울이 더는 상위계층의 소유물에 한정하지 않고 일반 서민들도

---

12) 이 경우 정치적 위세품으로도 볼 수 있다.

사용한 일상용 기물이 되었다는 것이다.

가야 고지의 낙동강하구 유역 및 신라 고지인 경주-영천 일대 목관묘에서 출토된 한경이 대부분 서한 만기~동한 조기에 유행한 소형 거울인 점은 시사하는 바가 크다. 낙동강 유역에서 출토된 한경은 위세품의 대명사로 인식될 정도로 그 위상이 높다고 해석하고 있다(이양수 2010; 김동균 2023; 김새봄 2024). 그런데 위계와 세력을 표상할 목적이라면, 대형 거울이 아니더라도 적어도 중형 거울 정도는 수입하여 사용하고, 사후에 무덤에 부장하였다는 것이 한층 더 합당한 해석일 것이지만[13], 실상은 전혀 그렇지 않다.

이것으로 볼 때 가야 고지에서 수입한 한경은 위세품의 목적보다는 화장 도구로서 기능하였을 개연성이 더 크다. 물론 양지리 1호묘 출토품인 군망망경과 같은 중형경 및 소형이라도 2면 이상 여러 점의 한경을 부장한 경우는 위세품의 용도로도 이용되었을 가능성이 있다. 이 경우는 가야 고지의 낙동강하구 유역보다는 영남 내륙의 신라 고지에서 일부 확인된다. 이러한 현상은 양 지역[정치권]에서 한경을 대하는 목적 및 그 용도에서 차이가 있음을 시사하는 것으로 해석할 수 있다.

3. 度量衡器

사천 늑도에서 출토된 〈그림 3-1〉의 鐘 모양의 추형 석기 가운데 일부는 상부에 횡으로 구멍이 뚫려 있는 점에서 도량형기 가운데 衡器, 즉 저울추일 가능성이 제시되고 있다. 물론 당시의 정확한 무게 단위로 환산할 수 있는 기준자료는 없지만, 다호리 1호묘에서는 전국~한대 중국에서 사용

---

13) 일본에서는 야요이시대 유적에서 출토된 한경의 크기와 수량에 따라서 그 집단의 위계를 나누는데, 출토 한경 가운데는 중대형 거울의 예도 많다.

한 형기인 겁마(砝碼)가 출토되어 동시기 한반도 남부에서도 도량형기가 존재했을 개연성이 충분하다(이건무 1992; 김일규 2022a).

당시의 도량형에 관해서는 중국 秦漢代의 저울추[權]와 비교하고, 아울러 다호리 1호묘의 겁마와 비교 검토한다.

중국의 진한대 형기는 반구형, 반타원형, 多角 제형의 상부에 반환형 고리가 부착된 추[權] 및 고리형[環形] 추가 있는데, 銅權, 鐵權, 石權이 있다. 진시황릉원에서 출토된 〈그림 3-2〉의 동권과 하북성 滿城漢墓에서 출토된 〈그림 3-3〉의 철권은 전자가 높이 7.3cm, 저경 5.4cm, 무게 325g, 후자는 높이 19cm, 저경 17.5cm, 무게 22.49kg의 법량을 가진다. 이 금속제 추는 반타원상의 상부에 반고리가 부착된 형태로 외형이 늑도에서 출토된 추형 석기와 유사하다. 漢代 석제 추[石權]의 예는 〈그림 3-4〉의 徐州市 獅子山漢楚王墓 출토품이 있는데, 높이 28cm, 저경 40cm, 무게 34.5kg의 법량이다(獅子山漢楚王陵考古發掘隊 1998).

늑도에서 출토된 추형 석기는 상부에 고리 용도의 횡으로 구멍을 뚫은 것도 있는데, 종 모양의 외형과 상부에 구멍을 뚫은 속성 등으로 보아 중국 진한대의 고리가 부착된 반타원형 내지는 제형의 추[權]를 모방하여 돌을 깎고 다듬어서 만든 저울추로 추정할 수 있다.

다호리 1호묘에서 출토된 형기인 4점의 청동제 고리형 겁마[法碼]는 무게가 각각 5.3g, 10.2g, 11.6g, 22.8g으로 그 무게는 거의 배로 증가한다. 무게가 1:2로 배가하는 저울추[權]는 전국~한대 중국의 형기에서 보이는 전형적인 특징이다(김일규 2022a). 특히 고리형 저울추인 겁마는 장강유역과 회수유역 및 산동성 일대의 전국~한대 유적에서 출토 예가 많다.

늑도 출토 추형 석기는 다호리 1호묘의 겁마와 함께 가야 사회가 표준화된 계량적 수치, 즉 도량형을 사용하였음을 방증한다. 즉, 가야 사회가 경제 발전과 생산 증대에 따른 잉여물의 확보 및 이에 따른 산물 거래와 조세, 그리고 대내외 교역과 물품 교환에서 규정화된 도량형을 사용하였다는 증거인 동시에 이것들을 통제하고 관리 감독한 정치체의 존재도 시사한다 (김일규 2022a).

4. 허리띠 걸쇠고리[帶拘]

고성 동외동패총에서 출토된 〈그림 4-1〉의 청동제 고리[環]는 허리띠 [腰帶]의 걸쇠[帶鉤]를 거는 걸쇠고리[帶拘][14]일 개연성이 크다[15]. 다호리 1호묘에서 〈그림 4-2〉의 청동제 곡봉형(曲棒形) 걸쇠[帶鉤]와 환형(環形) 걸쇠고리가 요갱의 竹函에서 공반하였는데, 이 걸쇠고리가 동외동패총에서 출토된 청동제 고리와 거의 똑같다. 대구 팔달동 101호묘와 영천 어은동 유적에서도 거의 같은 법량과 문양을 가진 청동제 고리가 출토되었는데, 특히 어은동 유적 출토품은 측면 구멍에 가죽 흔적이 잔존한다. 어은동 유적 수습유물 가운데는 이외에도 마형대구와 호형대구가 출토되었는데, 모두 환형 걸쇠고리와 세트를 이루도 있다.

고대 중국에서 허리띠는 걸쇠[帶鉤]만으로 구성되는 예가 많은데, 전국시대가 되면 곡봉형 걸쇠와 환형 걸쇠고리가 세트로 출토되는 예가 증가하였다. 〈그림 4-5〉의 戰國 中山王厝墓 출토 銀首銅人俑(燈)의 허리띠에는

---

14) 중국에서는 '母拘'라고도 한다.

15) 이영훈(1992)은 다호리 1호묘 출토 동환이 어은동 출토 걸쇠고리처럼 돌출 혹이 없는 것에서 걸쇠고리로 해석하는 것에 동의하지 않았다. 동외동패총 보고서의 고찰에서도 걸쇠 안쪽과 마찬가지로 가죽띠 구멍에 끼워 고정하는 돌출된 혹이 없으므로 걸쇠고리로 부적합하여 허리띠 걸쇠고리가 아니며, 복원환, 헤어 악세사리, 팔찌, 허리띠 중간 부속구, 망토 브로치 등의 용도를 제시하였다(엄경은 2025). 그렇지만, 중국의 전국~한대의 금속제와 옥제로 된 걸쇠와 세트를 이루는 환형 걸쇠고리는 〈그림 4-3·4·6·8〉처럼 대부분이 가죽띠에 끼워서 고정하기 위한 돌출 혹이 없다. 환형 걸쇠고리와 가죽띠를 연결하는 별도의 연결 금구가 있는 경우에는 연결 금구에 띠 연결을 위한 돌출 혹이 붙어있는 것이 간혹 있다.

곡봉형 걸쇠와 환형 걸쇠고리가 뚜렷하다. 이러한 현상은 동한대까지도 지속된다. 허리띠는 처음에는 속요, 즉 허리를 묶어 매는 용도였지만, 차츰 신분을 상징하는 위신재의 일환으로 변용되어 재질과 형태가 다양한데[16], 옥제, 금제, 은제, 금동제 및 금과 은, 마노, 터키석 등을 상감한 것도 있다.

허리띠의 소재에 따라서도 걸쇠만으로 구성된 것 및 곡봉형 걸쇠와 환형 걸쇠고리가 세트를 이루는 것이 있다. 즉, 가죽띠[革帶]일 경우에는 곡봉형 걸쇠를 반대편 가죽띠의 구멍에 거는 방법만으로도 충분하다. 반면 명주실 등을 꼬아서 만든 끈 허리띠의 경우에는 〈그림 4-9〉와 같이 곡봉형 걸쇠와 환형 걸쇠고리의 조합이 한결 실용적이었을 것이다. 끈 허리띠와 유사한 〈그림 4-6〉의 청동 사슬 허리띠 역시 곡봉형 걸쇠와 환형 걸쇠고리가 조합한 구조이다. 동한대의 《說文解字》에 "남자는 가죽[革] 허리띠를, 부인은 명주 끈 허리띠를 사용한다"는 문구가 있다[17]. 〈그림 4-9〉의 복원도 및 〈그림 4-8〉처럼 한대 무덤에서 옥으로 만든 곡봉형 걸쇠와 환형 걸쇠고리가 세트로 출토되는 예가 확인되는 것은 이를 증명한다.

한편으로 의복 착용 시 허리를 묶어 매는 허리띠 용도 이외에, 신분과 위계를 상징하는 패검(佩劍), 패도(佩刀), 패옥(佩玉), 패경(佩鏡), 패인(佩印), 패향낭(佩香囊)을 비롯하여 기타 장식품 등을 매다는, 즉 佩用 목적을 가진 별도의 허리띠에 걸쇠와 걸쇠고리를 세트로 장착한 것일 수도 있다. 〈그림 4-7〉의 진시황릉 출토 동마차의 마부와 한대의 도용에는 의복용 허리띠 이외에 별도의 패검용 허리띠가 확인되기도 한다.

동외동패총에서 출토된 청동제 걸쇠고리 및 다호리 1호묘 출토 허리띠 걸쇠와 걸쇠고리는 당시 가야 고지에서 중국의 복식체제를 일부 받아들였거나, 중국인이 거주했을 가능성을 방증하는 동시에 의복[服飾]에서도 신

---

16) 《淮南子》: "滿堂之座 視鉤各異 於環帶一也".
17) 《說文解字》革部: "男子帶革 婦人帶絲".

분에 따라 차별이 존재하는 위계화된 사회였음을 시사한다.

5. 장식구

1) 象嵌 유리구슬

늘도유적에서는 'Eye beads', 즉 상감 유리구슬이 출토되었다. 상감 유리는 기원전 16~14세기경에 이집트에서 발명되어 지중해 연안 지역으로 파급되었는데, 기원전 9~8세기에는 중앙아시아까지 전파되었다. 기원전 5~3세기에는 페르시아가 상감 유리 생산의 중심지가 되었다.

중국에는 춘추 말~전국 초에 상감 유리구슬이 유입되었는데[18], 이것이 중국에서 유리의 시초이다(中國社會科學院考古研究所 2010:909~915). 중국 河南省 淅川徐家岭의 戰國 早期墓에서 출토된 상감 유리구슬의 분석 결과 소다석회유리인 것에서 전국 조기에는 로마산 내지는 서아시아에서 수입한 것을 사용하였다(干福熹 외 2009). 泗川省 成都에서 전국시대 중기에 조영된 戰國墓에서 납-바륨계 상감 유리구슬의 부장이 확인되는 등 중국에서는 전국시대 중기부터 토착화된 유리 생산이 시작되었다(岳依桐 2018).

춘추 말~전국시대에는 신분을 상징하는 위세품으로 주로 제후왕릉과 귀족 무덤에 상감 유리구슬을 부장하였는데, 서아시아 내지는 로마산이 대부분이다. 한대에는 중국 재지 생산품과 더불어 로마산과 서아시아산이 모두 확인되고 있다.

중국에서 위세품으로서의 상감 유리구슬은 전국시대에 가장 성행하였고 무덤에도 많이 부장되었다. 서한대에도 상감 유리구슬의 부장 예는 여전히 확인되지만, 위세품보다는 辟邪의 호신용으로 몸에 지니던 것을, 사후 무

---

18) 중국에서는 상감 유리구슬의 형태가 잠자리 눈과 유사하다고 '청정안식 유리구슬[蜻蜓眼玻璃珠]'이라고 한다.

덤에 부장하였다. 동한대에는 상감 유리구슬의 사용이 극감하였다.

한대에는 유가적 孝 사상에 기반한 "事死如生"의 사후관념이 성행하였다. 이는 玉이 사체의 부패를 막는다[19]고 맹신하여 대표적 장송 의례용품으로 자리매김하였을 뿐만 아니라 일상에서도 옥기가 유행하였다(中國社會科學院考古研究所 2010:731-737). 이처럼 한대에 玉器 문화가 크게 부흥하였고, 아울러 금장식품도 함께 유행하였는데, 유리기는 그 상징성이 약화되었다. 이 결과 동한대에는 상감 유리구슬을 포함한 유리기의 사용[부장]이 더욱 감소하여 서한대에 비하면 그 수량과 부장 예는 비교할 수 없을 정도이다. 낙양의 동한 무덤에서 출토된 상감 유리병은 소위 '로만 글라스'로 육로가 아닌 해상 실크로드를 통해 유입된 것이다(邝桂荣 2020). 魏晉代 유적에서는 상감 유리구슬의 출토 예가 거의 확인되지 않고 있다.

이러한 현상은 전국시대에는 상감 유리구슬을 위세품으로 취급하였지만, 서한을 거치면서 차츰 그 상징성이 약화되었고, 동한대에는 위세품의 주 장식체계에서 퇴출되었음을 시사한다.

늑도에서 출토된 상감 유리구슬은 대롱 구슬의 형태이다. 이는 중국 남해안의 廣東-廣西[兩廣]지역의 동한대 무덤에서 출토된 〈그림 5-2〉의 상감 유리구슬과 외형적으로 유사하다. 중국에서 상감 유리구슬은 서한 중기까지 장강 중류의 楚地를 중심으로 생산되어 유행하였고, 서아시아 내지는 로마산인 소다석회유리도 육상교역로를 통해 여전히 유입되었다.

서한 만기가 되면 중국 남해안의 광서성 합포지역이 상감 유리를 비롯한 유리 생산과 유통의 중심지로 부상하였다. 양광지역도 동한대 유적에서의 상감 유리가 출토되는 예는 희소하지만, 그래도 여전히 중국 재지산인 납-바륨유리와 함께 로마산인 소다석회유리가 모두 확인되고 있다. 중국 남

---

19) 《漢書》 楊王孫傳: "口含玉石 欲化不得 郁為枯蠟 千載之后 棺槨朽腐 乃得歸土 就其真宅".

해안 양광지역의 동한대 유적에서 출토되는 소다석회유리의 수입로는 서한대와 달리 해상 실크로드의 루트, 즉 로마—서아시아—인도 남부—동남아시아를 거쳐 중국 남부에 유입되었을 개연성이 높다. 동한대에 중앙아시아의 파르티아와 쿠샨이 중국과 로마의 직접 교류를 막았고, 동시에 중국 국내의 정치적 혼란으로 야기된 사회변동으로 인해 동서 교역로의 중심지인 중앙아시아에서 중국의 위상이 약화된 것과 연관된 결과로도 해석할 수 있다. 이는 동한대부터 해상 실크로드가 부상하는 계기로 작용하였다.

로마는 이미 1세기대에 扶南國[20]과 漢의 交趾郡[21]에 이르는 해상루트를 이용하고 있었다. 베트남 남부 옥에오(Óc Eo)유적에서 로마 황제 안토니우스 피우스 15년(152년)명 금화가 출토된 것(Milton Osborne 2001:25)[22] 및 桓帝 延熹9年(166) 로마가 日南郡[23]을 통해 사절단을 파견하여 象牙, 犀角, 玳瑁를 헌상하였다는 기록[24] 등은 해상 실크로드를 통한 로마—동한의 교역을 방증한다.

태국 북동부 Non Ban Jak 유적의 철기 시대 중후반(AD 200~850) 무덤에서 출토된 유리구슬은 분석결과 미네랄 소다유리가 대부분이다. 그런데 이 중에는 오렌지색의 소다 고알루미나 유리 및 칼륨[포타쉬]유리, 그리고 다크블루의 소다석회 유리가 섞여 있었다. 고알루미나 유리는 인도 남부 내지는 스리랑카에서, 칼륨유리는 남중국해 교역 네트워크를 통해서 광서성 合浦에서, 그리고 다크블루의 소다석회 유리구슬은 지중해 또는 서아시아에서 수입된 것이다(邝桂荣 2020).

---

20) 지금의 태국남부—라오스남부—베트남남부에 해당하는 지역.

21) 지금의 베트남 북부의 紅河유역[하노이 일대].

22) Wikipedia에서 재인용.

23) 東漢 日南郡은 현재 베트남 중부의 東河市(Thành phố Đông Hà) 일대.

24)《後漢書》西域傳:"至漢桓帝延熹九年, 大秦王安敦遣使自日南徼外獻象牙,犀角,玳瑁, 始乃一通焉。"

인도차이나반도의 중앙부에서 나타나는 이러한 고고학적 현상은 이 지역이 로마-서아시아-인도 남부는 물론 남중국해를 잇는 해상교역로와 강한 연대성을 가지고 있음을 시사한다(Charles F. W. Higham·T. O. Pryce 2024).

이러한 현상으로 보아 늑도에서 출토된 상감 유리구슬 또한 그 원류를 남중국 해안의 합포지역에서 제작한 구슬, 또는 페르시아만을 출발하여 인도 남부와 동남아시아, 남중국해를 경유한 로마산 내지는 서아시아산 상감 유리구슬일 가능성을 강하게 내포하고 있다.

2) 개오지[子安貝]

개오지는 주로 인도양과 태평양의 열대 및 아열대의 바다에서 서식한다. 회현리패총과 늑도에서 출토된 개오지 조가비는 고대 중국을 비롯하여 아프리카 및 인도양과 남태평양의 도서 지역에서는 근래까지도 화폐로 사용하였다.

중국에서는 商王朝부터 개오지를 화폐의 용도로 사용하여 전국 조기까지 지속하였다는 것이 일반적인 인식이다. 그러나 二里頭유적의 宮殿區 院內 3號墓에서 다수의 천연 개오지가 출토되었으며, 1975년 발굴된 夏王朝 晚期의 무덤에서는 천연 개오지와 이를 모방한 12점의 骨貝와 石貝를 부장한 것이 확인되었다. 아울러 《史記》와 《鹽鐵論》에 夏代에 貝幣를 사용하였다는 문헌 기록이 있다[25]. 따라서 하왕조대에 이미 개오지를 화폐로 사용하였다고 봐도 무방할 듯하다.

夏商周時代에는 중원을 비롯한 화북지역에서 개오지를 화폐 및 장식용

---

25) 《史記》平準書: "虞夏之幣 金爲三品 或黃 或白 或赤 或錢 或布 或刀 或龜貝". 《鹽鐵論》錯幣: "故教與俗改弊(幣의 誤字)與世易. 夏後以玄貝周人以紫石後世或金錢刀布網".

으로 많이 사용하였는데, 이에 반해 호북성과 강소성을 제외한 장강 이남 지역에서는 개오지가 확인되지 않는다. 이러한 현상으로 인해 중국에서는 하상주시대의 천연 개오지는 인도양의 몰디브산이며, '몰디브-인더스강 유역-중앙아시아-신장지역-황하 상류-황하 중류의 중원'에 이르는 초원 루트, 즉 육상교역로를 통해 중원에 유입된 것으로 본다(中國社會科學院考古研究所 2010:906-908; Bin Yang 2018:232; 刘淑芬 2021). 즉, 先秦時代의 개오지는 인도양산이며 인더스강 하구부터 육로를 통해 유입된 것이다. 다소 후행하는 자료이지만, 이집트 카이로의 게니자(Geniza)에서 발견된 문서의 기록은 이것을 어느 정도 방증한다. 게니자 문서에는 11세기 무렵 인도의 대외교역에 관해 상세히 기록하였는데, 당시 인도의 대표적 수출품 중에는 진주와 개오지가 포함되어있다[26].

진한대에는 개오지를 화폐로 사용하지 않았다. 대신 의복 장식이나 〈그림 6-13~17〉처럼 허리띠 장식으로 이용하였는데, 천연 개오지가 아니라 〈그림 6-14·15·18〉과 같이 마노, 옥, 민물 조가비[말조개]를 재료로 하여 모방한 방제 개오지가 더 많이 확인되고 있다. 하상주대와 달리 한대에는 장강 이남으로 개오지 장식이 확산하여, 동한대에는 화남에서도 개오지의 사용이 더 유행하고 일반화되었다. 이에 반해 화북지역에서는 개오지의 사용이 점차 감소하여 魏晉代에는 아주 희소해졌다(刘淑芬 2021).

한편, 화남지역 특히 雲南-貴州 일대에서는 동한 이후에도 여전히 개오지가 유행히였는데, 이 지역에서는 지금끼지도 전통의상과 미리띠 등의 복식에 개오지를 장식한 예를 쉽게 찾아볼 수 있다. 동한대부터 운남-귀주 일대의 개오지는 동남아지역을 통해 들여왔는데, '몰디브-방글라데시-미얀마 해안-시암-치앙마이-운남'의 루트를 통해 수입하였다(Bin Yang

---

26) Wikipedia에서 인용.

2022)[27].

한편, 인도 남부와 서아시아 및 지중해 동부지역에서는 신석기시대부터 무덤에 개오지를 부장하였는데, 몰디브의 카시두섬에서는 200~1500년대 불교유적지의 무덤에서 개오지가 출토되었다(Egil Mikkelsen 2001). 이처럼 인도를 비롯한 인도양 연안의 제 지역에서는 개오지가 장신구 이외에 별도의 부장품으로 이용되고 있었다. 이와 비교해서 늑도 유적의 92-1호 옹관묘와 95호 옹관묘에서 개오지가 출토되었으며, 출토상태로 보아 피장자 가슴에 개오지를 얹은 것으로 파악된다. 이러한 현상에 근거하여 두 무덤의 주인이 늑도에 거주했던 외래인일 가능성을 타진한 연구도 있다(고일홍 2019:108).

회현리패총의 개오지는 1920년 발굴 시 도로 기준 경사면 위쪽의 가장 아래층인 Ⅶa에서 출토되었다. Ⅶa와 수평상으로 접한 Ⅶb에서는 연질토기가 출토되었다. Ⅶb는 Ⅶa보다 경사면의 안쪽에 해당하므로 같은 레벨이라고 하더라도 Ⅶa보다 먼저 조성된 층일 가능성이 크다. Ⅶb에서 연질토기가 출토된 점을 감안하면 Ⅶa와 Ⅶb는 경남고고학연구소 기준 토층인 1b단계를 상한으로 하는 2a단계에 둘 수 있다. 1b단계는 고식와질토기의 늦은 단계, 2a단계는 신식와질토기 단계로 편년한다. 따라서 개오지의 폐기 시점은 3세기대로 편년할 수 있다.

회현리패총 출토 개오지가 수입된 시점은 폐기된 시점이 3세기대로 편년되는 것에서 2세기 후반을 더는 상회하지 못할 것이다. 중국에서 개오지의 사용은 동한 만기를 기점으로 화북지역에서 감소하는 반면 화남지역에서는 계속 유행한 점을 고려하면, 개오지는 중원-낙랑을 거친 조공무역의 결과물이 아닌 다른 루트를 통해 유입되었을 개연성이 크다. 즉, 앞서 언급

---

27) https://doi.org/10.1093/acrefore에서 재인용.

한 몰디브에서 미얀마 해안까지는 해로로 그다음은 육로를 거쳐 운남까지 이르는 루트(Bin Yang 2022)와 달리 '몰디브–인도 남부–미얀마 해안–말라카 해협–남중국해–황해'를 거쳐 남해안까지 해상로만 통해 유입되었을 개연성도 충분히 고려해 볼만하다.

6. 唾壺

김해 봉황동유적에서는 여러 목태칠기[木胎漆器]와 목기류가 출토되었다. 이 가운데 〈그림 8-1〉은 가구역 10피트 2중 구상유구에서 출토된 목기 유물이다(국립가야문화연구소 2025). 공반된 칠기와 목제 용기류와 비교하면 기면 조정의 처리 정도와 기벽 두께, 대각처리 등으로 보아 제작 과정에서 반파되어 폐기된 미완성 목기로 추정된다. 보고자는 항아리모양 목제품으로 명명하고 후기 와질토기의 대표 기종인 대부장경호[亞자형토기]를 모방한 목기로 분류하였다. 목기의 법량은 기고 17.2cm, 구경 12.4cm, 동체경: 15.3cm, 저경11.6cm이다. 대각에 1.5cm 정도의 제작 과정상의 돌출부가 잔존하는데[28], 이를 제외하면 15.5cm 내외의 실제 기고가 예상된다.

이 반파된 미완성 목기는 亞자형 토기보다는 그 크기와 형태에서 〈그림 8-2~4〉의 중국 동오–서진대 靑瓷 唾壺를 모방하여 칠기로 제작하던 과정의 파손품일 개연성이 더 크다. 타호는 연회에서 타액이나 뼈, 과일의 씨와 껍질, 입맛에 맞지 않는 음식물을 뱉어내는 용기이다. 타호는 전국시대 말부터 사용되었는데, 청자가 발명되기 이전의 한대에는 금·은기, 청동기 및 칠기로도 많이 제작되었으며, 당·송대까지도 지속된 상위 귀족계층에

---

28) 보고자는 이를 '다리받침'이라고 하여 그릇의 개별 속성으로 보았다.

서 사용하던 대표적인 용기이다. 특히 육조 귀족문화를 상징하는 자기로 청자와 흑유자로 많이 생산되어 유행하였는데, 육조 무덤의 대표적 부장품의 한 기종이다.

중국에서 칠기는 청자발명 이전까지 최상위 귀족계층에서 일상의 음식기로 사용하였다. 따라서 가야 왕성으로 추정하는 봉황동유적에서 출토된 이 목기는 가야의 최상위 계층에서 사용할 옻칠기 타호를 제작하던 과정에서 파손된 실패품으로 볼 수 있다.

가야 왕성으로 추정하는 봉황동유적에서 중국 육조의 귀족문화를 상징하는 동오-서진의 청자 타호를 모방한 목제 옻칠기 타호의 미완성품이 출토된 것은, 당시 가야 상위 계층의 일상에서 육조 문화가 거의 동시적으로 직접 반영되었다는 것을 시사한다.

III. 외래유물의 교역로 검토

앞서 살펴본 바와 같이 외래유물은 그 출자와 수입된 루트를 두 계통으로 구분할 수 있다.

먼저 중원계 유물로 중원에서 제작, 수입된 물품 및 중원의 기술과 문화를 받아들여 현지에서 생산한 것이다. 화폐와 한경은 전자에 해당하고, 허리띠 걸쇠고리와 석제 저울추, 옻칠기 타호는 후자에 해당한다. 이 중원산 유물은 먼저 '중원-요서-요동-낙랑'의 육로를 거친 후 '낙랑-서해안-남해안'의 연안 해로를 이용하거나, 또는 '중원-교동반도 북안-묘도열도-요동반도 남부-낙랑-서해안-남해안'의 해로를 이용한 조공무역(윤용구 1999)에 기반한 중국과의 교역을 통해 수입하였을 것이다.

다음은 로마 내지는 서아시아산일 가능성 있는 상감 유리구슬 및 인도 남부[몰디브]산인 개오지이다. 이 유물은 '홍해 또는 페르시아만-인도 남부-미얀마 해안-말라카 해협-남중국해-황해-남해안'에 이르는 해상교역로를 통해 유입되었을 것이다. 이 경우 남중국 해안에서 남해안에 이르는 루트는 기존과 같이 교동반도-묘도열도-요동반도를 거치는 연안항로 코스 및 장강하구 내지는 교동반도 남안[連雲港]에서 황해를 가로질러 남해안에 이르는 코스 모두를 상정할 수 있다.

《漢書》에는 漢 武帝 元鼎6年(BC111) 南越을 멸한 후 徐聞과 合浦를 인도, 동남아국가와의 해상무역 창구로 삼았다는 기록이 있다[29]. 아울러 合浦는 당시 칼륨[포타쉬]유리의 주요 산지 중 한 곳이며(黃啓善 1988; 崔劍鋒 외 2016; 김일규 2022b), 서한 만기 이래 남중국해 교역로는 아주 왕성하게 이용되었다(中國社會科學院考古研究所 2010:908-909).

한편, 앞서 언급한 바와 같이 동한 이래 중원과 화북지역에서 상감 유리구슬과 개오지의 사용이 점차 희소해진 점을 감안하면, 이 두 유물은 중원에서 낙랑을 거치는 조공무역이 아닌 남중국해 교역로를 통해 직접 수입되었다고 볼 수 있다. 따라서 가야 고지는 동한대부터는 낙랑을 경유하는 조공무역 이외에도 남중국해 교역 네트워크를 통해 인도 남부는 물론 서아시아와 로마 등지에서 생산된 문물을 낙랑을 거치지 않고 직접 수입하였을 개연성도 충분히 고려해 볼만하다.

앞서 언급하였듯이 서한 만기 이래 소위 '인도-태평양 유리'인 칼륨[포타쉬] 유리의 주요 생산지는 남중국 해안의 合浦 일대이다. 가야 고지의 와질토기 단계의 무덤에서 출토된 유리구슬은 대부분이 칼륨[포타쉬] 유리이

---

29)《漢書》地理志 下 "自日南障塞 **徐聞** 合浦船行可五月 有都元國 又船行可四月 有邑盧沒國 又船行可二十餘日 有諶離國 步行可十餘日 有夫甘都盧國。自夫甘都盧國船行可二月餘 有黃支國 民俗略與珠厓相類。其州廣大 戶口多 多異物 **自武帝以來皆獻見**。有譯長 屬黃門 與應募者俱**入海市明珠 璧流璃 奇石異物 齎黃金雜繒而往**."

며(김은아 외 2021; 이유진 외 2025), 3세기 이후의 목곽묘에서는 소다라임계 [소다석회] 유리와 소다 알루미나 유리도 일부 출토되었다(이유진 외 2025).

중국 남해안 廣州의 서한 만기~동한대의 무덤에서 출토된 유리구슬 가운데 소다라임계 유리는 서아시아 내지는 지중해에서, 소다 알루미나 유리는 남아시아에서 수입하였다는 연구결과(鄧桂榮 2020)는 가야와 남중국해 교역 네트워크와의 연관성을 방증한다.

IV. 맺음말

한사군이 설치되면서 한반도 남부의 삼한 사회는 漢 帝國의 중원문화와 상호작용의 직접적인 권역에 들어서게 되었다. 이후 東夷 사회는 정치, 경제, 문화적으로 한 제국의 영향권에 있었다는 역사적 사실은 부언의 여지가 없다. 따라서 삼한 사회가 낙랑을 경유한 중원과의 조공무역으로 중원문물을 수입하였다는 것은 거의 정설로 작용하고 있다. 이러한 인식으로 인해 남해안 일대의 유적에서 출토되는 중원문물을 포함하여 소위 '西域産'이라고도 하는 외래문물은 모두 낙랑을 통해 유입되었다는 해석으로 귀결되고 있다.

당시 동아시아 정세의 관점에서 본다면 대중 조공무역의 결과라는 이러한 해석은 충분히 설득력이 있다. 그렇지만 이상에서 검토한 외래유물의 고고학적 실상은 한반도 남부의 가야 사회가 당시 중원과의 교류에 의한, 즉 漢文化에만 편중하여 사회문화를 영위하였다고 하지 않는다.

가야 고지에서 출토된 외래유물이라는 고고학적 자료를 검토하는 데에는 낙랑, 중원에 국한하지 않고, 더 넓고 먼 공간으로 시야를 넓혀야 한다.

가야는 낙랑을 경유한 중원과의 조공무역으로 중원문물을 받아들였고, 한편으로는 남중국해 교역 네트워크를 통해 서아시아와 남아시아의 문물도 수입하는 등 여러 교역 루트를 통해 다양한 문물을 받아들여 다원적 문화를 추구한 사회였다고 고고학 유물은 말하고 있다.

참고문헌

〈국문〉

고일홍, 2019, 「문명 교류의 허브 '교역항'에서의 수공업 생산 −사천 늑도유적의 수공업 공방지 재조명」, 『아시아리뷰』 8.

국립가야문화연구소, 2025, 『김해 봉황동유적 새로운 발견, 옻칠 그리고 목기』, 2025 김해 봉황동유적 출토유물 공개 자료집.

권오영·최영은, 2020, 「고대 동남아시아 내륙부의 묘제와 장제」, 『아시아리뷰』 19.

권욱택, 2019, 「한반도 남부·일본열도 출토 漢代 화폐와 용도 −오수전·왕망전을 중심으로」, 『嶺南考古學』 84.

김길식, 2006, 「진·변한지역 낙랑 유물의 유입양상과 그 배경」, 『樂浪文化 研 究』, 北方研究叢書20輯, 東北亞歷史財團.

김동균, 「韓半島 三國時代의 銅鏡 移入과 背景」, 경북대학교 대학원 석사논문.

김새봄, 2024, 「한반도 남부지역 철기문화 유입과 거울 소유자」, 『빛, 고대 거울의 속삭임』, 2024 국립나주박물관 특별전.

김은아·이제현·김규호, 2021, 「금관가야 유리구슬의 특성 분석(I)」, 『보존과학회지』 3.

김일규, 2022a, 「다호리 1호묘 출토 漢 文物을 통해 본 다호리 사회의 성격」, 『창원 다호리 −창원 다호리 고분군 재조명을 위한 학술대회』, 창원특례시·경남연구원.

김일규, 2022b, 「세형동검문화기 낙동강하구 유역 무덤 연구」, 『전환기의 분묘와 매장− 청동기시대 말기~초기철기시대』, 한국학중앙연구원 출판부.

김지희, 2022, 「왕망전(王莽錢) 분포 현황으로 본 한반도 남부와 동아시아」, 『아시아리뷰』 24.

武末純一, 2008, 「茶戶里遺蹟과 日本」, 『茶戶里遺蹟 發掘成果와 課題』, 昌原 茶戶里遺蹟 發掘20周年 國際學術심포지엄 발표자료, 국립중앙박물관.

박선미, 2009, 『고조선과 동북아의 고대화폐』, 학연문화사.

엄경은, 2025, 「固城 東外洞 出土 청동환에 대하여」, 『固城 東外洞遺蹟』, 고성 동외동패총 정비사업부지 내 시·발굴보고서.

이건무, 1992, 「다호리유적 출토 붓(筆)에 대하여」, 『考古學誌』 4.

이양수, 2010, 「한반도 삼한·삼국시대 동경의 고고학적 연구」, 부산대학교 대학원 박사학위 청구논문.

이양수, 2004, 「전라남도에서 발견된 청동거울은 어떤 이야기를 담고 있나」, 『빛, 고대 거울의 속삭임』, 2024 국립나주박물관 특별전.

이영훈, 1992, 「昌原 茶戶里遺蹟 出土 異形靑銅器에 대하여」, 『1992年 東垣學術研究發表會』.

이영훈·이양수, 2007, 「한반도 남부 출토 오수전에 대하여」, 『永川 龍田里遺 蹟』, 國立慶州博物館.

윤용구, 1999, 「삼한의 조공무역에 대한 일고찰」, 『역사학보』 162.

이유진·김은아·김규호, 2025, 「금관가야 유리구슬의 특성 분석(Ⅱ) −김해 대성동 3, 4차 출토 유리구슬을 중심으로」, 『보존과학회지』 1.

이청규, 2008, 「茶戶里遺蹟의 靑銅器와 辰弁韓」, 『茶戶里遺蹟 發掘成果와 課題』, 昌原 茶戶里遺蹟 發掘20周年 國際學術심포지엄 발표자료, 국립중앙박물관.

이현혜, 1998, 『韓國 古代의 생산과 교역』, 一潮閣.

鄭仁盛, 2003, 「弁韓·伽倻의 對外交涉 −樂浪郡과의 교섭관계를 중심으로」, 『가야고고학의 새로운 조명』, 부산대학교 한국민족문화연구소.

〈중문〉

干福熹·承焕生·胡永庆·马波·顾冬红, 2009, 「河南淅川徐家岭出土中国最早的蜻蜓眼玻璃珠的研究」, 『中国科学-技术科学』.

邝桂荣, 2020, 『广州出土汉代珠饰研究』 北京科学出版社.

国家计量总局·中国历史博物馆·故宫博物院主编, 1981, 『中国古代度量衡图集』 文物出版社.

杜維善, 2009, 『五銖圖考(上)』 上海書畵出版社.

白云翔, 2014, 「汉代尺度的考古发现及相关问题研究」 『东南文化』 2.

白云翔, 2020, 「新莽货泉的考古学论述」 『华夏考古』 1.

獅子山漢楚王陵考古發掘隊, 1998, 「徐州獅子山西漢楚王陵發掘間報」 『文物』 8.

岳依桐, 2018, 「成都出土战国时期玻璃珠为中国先民自制」 『大众考古』.

吴承洛, 1993, 『中国度量衡史』 商务印书馆.

王莉, 1996, 「带钩及其演变」 『文博』 1.

王仁湘, 1985, 「带钩概论」 『考古学报』 3.

刘淑芬, 2021, 『六朝的城市与社会』 南京大学出版社.

中國社會科學院考古研究所 編, 2010, 『中國考古學·秦漢卷』 中國社會科學出版社.

崔劍鋒·楊勇·朱忠華·王洪斌, 2016, 「雲南陸良縣薛官堡墓地出土漢代玻璃珠的析與研究」 『考古』 2.

黃啓善, 1988, 「廣西古代玻璃製品的發展及其研究」 『考古』 3.

〈일문〉

古澤義久, 2015, 「長崎県の弥生時代遺跡出土中国貨幣」 『ロード·オブ·ザ·コイン― 弥生時代中国貨幣からみる交流(長崎県埋蔵文化財センター―東アジア國際シンポジウ』

武末純一, 2009, 「三韓と倭の交流 ―海村の視点から」 『国立歴史民俗博物館研究報告』 151.

〈영문〉

Bin Yang, 2018, 『Cowrie Shells and Cowrie Money』, Routledge.

Bin Yang, 2022, 「The Cowrie World」, 『Asian history』, Oxford Research Encyclopedias.

Charles F. W. Higham·T. O. Pryce, 2024, 「Glass circulation in late Iron Age Southeast Asia -New Compositional and Isotopic Data of Beads found at Non Ban Jak in Northeast Thailand」, 『Archaeological and Anthropological Sciences』 16.

Egil Mikkelsen, 2001, 「Cowrie shells and their Buddhist context in the Maldives」, 『Archaeological Excavations of a Monastery at Kaashidhoo』.

Milton Osborne, 2001, 「Turbulent Past, Uncertain Future」, 『The Mekong』.

Yanqin Jia·Jianfeng Cui·Chenming Cao, 2024, 「Analysis of two glass eye (Jatim) beads unearthed from the Northern Wei tomb complex in Dongxin, Datong」, 『Heritage Science』 12.

김일규, 「가야 패총 출토 외래유물 시론」에 대한 토론문

소배경 (삼강문화유산연구원)

이 글은 남해안의 패총에서 출토된 외래유물 가운데 중국산 및 서·남아시아산으로 예상되는 유물을 검토하여 그 성격과 특징을 파악하고자 하였다. 패총유적에서 출토된 외래유물 검토 결과에 근거하여 가야 사회에서 외래유물이 갖는 의의를 파악하고 가야의 사회상을 복원할 수 있는 고고학적 자료를 축적하고자 하였다. 토론자로서 궁금한 점 두 가지만 질문드리고자 한다.

1. 사주반량전에 관한 질문

늑도 C지구 나구역 패총 상층부에서 사주반량 4점과 서한 오수전 1점이 출토되었다(그림 1-1). 사주반량은 기원전 2세기에 유입되었을 가능성도 배제할 수 없지만, 다케스에 준이치는 늑도, 오키노야마(沖ノ山), 미토코마츠바라(御床松原), 신마치(新町) 등 한반도 남부와 일본 열도에서 출토된 반량전의 매장 상한을 기원전 1세기로 보고 있다(武末 2009). 이후 알려진 다호리 104호 묘에서는 사주반량 1점이 출토되었으나, 부장연대는 기원전 1세기 전·중엽으로 여겨진다(장기명 2014).

시모노세키시 무쿠하마 ST-7에서는 사주반량 1점이 출토되었으며, 공반된 토기는 역시 야요이시대 중기 후반(기원전 1세기)경으로 보인다(小南編 2002). 다카쿠 겐지(高久健二)는 낙랑 고분에서 반량전이 부장된 예는 2세기 후엽의 남정리 120호분뿐임을 지적하였고, 이는 동한 후기에 주조되었을 가능성을 상정하는 한편, 늑도의 사주반량은 기원전 1세기대의 유입으로 보았다(高久 2016).

낙랑군에서는 반량전 부장 사례가 적으므로 요동군의 한묘 부장 동전의 구성을 개관해보면, 오수전 발행 이후 급격히 반량전에서 오수전으로 대체된 것으로 보이며, 서한 후기 · 동한대 무덤에서 반량전이 출토되는 경우에도 수십~백여 점의 오수전에 대해 몇 점의 반량전이 포함되는 정도이다. 그러한 가운데 반량전이 과반을 차지하는 오수전 주조 이후의 사례를 살펴보면, 강둔(姜屯) M90의 사례를 들 수 있으며, 48점의 사주반량과 12점의 서한 오수전이 일괄로 부장되어 있다(그림 1-5~9). 공교롭게도 늑도 패총 상층부와 같은 비율이다. 강둔 M90의 연대는 강둔 제1기, 즉 서한 전기(文帝~武帝前期)로 편년되어 있으나(白宝玉主編 2013), 출토된 토기를 보면 관(罐, 그림1-2)의 기형은 강둔 제2기로 편년되는 강둔 M75, M138, M157 출토자료에 가깝고 구연 아래에 돌대띠가 둘러진 호(그림 1-4)는 강둔 제2기로 편년되는 강둔 M201 출토자료에 가까우므로 유물형태로서는 강둔 제2기, 즉 서한 중기(武帝中期~宣帝後期)에 해당하는 것으로 보인다.

후루사와 요시히사(古澤義久)는 늑도에서 출토된 동전의 구성이 유입 당시의 구성을 그대로 보여주는 것이라면 기원전 2세기 말~기원전 1세기 전반에 유입되었을 가능성이 크다고 보았다.

발표자께서는 늑도 유적에서 출토된 사주반량전은 한사군 설치 이전부터 한반도 남해안의 사회가 중국과 교류하였다는 근거로 제시되고 있는데, 중국에서 사주반량전이 유통된 시간을 고려하면 이러한 가설은 심사숙고의 여지가 있다고 보았다. 이에 대한 부연 설명을 부탁드린다.

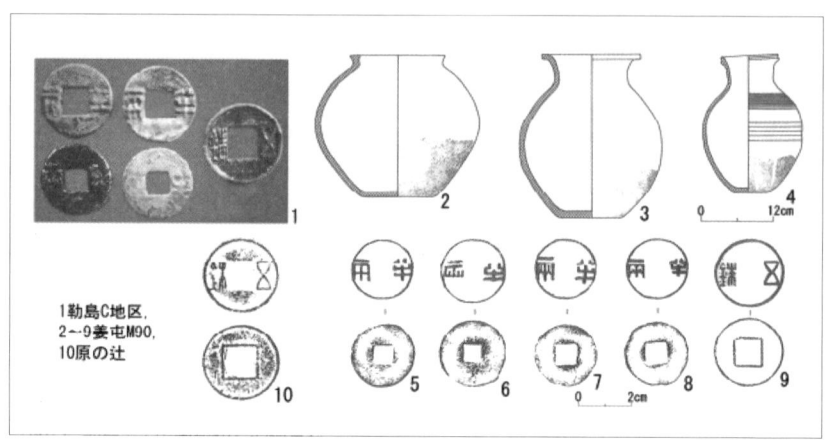

〈그림 1〉 늑도유적 출토 중국동전과 비교자료(古澤義久 2024)

2 개오지조개에 대한 질문

늑도 A지구 가구역 92-1호 묘에서 흉골 위에 올려진 상태로 길이 2.3
㎝, 최대 폭 1.8㎝의 구멍이 뚫리지 않은 개오지조개 1점이 출토되었다(그
림 2-1). 늑도식 호와 파수부호로 만든 옹관에서 대부발, 스구Ⅱ식 동체부
편, 지석, 뼈송곳(骨錐) 등이 출토되었다. 95호 묘는 삼각형점토대토기와
호로 만든 옹관으로, 9개월~1세 정도의 영아가 굴장되어 있었다. 옹관 밖
에서 뚜껑이 출토되었다. 옹관내에서 길이 2.3㎝, 폭 1.8㎝의 구멍이 뚫리
지 않은 개오지조개 1점이 출토되었다(그림 2-2). 122-1호 묘에서는 삼각
형점토대옹, 대부발 등과 함께 길이 2.5㎝, 폭 2㎝의 구멍이 뚫리지 않은
개오지조개 1점이 출토되었다(그림 2-3). 늑도 A지구 N2E1 그리드에서는
길이 2.9㎝, 폭 1.7㎝의 개오지조개 1점이 출토되었다(그림 2-4). 이 개오지
조개의 등은 마연되어 구멍이 뚫려 있다. 같은 그리드에서는 소량의 원형
점토대토기, 다량의 삼각형점토대토기, 야요이토기, 상감관옥(그림 2-5) 등
이 출토되었다.

늑도유적 무덤에서 출토된 것은 완형이며, 유물포함층에서 출토된 것은

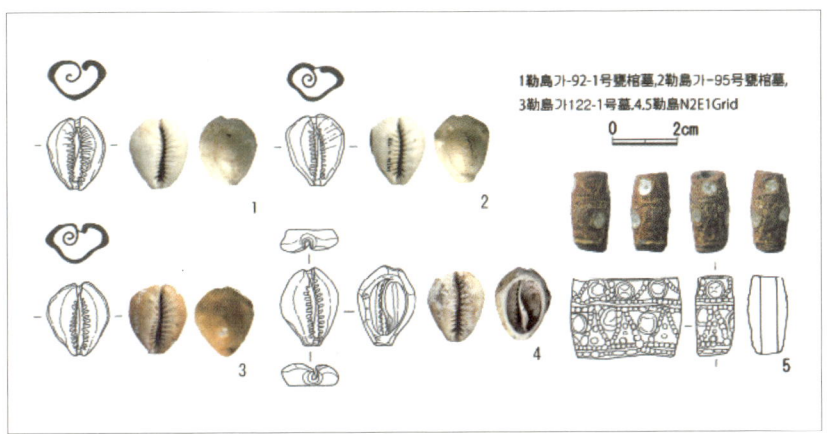

〈그림 2〉 늑도출토 개오지조개(1~4)와 상감관옥(5)

등이 마연되어 구멍이 뚫려 있다. 이 개오지조개가 어떤 경로로 전해진 것인지는 크게 두 가지 설로 구분된다. 최종규는 규슈에서의 개오지조개 출토예가 적은 것 외에도 상감관옥처럼 중국 남방에서 유래했을 가능성이 있는 유물이 출토되었다는 점에서 남중국→북중국→낙랑→늑도라는 경로가 유력하다고 보았다(최종규 2006). 한편, 정인성은 류큐→규슈→늑도라는 경로도 상정한바 있다(정인성 2008).

기노시타 나오코(木下尙子)는 정백동 8호묘에 대해서 고둥(그림 3-15)은 류큐열도산이라고 하는 반면, 개오지조개는 중국 완공(그림 3-1·2)과 흥륭산(그림 3-3)의 사례를 들어 개오지조개의 진중(珍重)은 중국 문화 전통에 기반하고 있다는 점에서 중국 내륙을 거쳐 낙랑으로 반입된 것으로 보았다(木下 2002).

한편, 나카무라 다이스케(中村大介)는 동패녹진(銅貝鹿鎭)에 사용된 비단등줄무늬 개오지와 천서수니창(天瑞水泥廠) M10(그림 3-5~7) 등에서 출토된 개오지조개에 대해, 무제의 난카이(南海) 9군 설치가 계기였다는데 이견이 없으나, 개오지조개가 늑도에서 출토되었고 서한 후기~동한 초기 요동반도에서 북부 규슈로 교역망이 존재했으며, 이 교역망이 류큐까지 이어졌을 가능성이 있으므로 개오지조개가 류큐에서 규슈를 경유하여 공급되었을 가능성에 대해 제기하고 있다(中村 2020·2022).

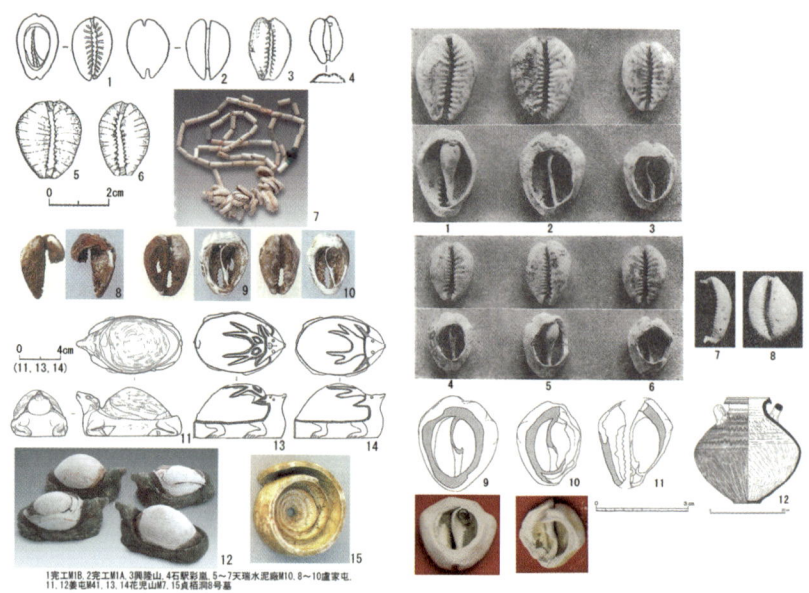

〈그림 3〉 중국동북지역 출토 개오지조개·방제패 　 〈그림 4〉 일본열도 출토 개오지조개
(古澤義久 2024) 　 (古澤義久 2024)

후루사와 요시히사(古澤義久)는 늑도의 개오지조개 4점 중 3점은 등에 구멍이 뚫리지 않았다는 점에 주목하였다. 만약 중국을 경유해서 전해졌다고 한다면, 등에 구멍을 뚫는 일이 압도적으로 많은 중국 대륙을 원형 그대로 무사히 통과할 수 있었을까 하는 의문을 제기하였다. 등이 그대로 남아 있었다는 것은 개오지조개가 가공된 상품이라기보다는 가공되지 않은 원재료로서 늑도까지 도달했음을 상정하였다. 그래서 늑도의 사례가 규슈를 경유한 것이라면, 정백동 8호묘의 사례 또한 고등과 함께 개오지조개도 류

큐 열도산일 가능성이 높아질 것으로 보았다. 요동에서는 청동기시대 이래 중원지역에서 요서를 거쳐 개오지조개가 공급되었으나, 서한 후기에 접어들면서 나카무라가 상정한 것처럼 류큐 열도를 산지로 하고, 규슈와 한반도를 경유하는 새로운 경로가 확립되었을 가능성을 제기하였다(古澤義久 2024).

발표자께서는 회현리패총 출토 개오지조개는 중원-낙랑을 거친 조공무역의 결과물이 아닌 다른 루트를 통해 유입되었을 개연성이 크다고 보았다. 이동 경로로는 몰디브에서 미얀마 해안까지는 해로로 그다음은 육로를 거쳐 운남까지 이르는 루트와 달리 '몰디브-인도 남부-미얀마 해안-말라카 해협-남중국해-황해'를 거쳐 남해안까지 해상로만 통해 유입되었을 개연성도 충분히 고려해 봐야 한다고 하셨다. 그렇다면 늑도 출토 개오지조개와 회현리패총 출토 개오지조개 둘 다 몰디브산으로 보고 있는지 부연설명을 부탁드린다.

참고문헌

장기명, 2014, 「Ⅴ.考察」, 『昌原 茶戸里 遺蹟』, 国立加耶文化財研究所 学術調査報告 第63冊·国立金海博物館 学術調査報告 第12冊.

崔鍾圭, 2006, 「勒島遺跡의 構造」, 『勒島貝塚Ⅴ』, 慶南考古学研究所.

鄭仁盛, 2008, 「'瓦質土器 楽浪影響説'의 検討」, 『嶺南考古学』 47.

白宝玉主編, 2013, 『姜屯漢墓』, 文物出版社.

木下尚子, 2002, 「韓半島의 琉球列島産貝製品」, 『韓半島考古学論叢』, すずさわ書店.

中村大介, 2020, 「漢代における遼東郡と交易」, 『埼玉大学紀要(教養学部)』 55-2.

_____, 2022, 「楽浪郡設置以前の黄海東部交易と弥生文化」『南関東の弥生文化 東アジアとの交流と農耕化』吉川弘文館.

小南裕一編, 2002, 『武久浜墳墓群』山口県埋蔵文化財センター調査報告第32集.

高久健二, 2016, 「勒島遺跡の外来系文物からみた対外交流」『国際交易港 勒島と原の辻』国立晋州博物館.

古澤義久, 2024, 「하루노쓰지와 늑도의 대외교섭」『고대 국제무역항 사천 늑도 유적 국제학술대회』, 사천시·경남연구원.

武末純一, 2009, 「三韓と倭の交流」『三国志』魏書東夷伝の国際環境』国立歴史民俗博物館研究報告第151集.

김일규, 「가야 패총 출토 외래유물 시론」에 대한 토론문

김양훈 (창원대학교)

1. 한대 화폐를 실제 화폐로 사용하거나 對군현 교역종사자에게 주어진 권리증으로 해석하였다. 먼저 실제 화폐로 사용되었다면, 서·남해안 교역종사자들이 그 용도를 인식하고 그것을 해당 지역내에 유통되어야 할 것이다. 다음, 화폐=권리증이라면, 교역종사자들에게 부여된 일종의 자격증을 의미한다. 삼한 사람들이 군현을 오갈 때 군현이 준 인수를 차고 의책을 착용한 사람이 천여 명이라면[1] 그것을 권리증 내지 정치적 위세품으로 규정하는 것은 한계가 있지 않나 싶다.

2. 청동거울은 일반적으로 위세품으로 간주하고 있지만, 토론자는 화장도구의 가능성을 제기하였다. 패총 출토품은 실용적으로 사용했을 가능성은 일리가 있다고 본다. 그렇지만, 대방태수가 왜왕에게 조서와 함께 거울을 하사한 점[2]과 출토유구가 대부분 무덤인 점을 보면 위세품의 성격이 강하다. 하튼 청동거울이 중국 사회에서는 널리 유통되었지만, 한반도 출토품은 위세성과 실용성을 동시에 가진 면에서 출토유적과 유구 성격에 따라 사용대상자와 용도를 달리 해석되어야 할 것인데 어떻게 생각하는지 궁금하다.

---

1) 『三國志』魏志 卷30 韓, "…下戶詣郡朝謁 皆假衣幘 自服印綬衣幘千有餘人…."
2) 『三國志』魏志 卷30 倭人, "正始元年 太守弓遵遣建忠校尉梯儁等奉詔印綬書詣倭國, 拜假倭王 幷齎詔賜金·帛·錦罽·刀·鏡·采物…"

3. 상감유리, 개오지 등의 한반도 유입에 대해 교동반도-묘도열도-요동반도의 연안항로와 교동반도 남안-황해-남해안 코스를 상정하였다. 이해항로를 상정하기 위해서는 한반도 주변의 해류, 조류 등 항해환경과 당시 운영된 선박 등 항해 기술이 전제되어야 할 것인데, 이에 대해 발표자의 생각이나 중국의 학설을 소개해 주면 좋겠다.

자연 유물로 보는 옛 김해 앞바다 가야인의 생활

정 찬 우*

Ⅰ. 머리말

한반도 남부에서 금관가야가 해상교역을 선도하였던 시절, 김해 지역은 '옛 김해만(古 金海灣)'을 끼고 있었던 바닷가였다.

이러한 바닷길을 활용한 고대 동아시아 물류 교통로가 만들어지고 철기 제작이 시작되면서 금관가야의 왕궁과 국제 교역항이 자리한 옛 김해만 주변으로 많은 사람들이 모여 살기 시작한다.

그런데, 대규모로 사람이 살기 시작한 기원후 2~3세기경부터 추운 날이

---

* 인제대학교 박물관

계속되면서, 먹거리가 부족해지기 시작한다. 인구 증가와 한랭화[1]에 따른 식량부족 현상을 극복하고자 가야인들은 농사짓기와 더불어 사냥과 물고 기잡이, 조개잡이를 활발히 진행하였다.

옛 김해만이 자리했던 김해를 중심으로 한 낙동강 하류 지역에는 당시의 이러한 생활환경을 알 수 있는 자연 유물 출토 유적이 있다.

이들 유적에서 확인되는 자연 유물을 통하여 당시 생활환경을 복원하는 데 필요한 기초자료를 얻을 수 있다.

이 글에서는 먼저 출토한 자연 유물의 대부분을 차지하는 동물유체를 유적 및 종류별로 분류한 후, 종별 개체수를 확인하였다.

대상 유적은 기존에 알려진 옛 김해만 조개무지 출토 자연 유물과 더불어 필자가 분석에 참여하였던 부산 분절유적, 김해 봉황동유적, 김해 대성동고분군, 김해 유하리유적, 김해 천곡리유적 자연 유물 자료를 더했다. 여러 연구기관에서 조사한 봉황동유적의 경우, 기관별 조사에서 출토한 자연 유물을 종별로 취합하여 전체적인 수량을 추정하였다.

이를 통하여, 당시의 가야인들이 자연 유물을 어떻게 획득하여 생활에 활용했는지에 대한 약간의 추정을 이 글에서 해 보고자 한다.

---

1) 『三國史記』와 『增補文獻備考』에 관련된 내용이 확인된다(김연옥 1985, 서현주 논문에서 재인용). 이에 따르면, 기원전 53년에서 기원후 921년 약 1,000년 사이에 우리나라에는 暖期와 寒期가 반복되었음을 알 수 있다. 이 가운데 寒期는 100~250년과 750~950년에 나타났다(서현주 1996·2000). 이 가운데 100~250년이 이 시기에 속한다.

Ⅱ. 자연 유물 출토 유적

옛 김해만 가야 시대 유적 가운데, 자연 유물이 확인되고 개체수가 보고서에 수록된 유적은 표 1, 그림 1과 같다[2]. 총 6개의 유적은 옛 김해만 안쪽에 자리한다.

〈표 1〉 옛 김해만 지역 자연 유물 출토 유적

유 적	종 류	주 요 유 물
분 절	조개무지	토기, 이동식 부뚜막 등
북 정	조개무지	토기, 토제그물추, 철 손칼 등
봉황동	조개무지, 집자리, 환호	토기, 토제그물추, 가락바퀴, 철손칼, 화천, 옻칠그릇, 점뼈, 뼈화살촉 등
대성동	조개무지, 무덤	토기, 구슬목걸이, 덩이쇠, 쇠갑옷, 청동항아리, 금동허리띠 장식 등
유하리	조개무지	토기, 뼈침, 뼈칼손잡이
천곡리	조개무지	토기

---

2) 현재 김해시청 주변에 자리했던 부원동 조개무지 유적도 조사되었으나 출토한 자연 유물의 정확한 수량을 알 수 없어, 이 글에서는 제외하였다.

〈그림 1〉 옛 김해만 자연 유물 출토 유적
(①분절유적 ②북정유적 ③봉황동유적 ④대성동고분군 ⑤유하리유적 ⑥천곡리유적)

Ⅲ. 자연 유물의 분류

6개 유적에서 현재까지 확인된 자연 유물은 조개·미소패류·물고기·포유동물·새·파충류로서, 178종 22,390점이 확인된다.

1. 조개

옛 김해만 자연 유물 출토 유적에서 확인한 조개는 83종 10,866점이다. 그림 2에 따르면, 참굴 50.3%, 백합 8.2%, 주름다슬기 7.7%, 갯고동 5.6%, 얼룩비틀이고동 3.8%, 홍합 3.6%, 돌고부지 3.5%, 기타 17.3% 순으로 확인된다.

바닷가 근처 바위에 사는 참굴과 홍합, 돌고부지가 55% 이상을 차지한다. 모래 개펄에서 자라는 백합과 갯고동의 비중도 크다. 이를 통하여 옛 김해만 바닷가 주변으로 바위와 개펄이 형성되어 있었음을 짐작할 수 있다.

돌고부지는 주로 굴 껍데기에 기생하는 조개로 크기가 작아 잘 먹지 않는다. 당시 옛 김해만 주변에서 살았던 가야인들이 집 주변 바위를 중심으

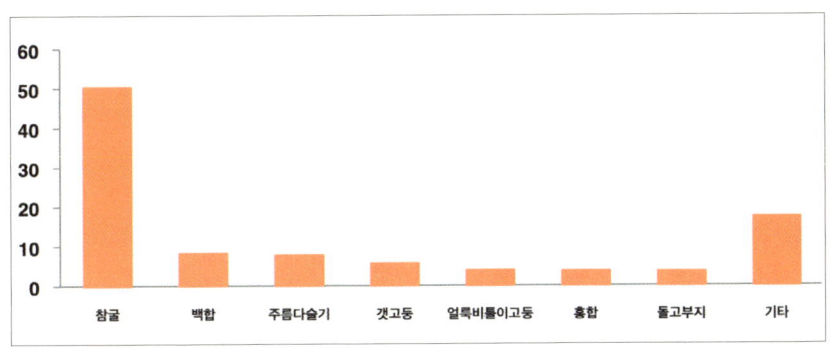

〈그림 2〉 조개분포

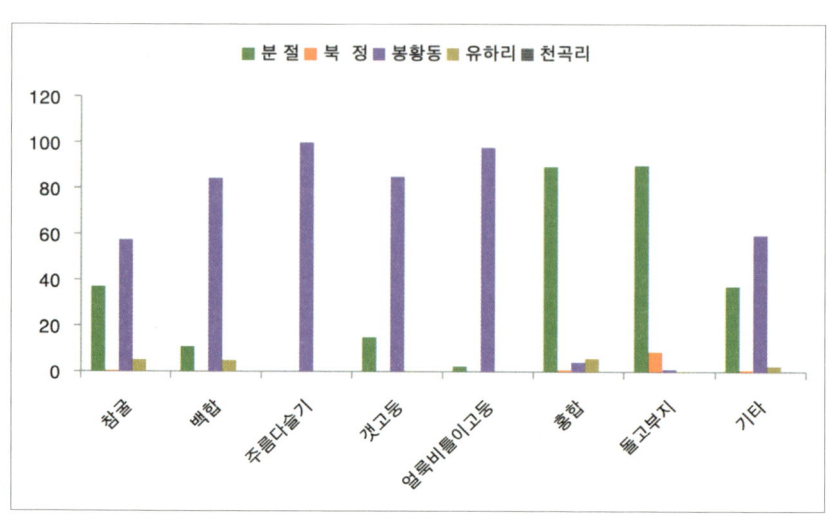

〈그림 3〉 유적별 조개분포

로 활발한 굴잡이를 했던 것을 돌고부지로 추측할 수 있다.

그림 3은 유적별 조개분포이다. 분절유적에서는 참굴, 홍합, 돌고부지의 비중이 크다. 참굴 37.0%, 홍합 89.3%, 돌고부지 89.9%가 확인된다. 모두 바닷가 주변 바위에 서식하는 조개들이다.

봉황동유적은 참굴 57.5%, 주름다슬기 100%, 반지락 84.3%, 얼룩비틀 이고둥 97.8%, 애기밤고둥 99.2%가 분포한다. 주름다슬기를 제외한 조개들은 바닷가 주변 바위와 모래 개펄에서 자란다.

민물에 서식하는 주름다슬기가 봉황동유적에만 확인된다. 유적 주변에 흐르는 해반천의 영향으로 생각된다.

표 2에서 살펴본 유적별 조개의 종류별 수량은 다음과 같다.

분절유적에서는 60종 3,410점이 확인된다. 참굴 2,024점, 홍합 351점, 돌고부지 340점, 백합 96점 순으로 나타난다. 이러한 조개분포를 통하여, 당시 유적 주변 바닷가에 바위가 많았으며, 바위를 중심으로 조개잡이가 진행된 것으로 추정된다. 바위에 부착한 참굴 등은 빗창 등의 도구를 사용해 잡았던 것으로 생각된다.

북정유적에서는 10종 73점이 나타난다. 돌고부지 33점, 참굴 21점순이다. 분절유적과 마찬가지로 바닷가 바위 중심의 조개잡이가 이루어진 것으로 보인다.

봉황동유적에서는 51종 6,982점이 확인된다. 참굴 3,141점, 주름다슬기 839점, 백합 753점, 갯고둥 516점, 얼룩비틀이고둥 407점, 애기밤고둥 241점, 재첩 188점, 점갯고둥 126점, 소라 93점, 큰배말 77점, 대수리 63점, 가무락조개 54점 등이 분포한다.

바닷가 주변 바위(참굴·애기밤고둥·소라·큰배말·대수리), 바닷물과 민물이 만나는 곳(재첩), 모래진흙 개펄(백합·갯고둥·얼룩비틀이고둥), 진흙개펄(점갯고둥·가무락조개), 민물(주름다슬기)에서 자라는 조개가 고르게 나타난다.

이를 통하여, 봉황동 유적이 만들어질 당시 바닷가에는 바위와 개펄이 넓게 자리하고 있었으며, 현재 유적 주변에 자리한 해반천이 당시에도 흐르며 바닷물과 민물이 만나는 지점을 만들고 있었을 것으로 추측할 수 있다.

옛 김해만의 깊숙한 곳에 자리한 유하리유적에서는 14종 400점, 천곡리유적에서는 1종 1점이 확인된다. 유하리유적에는 참굴 277점, 백합 43점, 재첩 33점, 홍합 23점 등이 나타난다. 유적 주변으로 유하천과 내삼천이 흐르고 있는데, 봉황동유적과 마찬가지로 바닷물과 민물이 만나는 곳에 서식하는 재첩 빈도가 상대적으로 높다. 천곡리유적에서는 갯비틀이고둥 1점만이 확인된다.

두 유적 모두 블록샘플링 시료만을 분석 대상으로 하였기 때문에 다른 유적에 비해 수량이 많지 않다. 더불어 블록샘플링 시료 확보를 유적 전체가 아닌 일부 층위만 대상으로 하였고, 조사 과정에서 확인된 자연유물 또한 분석에서 제외하였기 때문에, 유적의 전체적인 생활환경을 추정하는 데 어려움이 따른다.

〈표 2〉 유적별 조개 일람표

구분	명칭	분절	북정	봉황동	유하리	천곡리	합계
바 다	따개비			2	11		13
	전복	2					2
	오분자기	3		2			5
	삿갓조개과	13		2			15
	애기삿갓조개			23			23
	흰삿갓조개	1					1
	배무래기	2					2
	큰배말			77			77
	진주배말	2					2
	두드럭배말			2			2
	갈고둥	1		2	2		5
	밤고둥	4		34			38
	구멍밤고둥	1		52			53
	애기밤고둥	2		241			243
	팽이고둥	9		6	1		16
	명주고둥			53			53
	소라	58		93	3		154
	보말고둥	10		1			11
	침배고둥	11		13			24
	총알고둥	1	3		2		6
	장비고둥				1		1
	흰눈고둥	1					1
	눈알고둥	31			2		33
	개울타리고둥	3		7			10
	물레고둥			10			10
	기생고깔고둥	22		19			41
	두드럭털탑고둥			1			1
	수랑	1					1
	송곳고둥과			26			26
	갈비큰송곳고둥			1			1
	큰뱀고둥			1			1
	뱀고둥	21					21
	두드럭고둥	9	2	25			36
	대수리			63			63
	맵사리			1			1
	무륵과	7					7
	매끈이고둥	4					4
	큰물레고둥	4					4
	갯고둥	90		516	1		607
	점갯고둥			126			126
	갯비틀이고둥	60		7		1	68

	얼룩비틀이고둥	9		407			416
	동다리			34			34
	댕가리	2		13			15
	큰구슬우렁이	1		1			2
	돌구슬우렁이	1					1
	피뿔고둥	28		6			34
	긴뿔고둥	1					1
	어깨뿔고둥	1					1
	잔가시뿔고둥	1					1
	매끈이털탑고둥	1					1
	나사못고둥	2					2
	점박이붓고둥	1					1
	청자고둥	1					1
	참굴	2,024	21	3,141	277		5,463
	토굴	6					6
	갓굴	65					65
	굴아재비과	13					13
	홍합	351	3	16	23		393
	격판담치	15		17			32
	투박조개			1			1
	돌고부지	340	33	4	1		378
	돌조개	2					2
	애기돌맛조개	10					10
	갈매기조개	18					18
	갈매기조개 사촌			23			23
	짝돌속살조개	3					3
	반지락	2		6			8
	백합	96	1	753	43		893
	떡조개	1		1			2
	새꼬막	2		13			15
	동죽	1					1
	빌로드복털조개		1				1
	피조개	1					1
	북방우럭	1					1
	국자가리비			2			2
	꼬막	16	1	4			21
	가무락조개	12		54			66
바다-민물	재첩	9	7	188	33		237
	큰논우렁이			11			11
민 물	논우렁이			37			37
	주름다슬기			839			839
	말조개		1	5			6
합 계		3,410	73	6,982	400	1	10,866

2. 미소패류

　미소패류를 통하여, 유적이 만들어질 당시의 주변 환경과 생활 환경을 알 수 있다. 육산패류는 조개무지가 만들어질 시기에 살던 육지 달팽이가 죽은 것이다. 해산패류는 식용 조개나 해조류를 채집할 때, 겉에 붙어서 살던 아주 작은 조개가 딸려온 것이다.

　옛 김해만에서 미소패류가 확인된 유적은 분절유적, 북정유적, 유하리유적, 천곡리유적이다. 38종 4,934점이 확인된다.

　호박달팽이아재비 798점, 하와이호박달팽이 610점, 대고둥 561점, 울릉도밤달팽이 517점, 가시대고둥 440점, 큰입술대고둥 436점, 기수우렁이 402점, 참깨알달팽이 209점, 평탑달팽이 200점, 번데기우렁이 172점, 부산밑자루밤달팽이 115점, 기타 474점 순으로 나타난다.

　미소패류의 서식환경은 표 3과 같다.

〈표 3〉 주요 미소패류 서식환경

종　　　　　명	서　식　환　경
호박달팽이아재비	밭가 돌 아래, 건조한 곳
하와이호박달팽이	돌 아래, 주택가 담 밑
대고둥	밭가 돌 아래, 오래된 정원, 산의 자갈밭
울릉도밤달팽이	습도 높고 부패 중인 낙엽 아래
큰입술대고둥	활엽수풀의 낙엽 밑
가시대고둥	산의 자갈밭, 밭가의 돌 밑
기수우렁이	바닷물과 민물이 만나는 모래밭
참깨알달팽이	큰 나무 아래 썩어가는 낙엽
평탑달팽이	낙엽 밑이나 돌 밑
번데기우렁이	낙엽숲 아래 또는 돌
부산밑자루밤달팽이	습기가 많은 낙엽 밑

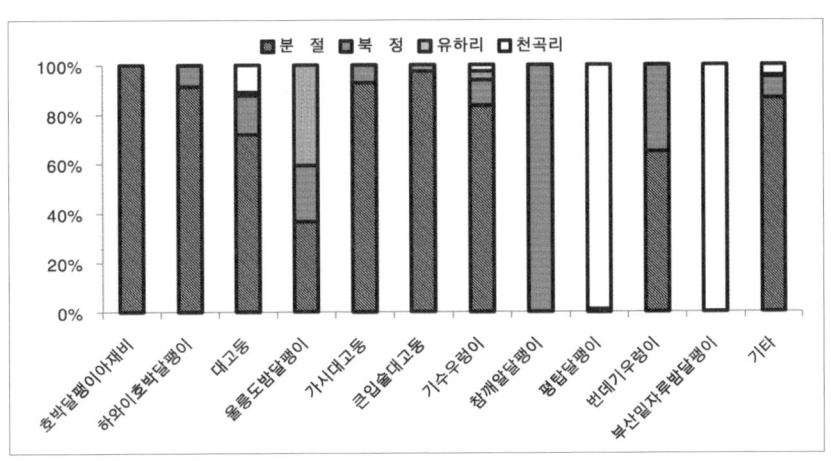

<그림 4> 유적별 미소패류 분포

그림 4와 표 4에서 유적별 미소패류 분포를 살펴보면 다음과 같다.

분절유적에서는 30종 3,968점이 확인된다. 호박달팽이아재비 798점, 하와이호박달팽이 567점, 울릉도밤달팽이 513점, 가시대고둥 407점, 대고둥 405점, 큰입술대고둥 425점, 기수우렁이 336점, 번데기우렁이 112점, 회오리고둥과 82점 등이 확인된다.

육산패류는 주로 밭 주변이나 돌담 아래 또는 낙엽 밑에 사는 종들이다. 해산패류인 기수우렁이는 바닷물과 민물이 만나는 곳에 서식하며, 회오리고둥과는 얕은 바다 밑 모래밭에 산다.

미소패류의 분포를 통하여, 사냥이나 식물채집에 적합한 숲이 자리하고 민물이 바다로 흘러가는 어귀에 분절유적이 만들어진 것으로 생각해 볼 수 있다.

북정유적에서는 8종 524점의 미소패류가 나타난다. 참깨알달팽이 209점, 대고둥 88점, 번데기우렁이 60점, 하와이호박달팽이 53점, 부산기장달팽이 32점 등이 확인된다.

옛 김해만 유적 가운데 이곳에서만 보이는 참깨알달팽이는 큰 나무 밑의 부식 중인 낙엽에서 자란다.

〈표 4〉 유적별 미소패류 일람표

구 분	명　　　칭	분 절	북 정	유하리	천곡리	합 계
육 지	번데기우렁이	112	60			172
	깨알달팽이	2				2
	왼돌이깨알달팽이	8				8
	참깨알달팽이		209			209
	입술대고둥아재비	3				3
	입술대고둥과	47				47
	부산입술대고둥	69	8			77
	큰입술대고둥	425		11		436
	울릉도입술대고둥	10				10
	금강입술대고둥	38				38
	울릉금강입술대고둥	1				1
	대고둥과	43				43
	대고둥	405	88	7	61	561
	가시대고둥	407	33			440
	주름혹달팽이				3	3
	호박달팽이	58				58
	호박달팽이아재비	798				798
	하와이호박달팽이	557	53			610
	밤달팽이과	2				2
	남방밤달팽이	2				2
	울릉도밤달팽이	513			4	517
	애기밤달팽이	22		2		24
	부산밑자루밤달팽이				115	115
	콩달팽이				10	10
	평탑달팽이			2	198	200
	부산기장달팽이		32			32
	각시달팽이	1				1
	삼방달팽이	4				4
	참달팽이	9				9
바다-민물	기수우렁이	336	41	15	10	402
바 다	쇄팥알고둥	3				3
	좀산우렁이	6				6
	장비고둥	2				2
	회오리고둥과	82				82
	배꼽회오리고둥				3	3
	두툼회오리고둥	2				2
	굵은줄회오리고둥	1				1
	번데기회오리고둥			1		1
	합　　　계	3,968	524	38	404	4,934

이를 통해 북정유적은 바닷가 옆 낙엽수가 많은 숲 주변에 형성된 것으로 추정해 볼 수 있다.

유하리유적에서는 6종 38점이 확인된다. 기수우렁이 15점, 큰입술대고둥 11점 등이 확인된다. 블록샘플링 시료에서 확인한 미소패류의 수가 많지 않아 구체적인 환경은 알 수 없으나 다른 유적과 마찬가지로 옛 김해만 바다와 민물(유하천, 내삼천)이 만나는 어귀의 숲 주변에 유적이 자리한 것으로 추측된다.

천곡리유적에서는 8종 404점이 분포한다. 평탑달팽이 198점, 부산밑자루밤달팽이 115점, 대고둥 61점, 기수우렁이 10점 등이 확인된다.

분석 대상 유적 가운데 부산밑자루밤달팽이는 이 유적에서만 보인다. 평탑달팽이와 부산밑자루밤달팽이 모두 낙엽 밑에 주로 서식한다. 천곡리유적 역시 숲 주변에 자리했던 것으로 추정할 수 있다.

표 4. 유적별 미소패류 일람표

3. 물고기

옛 김해만 자연 유물 유적에서 확인한 물고기는 33종 594점이다. 민물고기 2종 20점, 옛 김해만 주변에 서식하던 물고기는 19종 326점, 옛 김해만 바깥에 서식하던 물고기는 11종 268점이다.

그림 5의 물고기 분포를 살펴보면, 참돔 25.3%, 감성돔 16.7%, 농어 11.3%, 가오리 6.4%, 민어 5.2%, 숭어 4.5%, 돔발상어과 4.5%, 대구 4.2%, 상어과 3.5%, 잉어 3.2% 기타 15.2%이다.

표 4와 그림 6에서 확인되는 유적별 어류의 분포는 다음과 같다.

먼저, 분절유적에서는 14종 107점이 분포한다. 숭어 20점, 농어 16점, 대구 15점, 참돔 15점, 우럭 10점 등이 확인된다.

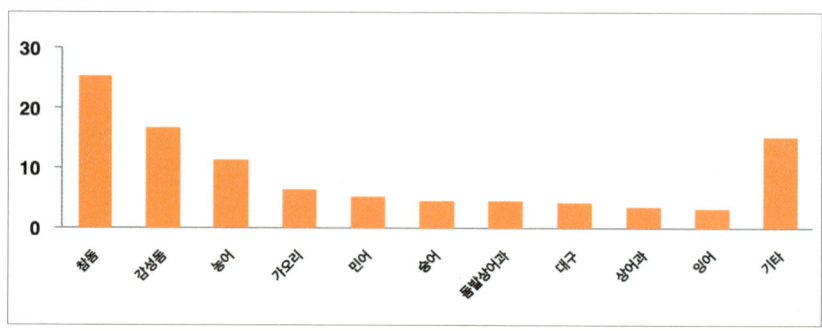

〈그림 5〉 물고기 분포

옛 김해만의 입구에 자리한 가덕도에서는 매년 봄 숭어잡이가 활발하다. 가덕도와 가까운 곳인 분절유적 사람들도 봄에 가덕도로 이동해 숭어잡이를 진행한 것으로 짐작할 수 있다.

북정유적에서는 4종 18점만이 확인되고 있어, 전체적인 물고기잡이 양상을 이해하는 데 어려움이 따른다. 다만, 옛 김해만 바깥에서 잡을 수 있는 대구가 10점으로 절반 이상 점유하고 있는 점이 특이하다.

대구는 리만해류를 따라 남하, 산란기인 12월에서 1월경 수심이 얕은 바닷가로 찾아드는 습성을 가진다.

북정유적에서 생활했던 사람들은 겨울에 옛 김해만 입구 주변으로 이동하여 대구를 잡았던 것으로 생각된다.

봉황동유적에서는 26종 353점이 확인된다. 감성돔 90점, 농어 51점, 가오리 38점, 돔발상어과 27점, 참돔 31점 등이 분포한다.

옛 김해만에서 살던 물고기의 비중이 높다. 봉황동유적 주변 바닷가를 중심으로 옛 김해만 안에서 감성돔을 비롯한 물고기잡이를 많이 했던 것으로 추정할 수 있다.

옛 김해만 바깥에서 사는 물고기 가운데 참돔은 산란기인 늦봄에서 초여름에 옛 김해만 입구로 이동하는 습성이 있다. 봉황동 유적 사람들은 이런

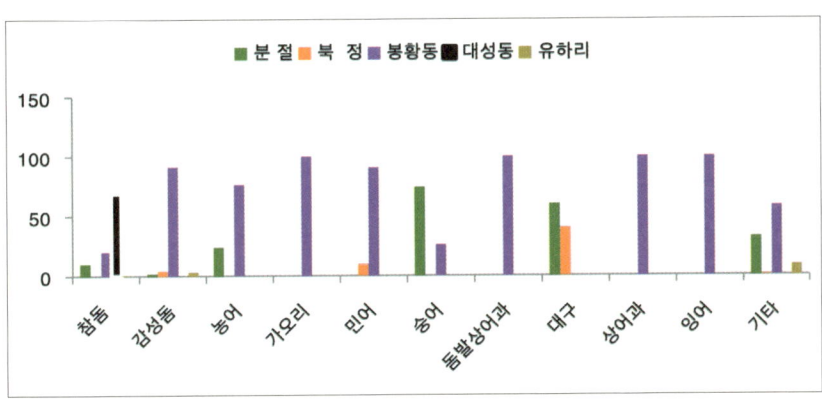

<그림 6> 유적별 물고기 분포

습성을 이용해 만 입구에서 참돔을 잡은 것으로 생각된다.

　돔발상어를 비롯한 상어류의 존재를 통해 만 바깥으로도 나아가 물고기 잡이를 했던 것으로 추측할 수 있다.

　대성동유적에서는 참돔만 103점 확인된다. 91호 무덤의 887번 토기에서 출토되었다. 의례용으로 사용한 것으로 추정된다.

　유하리유적에서는 5종 13점이 확인된다. 전갱이 4점, 감성돔 3점 등이 확인되나 개체수가 작아 전체적인 물고기잡이 양상을 이해하는 데 어려움이 있다.

<표 5> 유적별 물고기 일람표

구 분	명 칭	분 절	북 정	봉황동	대성동	유하리	합 계
민 물	잉 어			19			19
	메 기			1			1
	소 계			20			20
	가 오 리			38			38
	가오리과			4			4
	갯 장 어			12			12

옛 김해만	전 어	5				2	7
	쏨 뱅 이		1				1
	양 태			2			2
	농 어	16		51			67
	감 성 돔	2	4	90		3	99
	민 어		3	28			31
	숭 어	20		7			27
	노 래 미	1		2			3
	놀래기과			1			1
	광 어 과			1			1
	넙 치	1					1
	넙 치 과			6			6
	우 럭	10		1			11
	홍기흑점바리			2			2
	쥐 치 과			3			3
	복 어			10			10
소 계		55	8	258		5	326
옛 김해만 바 깥	돔발상어과			27			27
	상 어	5		3			8
	상 어 과			21			21
	대 구	15	10				25
	전 갱 이	8				4	12
	방 어	7		6			13
	돔 과			3		2	5
	참 돔	15		31	103	1	150
	고 등 어	1		2		1	4
	가 다 랑 어	1					1
	다 랑 어 속			2			2
소 계		52	10	95	103	8	268
합 계		107	18	353	103	13	594

4. 포유동물

포유동물은 20종 5,291점이 분포한다. 육지 포유동물은 16종 4,907점이며, 바다 포유동물은 4종 384점이다.

그림 7의 포유동물 분포를 살펴보면, 사슴 63.6%, 멧돼지 13.9%, 강치 6.5%, 개 5.3%, 소 5.1%, 말 2.9%, 기타 2.7% 순이다.

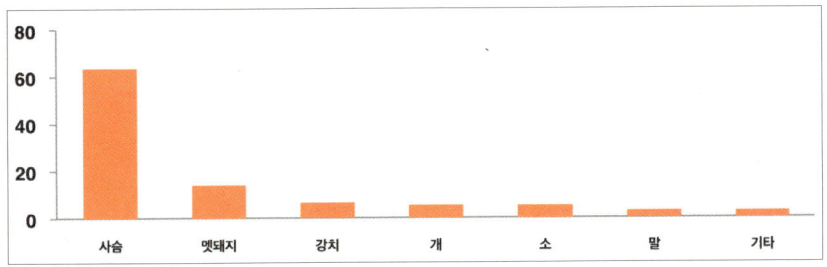

〈그림 7〉 포유동물 분포

사슴은 기원 전후 시기부터 만들어진 조개무지에서는 항상 가장 많이 확인되는 동물이다. 바다 포유동물인 강치가 멧돼지 다음으로 높은 비중을 차지하는 점이 특징이다.

유적별 포유류의 분포양상은 그림 8과 표 6과 같다.

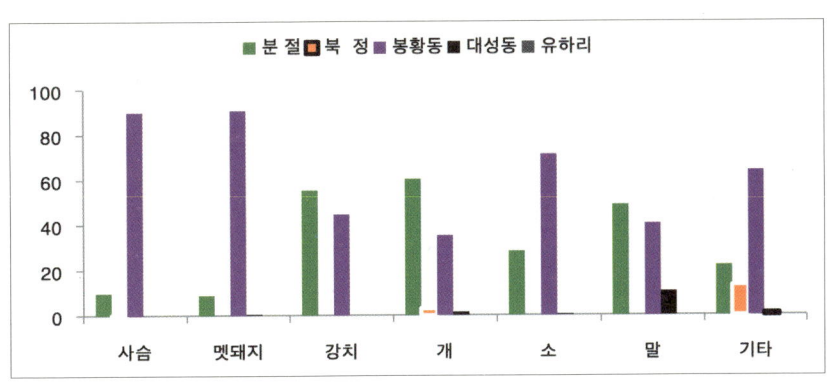

〈그림 8〉 유적별 포유동물 분포

〈표 6〉 유적별 포유동물 일람표

구 분	종 명	분 절	북 정	봉황동	대성동	유하리	합 계
육지	사 슴	331	2	3,030		2	3,365
	노 루			35			35
	고 라 니			5			5
	멧 돼 지	65		668	2	1	736
	개	168	8	98	4		278
	소	76		185	8		269
	말	76		63	16		155
	양			1			1
	곰			1			1
	쥐과			3			3
	쥐		19	13			32
	너 구 리	2		4	1		7
	여 우	3					3
	족 제 비	3		3			6
	멧 토 끼			3			3
	고 양 이			8			8
소 계		724	29	4,120	31	3	4,907
바다	고 래 목			10			10
	돌고래류			2			2
	돌 고 래	24		3			27
	강 치	191		154			345
소 계		215		169			384
합 계		939	29	4,289	31	3	5,291

　분절유적에서는 11종 939점이 확인된다. 사슴 331점, 강치 191점, 개 168점, 소 76점, 말 76점, 멧돼지 65점, 돌고래 24점 순으로 나타난다. 너구리·여우·족제비도 일부 확인된다.

　강치와 돌고래 같은 바다 포유동물의 비중이 크다. 이러한 양상은 낙동강 하구 및 부산 지역 조개무지 유적에서 주로 나타나는 현상이다. 분절유적에 살았던 사람들도 바다 포유동물 사냥을 활발히 했던 것으로 추정할 수 있다.

북정유적에서는 3종 29점이 확인되었다. 쥐 19점, 개 8점, 사슴 2점이 분포한다. 쥐는 북정유적이 만들어진 이후에 땅굴을 파다가 매몰되었을 가능성이 높다. 개와 사슴으로 사냥 활동을 추정할 수 있다.

봉황동유적에서는 19종 4,289점이 확인된다. 사슴 3,030점, 멧돼지 668점, 소 185점, 강치 154점, 개 98점, 말 63점, 쥐 13점 등이 분포한다. 바다 포유동물인 고래목 10점과 돌고래류 2점이 봉황동유적에서만 출토한다.

옛 김해만권 자연유물 출토 유적에서 확인되는 포유동물의 대다수가 봉황동유적에 집중되어 있다.

사냥 대상인 사슴, 멧돼지와 가축화된 소, 말, 개가 함께 나타난다.

강치의 비중이 크며 고래류도 일부 확인되는 점으로 미루어, 분절유적과 마찬가지로 봉황동유적 사람들도 옛 김해만 바깥으로 나아가 활발한 강치 및 고래잡이를 했던 것으로 짐작할 수 있다.

대성동고분군에서는 5종 31점이 나타난다. 말 16점, 소 8점, 멧돼지 1점, 너구리 1점 순이다. 88호 무덤 주변 구덩이에서 확인되었다. 말과 소의 경우 머리뼈 일부와 다리뼈 일부 부위만 추려 의례 목적으로 묻었을 가능성이 있다. 너구리와 멧돼지는 88호 무덤을 만들기 전부터 있었던 대성동 조개무지에 포함되어 있었던 것으로 추정할 수 있다.

개 1점과 멧돼지 4점은 91호 무덤 162번 토기에서 출토되었다. 의례용으로 넣은 것으로 생각된다.

유하리유적에서는 2종 3점이 확인된다. 사슴 2점, 멧돼지 1점인데, 블록 샘플링 시료만을 분석 대상으로 하였기 때문에 다른 유적에 비해 수량이 많지 않다.

5. 새

22종 601점이 분포하고 있다. 텃새 9종 565점, 여름철새 3종 6점, 겨울철새 10종 30점이 확인된다.

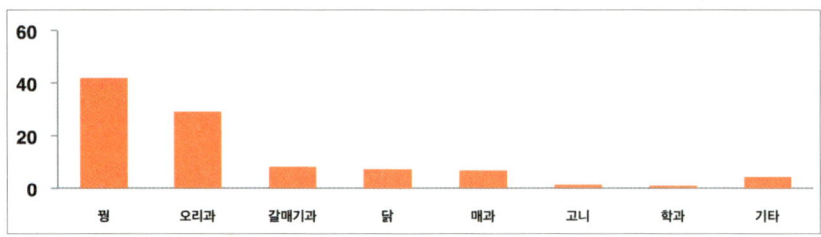

〈그림 9〉 새 분포

그림 9의 새 분포를 살펴보면, 꿩 41.9%, 오리과 29.1%, 갈매기과 8.2%, 닭 7.3%, 매과 6.8%, 고니 1.3%, 학과 1.0%, 기타 4.4%의 빈도를 나타낸다. 텃새류, 특히 식량으로 활용되었을 것으로 생각되는 꿩 및 오리과의 비중이 크다.

그림 10과 표 7의 유적별 새 분포를 분석하면 다음과 같다.

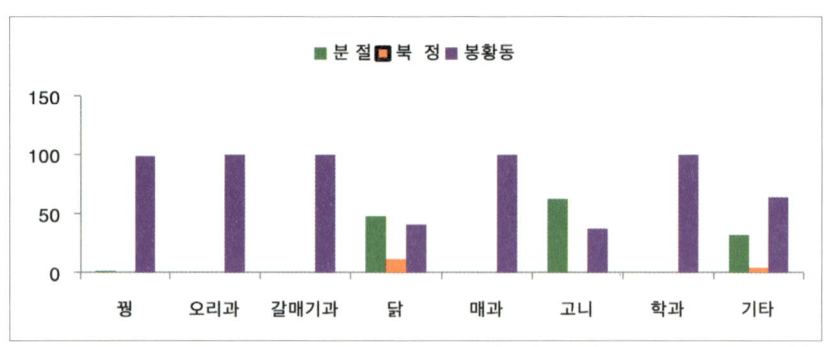

〈그림 10〉 유적별 새 분포

분절유적에서는 조류는 9종 38점이 확인된다. 텃새는 닭 21점, 꿩 3점, 물까치 1점 순이다. 다른 유적에 비해 닭의 비중이 크다. 주요한 식량으로 활용되었을 것으로 생각된다.

철새는 여름보다는 겨울 철새가 많이 확인된다.

북정유적에서는 2종 6점이 분포한다. 오리 1점, 닭 5점만이 확인되는데, 가축화되어 식량으로 활용되었던 것으로 생각된다.

봉황동유적에서는 22종 557점을 확인하였다. 텃새가 대부분이다. 꿩 249점, 오리과 175점, 갈매기과 49점, 매과 41점, 닭 18점 순으로 비중을 차지한다. 꿩은 개활지 수풀을 중심으로 한 사냥으로 잡은 것으로 생각된다. 오리과와 닭은 사육하여 식량으로 활용되었을 것으로 추정된다. 갈매기과의 높은 빈도에서 당시 유적 주변에 바위와 개펄이 있는 바닷가였을 것으로 추정할 수 있다.

겨울 철새 가운데 아비과는 겨울철 해안가에 서식한다. 학과는 개펄이나 습초지에 서식한다. 이들 철새는 겨울철 조개잡이 또는 사냥에서 잡은 것으로 생각된다.

〈표 7〉 유적별 새 일람표

구 분	종 명	분 절	북 정	봉황동	합 계
텃 새	오 리 과			175	175
	오 리		1		1
	꿩	3		249	252
	닭	21	5	18	44
	물 까 치	1			1
	큰부리까마귀			1	1
	매 과			41	41
	갈매기과			49	49
	민물가마우지			1	1

소		계	25	6	534	565
철새	여름	왜 가 리	3			3
		슴 새	1		1	2
		신 천 옹			1	1
	겨울	고방오리			1	1
		고 니	5		3	8
		쇠기러기			1	1
		황 새	1		1	2
		아 비 과			2	2
		학 과			6	6
		재두루미	2		1	3
		재갈매기	1		4	5
		가마우지			1	1
		가마우지과			1	1
소		계	13		23	36
합		계	38	6	557	601

6. 양서류 및 파충류

분절유적과 봉황동유적에서 4종 104점이 확인되었다. 양서류는 봉황동 유적에서 개구리류 2점만 확인되었다. 파충류는 분절유적에서 자라 4점, 봉황동유적에서 바다거북과 57점, 남생이과 33점, 자라 8점이 나타난다.

봉황동유적 파충류 가운데는 비중이 큰 바다거북과의 경우 바닷가 근처 에 서식하다가 몇 년에 한 번 정도 4~8월에 땅 위에 올라와 알을 낳는다. 당시 사람들이 이 시기에 조개잡이나 물고기잡이를 하는 과정에서 바다거 북과를 잡은 것으로 생각된다.

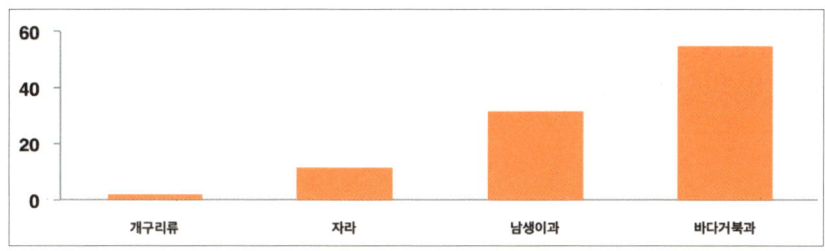

〈그림 11〉 양서류·파충류 분포

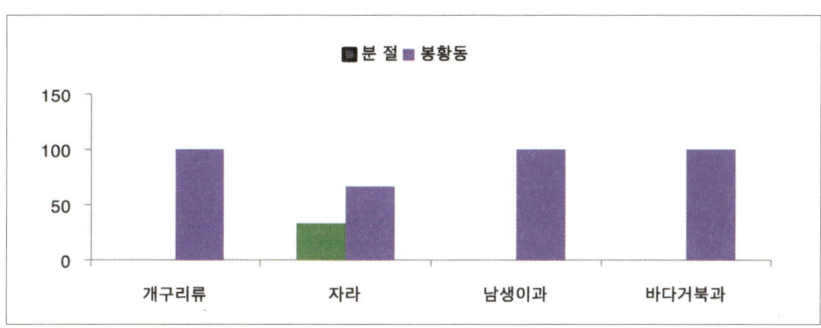

〈그림 12〉 유적별 양서류·파충류 분포

〈표 8〉 유적별 양서류·파충류 일람표

구 분	종 명	분 절	봉황동	합 계
양서류	개 구 리 류		2	2
	소　　계		2	2
파충류	자　　라	4	8	12
	남 생 이 과		33	33
	바다거북과		57	57
	소　　계	4	98	102
합　　계		4	100	104

Ⅳ. 자연 유물로 본 가야인의 생활

　이상에서 살핀 옛 김해만권 유적 출토 자연 유물을 통하여, 당시의 생활 환경을 정리하면 다음과 같다.

　첫째, 옛 김해만은 주로 바위와 개펄이 발달한 바닷가였으며 근처에 낙엽수가 우거진 숲이 있었던 것으로 추정된다. 당시 가야 사람들은 식량을 효과적으로 획득할 수 있는 조개잡이, 물고기잡이, 사냥에 모두 유리한 곳에 생활공간을 마련한 것으로 생각된다.

　둘째, 조개잡이의 주요 대상은 참굴이다. 참굴은 해안가 주변 바위에 서식하며, 가장 손쉽게 잡을 수 있는 식재료이다. 주로 늦가을에서 늦봄에 걸쳐 빗창을 활용하여 잡았을 것으로 추정된다.

　옛 김해만 중앙에 자리한 북정유적에서는 굴과 돌고부지 비중이 크다. 돌고부지는 굴을 채취할 때 함께 옮겨진 것으로 생각되므로, 겨울철에 굴 중심의 조개잡이가 이루어진 것으로 생각된다.

　봉황동유적의 경우, 참굴 외에 백합·갯고둥·얼룩비틀이고둥 등 개펄에 주로 서식하는 식용 조개를 잡은 것으로 추정된다. 백합은 가을에서 겨울에 이르는 기간 동안 썰물의 모래 개펄에서 잡았고, 갯고둥·얼룩비틀이고둥은 모래진흙 개펄에서 일년내내 잡았을 것으로 생각된다.

　주름다슬기, 논우렁이 등의 민물조개가 확인되는데, 현재도 유적 주변을 흐르는 해반천이 당시에도 존재하였으며, 민물조개잡이도 활발히 진행되었음을 알 수 있다.

　유적별 조개잡이 양상을 종합하면, 옛 김해만에 살던 가야 사람들은 겨울철을 중심으로 늦가을에서 이듬해 늦봄에 이르는 기간에 바닷가 바위와 개펄에서 조개잡이를 해, 저장된 식량을 뒷받침하는 보조식량으로 활용하였던 것으로 생각된다.

셋째, 물고기잡이는 옛 김해만 안팎에서 모두 진행되었던 것으로 보인다. 만 안쪽의 고기잡이는 주로 늦봄에서 여름에 이르는 시기에 농어와 감성돔을 주로 잡았던 것으로 생각된다.

만 바깥으로 나아가 상어류와 참돔도 많이 잡았던 것으로 추측된다. 난류성 어종인 참돔은 쿠로시오 해류를 따라 이동하다가 늦봄에서 초여름에 이르는 시기에 산란을 위해 만 입구로 들어오는 습성이 있다. 이 시기에 낚시를 활용한 참돔잡이가 이루어진 것으로 생각된다.

분절유적과 북정유적에서 확인된 한류성 어종인 대구의 경우, 리만해류를 따라 남하하다 12월에서 1월에 수심이 얕은 연안으로 찾아드는 습성이 있다. 가야인들은 이 시기에 다시 만 입구로 이동하여 대구잡이에 나섰던 것으로 추정된다.

분절유적에서 확인되는 숭어를 통해 이곳 사람들은 봄에 만 입구의 가덕도로 이동하여 숭어잡이도 진행했던 것으로 보인다.

넷째, 분절과 봉황동유적에서 고루 확인되는 강치의 존재로, 만 바깥으로 나아가 활발한 강치사냥이 진행되었음을 알 수 있다.

일반적으로 바다 포유동물의 뼈는 수압을 견디기 위해 골밀도가 높아, 도구를 제작하는 데 적합하지 않다. 강치잡이의 주된 목적은 식량과 더불어 기름과 가죽의 확보였던 것으로 생각된다.

다섯째, 사냥은 사슴이 주 대상이었다. 사슴은 낙엽수림, 호숫가에 서식하며 잡을 때 위험도가 멧돼지보다 훨씬 낮아 주변에서 비교적 손쉽게 포획할 수 있는 사슴을 선호한 것으로 생각된다. 옛 김해만 주변은 낙엽수림이 울창한 숲으로 추정되므로, 집 주변에서 사슴을 사냥한 것으로 보인다.

사슴은 식재료뿐 아니라 골각기 제작에 필수 재료였으며, 가죽은 겨울철 의복으로 활용되었다. 뼈 내부에 함유된 골수는 식재료 외에도 가죽을 부드럽게 하는 데 사용되었다.

봉황동유적에서는 많은 양의 꿩이 확인된다. 사슴과 함께 사냥의 주 대상이 된 것으로 생각된다.

여섯째, 가축 가운데는 개의 개체수가 많다. 사냥개로 이용되었던 것으로 보인다. 개 이외의 가축으로 소와 말은 봉황동유적에서 다수 분포한다. 물자 운송에도 적극적으로 활용되었을 것으로 짐작된다.

대성동고분군에서 확인된 소와 말, 참돔 뼈는 의례 목적으로 별도의 구덩이에 묻거나 토기에 담아 묻은 것으로 추정된다.

참고문헌

〈단행본〉

권오길·박갑만·이준상, 1983, 『原色韓國貝類圖鑑』, 아카데미서적.

김익수·강언종, 1993, 『原色韓國魚類圖鑑』, 아카데미서적.

인제대학교 가야문화연구소, 2013, 『봉황동유적』, 주류성.

김건수, 2021, 『맛있는 고고학』, 진인진.

〈보고서〉

부산수산대학교박물관, 1993, 『北亭貝塚』.

경남발전연구원 역사문화센터, 2002, 『김해회현동소방도로구간내유적-13·14·15통』.

경남고고학연구소, 2005, 『봉황토성』.

_____, 2009, 『金海 會峴里貝塚 II』.

경남문화재연구원, 2012, 『부산 분절패총』.

대성동고분박물관, 2015, 『金海 大成洞古墳群 -85호분~91호분-』.

_____, 2017, 『金海 大成洞古墳群 -추가보고 및 종합 고찰-』.

국립가야문화재연구소, 2020, 『김해 봉황동 유적 출토 자연유물』.

_____, 2021, 『김해 봉황동 유적 출토 동물유체 분석 연구』.

_____, 2022, 『김해 봉황동 유적 출토 동물유체 분석』.

두류문화연구원, 2020, 『김해 천곡리 유적』.

한화문물연구원, 2021, 『김해 유하동 유적 I 』.

〈논문〉

서현주, 1996, 「남해안지역 원삼국시대 패총의 시기분석과 기원문제」, 『호남고고학
보』 4, 호남고고학회.

_____, 2000, 「호남지역 원삼국시대 패총의 현황과 형성배경」, 『호남고고학보』 9, 호남고고학회.

정찬우, 2011, 『鐵器時代 動物遺體 硏究』, 목포대학교 석사학위 논문.

정찬우, 「자연 유물로 보는 옛 김해 앞바다 가야인의 생활」에 대한 토론문

임학종 (전 국립김해박물관)

1. '기원후 2~3세기경부터 추운 날이 계속되면서, 먹거리가 부족해지기 시작한다. 인구 증가와 한랭화에 따른 식량부족 현상을 극복하고자 가야인들은 농사짓기와 더불어 사냥과 물고기잡이, 조개잡이를 활발히 진행하였다.'라고 하였다. 전술한 유병일 선생의 1번 질문과 같이 재고가 필요하다.

2. 그림 3과 그림 4의 분포 %는 무엇을 의미하는지 설명하여 주기 바랍니다.

3. 봉황동 유적과 유하동 유적의 블록 샘플링 자료에 대하여 전체 상황 파악이 어렵다고 하였다. 그런데 이 글의 전체 개체수는 모두 일정한 기준에 의한 블록 샘플링의 결과물이 아니지 않습니까? 시대성이나 개체의 객관화 근거가 있는지 답해 주기 바랍니다.

4. 결론에서 옛 김해만권 유적 출토 자연 유물을 통하여 당시의 생활환경을 정리하면서, '개의 개체수가 많고, 사냥개로 이용되었던 것으로 보인다.'라 하였다. 근거는 무엇일까요? 가축화와는 관계없는지요?

정찬우,「자연 유물로 보는 옛 김해 앞바다 가야인의 생활」에 대한 토론문

소배경 (삼강문화유산연구원)

발표자께서는 고 김해만에서 채집된 패류와 동물유존체에 대한 분석을 통해 가야인의 생활을 살피고자 하였다. 고 김해만 주변에 살기 시작한 사람들은 기원후 2~3세기경부터 추운 날이 계속되면서, 먹거리가 부족해지기 시작하며, 인구 증가와 한랭화에 따른 식량부족 현상을 극복하고자 가야인들은 농사짓기와 더불어 사냥과 물고기잡이, 조개잡이를 활발히 진행하였다. 그 과정에서 채집된 패류와 동물유존체 분석을 시도한 논고이다.

1. 고 김해만 권역 동물이용양상에 대한 질문

패총은 과거인들이 패류를 채집하여 섭취하고 그 패각을 버린 쓰레기더미로, 패각에 포함되어있는 탄산칼슘 성분으로 인해 토양이 알칼리화되면서 함께 폐기된 유기물이 잘 보존될 수 있는 환경이 조성된다. 가야의 패총에서도 다양한 패류와 함께 포유류, 조류, 어류 등 다양한 동물유존체가 확인되었다. 가야인들의 식생활뿐 아니라 생활 전반에 적극적으로 동물자원을 이용했다는 것을 알 수 있다.

최근 고성 동외동 유적에서는 참굴, 피뿔고둥, 바지락, 소라, 가무락조개, 대수리, 두드럭고둥 등이 확인되었는데, 유적 인근에서 채집할 수 있는 종류가 주를 이루고 있으며(강경연 2022) 겨울뿐 아니라 여름철에도 이용할 수 있는 패류가 다수 확인되었다. **동물유존체 분석을 통해 확인된 돌고래류나 대형고래류 유존체 역시 먼 바다에 나가 직접 수렵에 의해 포획하여**

이용했다기보다는 해안에 밀려온 사체를 이용하거나 연안에서 우연히 포획하였을 가능성이 크다고 판단된다(고은별 2023). 또한 상어류, 가오리류, 농어 등 어류도 확인되고 있어 해안지역에서 이용할 수 있는 야생의 해양 자원을 적극적으로 활용하였음을 알 수 있다.

또한 김해 봉황동 유적은 해안에 접해있으면서도 주변에 산지가 풍부한 환경인데, 그러한 이유로 사슴과와 꿩 등 야생의 육상자원도 적극 활용할 수 있었던 것으로 보인다. 사슴과의 경우도 봄~겨울 사이에 도살한 것으로 판단되는 자료뿐 아니라 겨울~봄에 해당하는 자료도 확인되고 있어 연중 이용되었음을 확인할 수 있다. 이처럼 고 김해만 권역 패총 출토 동물유존체는 자원이 풍부한 입지적 이점을 이용하여 이곳에서 인간 활동이 연중 활발히 이루어졌음을 시사한다.

그런데 고 김해만의 패총에서의 동물유존체 출토 양상은 가야인들의 식생활만을 반영하고 있는 것은 아니다. 그 이유는 고 김해만의 패총 유적의 사슴과 유존체 출토 양상 때문이다. 고 김해만의 패총에서는 사슴과의 출토 비율이 압도적으로 높아 매우 적극적으로 이용했음을 알 수 있다. 남해안의 패총 유적에서 공통적으로 확인되는 현상이다. 부위별 출토 양상에서도 녹각과 두개골 등 머리 부위의 출토 비율이 매우 높고, 자연 탈락된 녹각까지 적극적으로 채집하여 이용한 것을 알 수 있다. 또한 뼈의 형태가 곧고, 섭취할 수 있는 고기가 많지 않은 부위라 골각기의 재료로 선호되는 부위인 중수골과 중족골 및 그 연결 부위도 다량 출토되고 있다. 게다가 이러한 녹각과 두개골, 중수골, 중족골 등에서 마연 및 절단흔이 다수 관찰되고, 길게 종방향으로 자른 뼈들도 다수 확인되고 있다. 또 회현리 패총에서 출토된 골각기도 녹각이나 사슴과의 사지골을 이용한 도자병, 작살, 첨두기 등이 확인되고 있다. 고 김해만 권역 패총에서 사슴과의 녹각과 사지골을 이용한 골각기의 제작이 활발하였음을 알 수 있다.

토론자는 동물유존체 분석을 통해 확인된 돌고래류나 대형고래류 유존체 역시 먼 바다에 나가 직접 수렵에 의해 포획하여 이용했다기보다는 해안에 밀려온 사체를 이용하거나 연안에서 우연히 포획하였을 가능성이 크다고 본다. 발표자의 의견을 듣고 싶다.

2. 가야인의 사육종에 대한 질문

어류나 패류의 이용은 남해안지역의 패총 유적과 대동소이한 양상을 가진다고 할 수 있겠으나, 가야인의 사슴과의 집중적인 이용은 사천 늑도, 사천 방지리 유적의 경우는 원형점토대토기단계에 사슴과의 비율이 약 45%, 삼각형점토대토기단계에 72% 가량인데, 사천 늑도 유적의 경우는 약 85% 가량, 고성 동외동 유적은 87.4% 가량을 차지한다. 또한 사천 늑도 유적에서의 사슴과의 부위별 출토 양상 역시 골각기의 제작과 관련된 것으로 이해되어왔다(고은별 2012).

한편, 고 김해만의 패총이 조성된 시기는 한반도에 사육종 동물이 유입되어 인간의 동물 이용상이 다각화되는 시기로 식생활의 변화뿐 아니라 이후 고대국가 형성기의 정치·경제적 토대가 마련되는 매우 중요한 시기이다. 또한 이 시기 남해안은 대규모 유적들을 중심으로 바다를 매개로 한 여러 집단 사이의 교류가 확인된 바 있는데 고 김해만 패총이 이처럼 시공간적으로 매우 중요한 위치에 있음에도 불구하고 그 구체적인 양상이 알려지지 않아 아쉬움이 있었다. 최근의 남해안 따라 분포하는 고성 동외동 유적과 양산 다방동 유적에 대한 발굴조사와 보고를 통해 그 면면이 알려지면서 이러한 부분을 보완할 수 있게 되었다.

봉황동 유적에서는 사육종으로 개의 개체수가 많고 그다음으로 소와 말이 다수 확인되었다. 남해안 패총 유적에서 가장 이른 시기의 사육종은 늑도패총에서 출토된 개와 소, 사천 방지리 유적에서 출토된 개와 소뼈가 알려져 있다. 최근 성과로는 고성 동외동 유적에 출토된 말과 송아지 뼈가 주목된다(삼강문화유산연구원 2024;경상문화재연구원 2025).

고 김해만 패총에서는 사육종 동물과 야생종 동물을 함께 이용한 것은 물론 계절에 따라 획득 자원을 달리하며 해양 및 육상자원을 다양하게 이용하였고, 이러한 자원들을 식료로 이용했을 뿐 아니라 도구의 재료로도 적극적으로 활용하면서 안정적인 생활을 영위할 수 있었던 것으로 보인다.

발표자께 드리는 질문은 고 김해만 패총 유적에서 보이는 사육종의 현황과 성과에 대한 부연 설명을 부탁드린다.

참고문헌

강경연, 2022, 「고성 동외동패총의 조사현황과 최신 조사성과」, 『패총, 환호 그리고 방어』, 삼강문화재연구원.

고은별, 2012, 「경남서부지역 점토대토기문화 생계경제 연구」, 『한국고고학보』 82.

_____, 2023, 「부록1. 고성 동외동유적 출토 동물유존체」, 『고성 동외동 유적』, pp.604~636.

경상문화재연구원, 2025, 『고성 동외동 유적』.

삼강문화재연구원, 2024, 『고성 동외동 유적II』.

정찬우, 「자연 유물로 보는 옛 김해 앞바다 가야인의 생활」에 대한 토론문

김양훈 (창원대학교)

1. 패총유적에서 출토된 자연 유물을 통해 가야인의 생활환경을 살폈다. 어류의 종류, 바다환경에 따라 어로기술, 어식문화 등 어류와 관련된 다양한 문화가 있을 것이라 생각한다. 발표자가 이러한 면을 구체적으로 언급하지 않은 점은 자료 한계 때문이라 생각한다. 그렇지만, 가야 뿐만 아니라 공간적 범위를 넓혀 고대 한반도 사람들의 어로활동과 그 성격에 대한 발표자의 생각이 궁금하다.

2. 고김해만 밖으로 나가 상어류, 참돔을 잡았고, 회귀습성이 있는 참돔은 고김해만에서 낚시로 잡았을 것이라고 설명하였다. 그런데, 반구대 암각화에 그려져 있듯이 대형어류와 돌고래 등 바다 포유류는 작살로 사용하는 등 다양한 어로기술이 있었을 것인데, 가야인들은 어떻게 하였는지 궁금하다.

종합토론

- 일시 : 2025.09.18.15:20 ~ 18:00
- 장소 : 국립김해박물관 대강당

사회자 : 지금부터 제30회 가야사학술회의 종합토론을 시작하도록 하겠습니다. 종합토론의 좌장은 부산대학교 신경철 교수님께서 맡아 주시겠습니다.

신경철 : 안녕하십니까. 부산대학교 신경철입니다. 앞서 발표한 여섯 분의 발표자는 이미 소개해 드렸으니, 먼저 토론자 세 분의 소개로 시작하겠습니다.
　임학종 전 국립김해박물관장님입니다.

임학종 : 안녕하십니까. 임학종입니다.

신경철 : 삼강문화유산연구원 소배경 선생님입니다.

소배경 : 소배경입니다. 반갑습니다.

신경철 : 창원대학교 김양훈 선생님입니다.

김양훈 : 창원대학교 김양훈입니다.

신경철 : 오늘 토론은 자료집의 토론 원고 순서에 따라 임학종 선생님께서 먼저 발표자에게 질의하시고 다음으로 소배경 선생님, 김양훈 선생님의 질의로 진행하겠습니다. 시간이 된다면, 발표자 선생님 간의 질의응답과 객석에 계신 시민분들의 질문도 받도록 하겠습니다. 임학종 선생님 질의해 주십시오.

임학종 : 가야 패총 관련 학술회의에서 선사 토기를 공부하는 사람이 발표하게 되어 죄송합니다. 신석기시대 패총 발굴 이력으로 이 자리에 있는 듯합니다. 가야 패총은 잘 모르지만 몇 가지 질문을 하겠습니다.

유병일 선생님 발표문의 'Ⅱ. 입지(立地)와 구성물(構成物)'에서 '선진적인 철기문화 기술로, 바다로부터 식량자원을 확보하여 패총이 등장하였으며 기후 한랭화로 식량자원이 부족하여 집단끼리의 갈등으로 패총의 입지가 고지를 택하였다.'라고 하였습니다. 철기의 기술이 바다의 식량자원 획득에 유리하기는 하였겠지만, 과연 철기 기술이 패총의 형성에 영향을 주었는지 궁금합니다. 그렇다면 신석기시대의 패총은 어떻게 설명하여야 할까요? 아울러 기후 한랭화와 패총의 급증은 선뜻 동의하기 어렵습니다. 인용한 논문이 20년이 넘은 예이고, 현재 고환경 연구 결과에 의하면 1~3세기는 오히려 우기와 건기가 나누어지고, 우기가 되면 비가 많아지는 몬순 기후라고 밝혀지고 있는데, 이에 대한 의견을 부탁합니다. 더불어 이 질문은 정찬우 선생님께도 해당되기 때문에 정찬우 선생님도 답변을 부탁드립니다.

현재의 기후 환경 연구 결과에 따르면 1~3세기 이후부터는 사실상 몬순 기후입니다. 한랭기후가 아닙니다. 한랭기라는 용어가 무슨 의미인지를 알고 싶습니다. 기온이 몇 도 이상 떨어졌다는 말씀인지 아니면 다른 의미인지 두 분께서 말씀해 주시면 고맙겠습니다.

신경철 : 질문 감사합니다. 유병일 선생님 먼저 답변해 주십시오.

유병일 : 동서문물연구원의 유병일입니다. 철기는 당시에 새로운 신기술의 도구이기 때문에 식량자원을 확보하기에 유리하다는 사실은 임학종 선생님께서도 잘 알고 계실 거라 생각합니다.

　　패총의 형성 과정에서는 취락이 들어서며 늘어나는 여러 부산물이 패총으로 유입되는 상황이 함께합니다. 취락의 형성과 발전 및 확대와 관련지어 본다면 선진화된 기술인 철기가 취락과 패총 형성에 관련이 있을 것으로 생각합니다. 물론 이 의견은 최성락, 김건수 선생님께서 이야기하신 것입니다. 물론 20년 전의 성과지만 아직 활용되고 있는 하나의 학설이기 때문에, 저도 존중하는 차원에서 인용하였습니다.

　기후 한랭화 역시 최성락 선생님과 서현주 선생님께서 주장하시는 내용입니다. 기후와 온도 차를 잘 모르겠습니다만 이분들도 지리학자 김문호 선생님의 삼국시대 초기 이사금 시대 관련 내용들을 참고하셨습니다.

　기본적으로 날씨가 추우면 농업 생산물이 떨어지는 것은 사실입니다. 거기에 따른 대책을 강구하기 위한 수단의 하나로 해산물 확보 등이 패총 형성 원인의 하나로 생각되어 발표문에 인용하였습니다.

신경철 : 다음으로 정찬우 선생님 답변해 주시기 바랍니다.

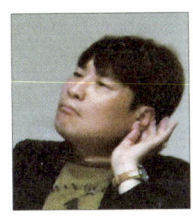

정찬우 : 인제대학교 박물관 정찬우입니다. 저는 기후 한랭화가 진행되면 농사짓기가 어려워져 바닷가 주변으로 사람들이 이동해 철제 도구를 활용한 조개 등의 식량을 대량으로 획득하는 과정에서 신석기시대보다 훨씬 큰 대형의 패총이 형성되었다고 생각해 왔습니다.

1~3세기에 우기와 건기가 있었고, 우기는 몬순 기후라는 연구 성과는

제가 미처 파악 못 했습니다. 향후 추가 연구 과정에서 이러한 성과를 반영하도록 하겠습니다. 좋은 의견 감사합니다.

신경철 : 임학종 선생님의 토론 원고 가운데, 2번과 3번은 같이 질문해도 될 것 같습니다. 그래서 유병일 선생님과 김다빈 선생님은 기본적으로 2~3세기 대의 취락과 나라의 형성을 기후변동의 전제로 논리를 전개해 주셨습니다. 그런데 임학종 선생님은 과연 기후 변화가 그것과 관련이 있느냐고 생각하시는 것 같습니다. 예컨대 양산 다방리 패총의 경우는 기후변동이 아니라 사회적인 요인이 더 큰 것이 아닌가 말씀하셨습니다.

임학종 선생님이 생각하시는 사회적 요인은 어떤 것일까요?

임학종 : 제 개인적인 생각이라기보다는 지금 학계에서 나오는 얘기는 기원 전후 시기를 지나 2~3세기가 되면 일부 패총이 높은 곳으로 올라가는 경우가 있습니다. 양산 다방리 경우 유병일 선생님이 바닷물이 들어왔기 때문에 주변에서 농사짓기가 곤란해 고지로 올라갔다고 하셨는데, 그 말씀에는 동의하기가 어렵습니다. 바닷가에서 물고기를 잡고 조개를 채취해서 위로 올라가는 것이 기후나 자연환경보다는 사회적인 요인에 더 강한 영향을 받은 것으로 생각합니다. 사회적으로 전쟁이나 침략 같은 것들이 있었기 때문에 높은 곳으로 올라가 방어를 한 것이 아닌가 생각합니다.

신경철 : 임학종 선생님께서는 2~3세기 대의 여러 상황을 단순히 기후 변화, 한랭화에 따른 영향으로만 봐서는 곤란하다고 말씀하셨습니다.

삼국지 위서 왜인전에 보면 '왜국 대란'에 우리가 오늘 살펴보는 고지성 취락이 나옵니다. 2세기 중엽 기사에 방어 목적의 고지성 취락이 나옵니다. 기후를 비롯한 자연환경의 영향보다는 전쟁 같은 사회적 요인으로 방어 목적의 고지성 취락을 형성한 것으로 이해할 수 있습니다.

삼국지 위서 한전에 보면 한(漢)나라 환제에서 영제 시기, 서기 150~180년 사이에 우리를 뜻하는 한(韓)과 일본을 뜻하는 왜(倭)가 강성해서 제어를 못한다는 기록이 있습니다. 성격은 다르지만 왜국대란이나 환영지말의 기록에서도 사회적인 요인이 더 강하게 영향을 미친 것으로 볼 수 있습니다.

임학종 선생님, 유병일 선생님께 질문 마무리해 주시기 바랍니다.

임학종 : 유병일 선생님께 드린 2번 질문은 거의 답변이 된 것 같습니다. 다만 현재도 양산천 주변 저지대에 고인돌이 확인되는 것을 보면, 가야 시대에도 해수면 변동 때문에 농사를 비롯한 생산활동이 불가능할 정도는 아니었다고 생각합니다. 3번 질문은 생략하겠습니다.

신경철 : 임학종 선생님, 김다빈 선생님께 질문 부탁드립니다.

임학종 : 김다빈 선생님에 대한 제 토론 원고 1번 질문이 유하동 패총 158번지 제사관련 유구입니다. 제가 현장에서도 말씀드렸는데 제가 보기에는 목관묘입니다. 주변이 다 깎였고, 유물이 놓인 상태가 주거지로 보이는 곳 안이고 해서 제사유구로 보시는 것 같습니다. 그런데 집 안에 제사용 도구를 그런 양상으로 보관하지는 않습니다. 보관하려면 탁자 위에 놓거나 제대로 거치 해야 하는데 여기에서는 다 누워 있습니다. 이런 사항들에 대해 김다빈 선생님은 어떻게 생각하시는지 알고 싶습니다.

김다빈 선생님께 드릴 중요한 질문은 사실 토론원고의 3번입니다. 해남 군곡리 패총 정상부에 출토된 배모양 토기를 제가 직접 관찰했을 때 내면에 구멍이 하나 있었습니다. 주변에 노걸이 시설은 없었습니다. 일반적으로 배에 노걸이와 돛이 함께 있는 경우는 없습니다. 여기에 대한 답변 부탁드립니다.

지금까지 확인된 가야의 배모양 토기 가운데 돛 설치 시설이 확실히 확인되는 토기는 창원대박물관에서 조사한 창원 현동 유적 출토 2점, 삼한문화유산연구원에서 조사한 창원 현동 유적 출토 1점, 아모레퍼시픽박물관 소장 1점, 그리고 외국에 있는 1점이 있습니다.

더불어 선생님 발표에서 봉황동유적의 대지 조성에는, 토성 축조 시 다수 확인되는 목주와 토질이 다른 흙을 교차로 쌓는 성토법이 사용된 것으로 추정된다고 하셨는데, 어느 유적의 사례를 인용하셨는지 알고 싶습니다.

신경철 : 김다빈 선생님 답변해 주십시오.

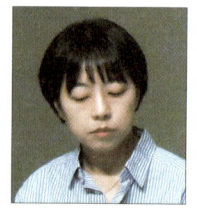

김다빈 : 동아대학교 김다빈입니다. 먼저 3번 질문에 대한 답변부터 시작하겠습니다. 군곡리에서의 배모양토기에 노걸이로 추정되는 구멍이 있다는 설명을 제가 확인해 보지 않고 그대로 인용하였습니다. 확인해 보지 않은 저의 잘못입니다. 제가 임학종 선생님의 참고 사진 외에 다른 사진을 찾아보았는데, 정면과 위쪽에서 찍은 사진을 보니 선생님께서 말씀처럼 배 가운데 부분에 구멍이 있고, 배의 끝 윗부분에도 구멍이라고 할 수 있는 것이 뚫려 있었습니다. 사진에서 노걸이는 확인할 수 없었습니다.

가야 시대 유적에서 배모양 토기 또는 토우가 출토한 사례가 많습니다. 말씀하신 현동 유적 출토 배모양 토기의 경우 먼바다를 항해할 수 있는 준구조선의 형태를 띠고 있고, 봉황동 119-1번지에서 확인된 선박의 부재 등을 활용하였을 것으로 생각됩니다. 배모양이 날렵한 유선형이고, 첨저형의 바닥을 가지고 있어 먼바다를 항해하는 배로 추정되기 때문에 돛이 사용되었을 것으로 생각합니다.

이밖에 김해 여래리고분군에서도 배모양 토우가 확인됩니다. 이것은 현동 배모양 토기와는 다르게 단면 U자형 보트처럼 생겼습니다. 여기에 노걸이가 배 양쪽에 설치되어 있고, 돛은 설치되지 않은 것으로 보입니다. 상대적으로 근해를 항해했던 배모양으로 생각됩니다. 군곡리 출토 배모양 토기에서 확인되는 구멍의 경우 여기에 돛을 꽂았는지, 아니면 키를 꽂았는지의 사실은 현재까지는 잘 알 수가 없는 부분이라 생각합니다.

1번 질문의 경우, 저도 현장을 방문한 적이 있습니다. 제가 생각하기에 무덤이라 하기에는 너무 벽이 낮고 토기의 출토양상에서 무덤으로 보기에는 조금 어렵지 않나 생각했습니다. 저는 수혈로 생각했습니다. 더불어 제가 판단하기에 유구가 자리한 곳이 생활 구역에 속하기 때문에 무덤 1기만 단독으로 설치하는 것도 무리가 있다고 생각합니다.

2번 질문에 대한 답변을 드리겠습니다. 유하리 유적 구릉의 정상부, 사면부, 말단부 등지에 패각층이 확인되었습니다. 제가 발표문의 각주에 김해만의 후퇴(海退)에 따라 높은 곳에서 낮은 곳으로 생활공간이 확대되었다고 한 것은 조사단의 의견을 따른 것입니다. 처음, 이 원고를 작성할 당시에는 조사단의 의견을 존중해 그렇게 생각했었습니다. 그러나 조금 더 제 나름대로 해석해 본 결과 해퇴에 의한 결과라기보다는 처음 조성된 높은 곳의 생활 구역에서 인구 증가, 시설 증가 등의 공간 부족으로 낮은 곳으로 점차 생활 구역을 확장한 것이 아닌가 추정하고 있습니다.

정상부는 해발 38~42m, 사면부는 31~34m, 말단부는 5~13m에서 패각층이 확인됩니다. 인공 구(溝)가 설치된 곳이 정상부와 가까운 해발 39~40m, 30~37m에 각각 설치되어 있습니다. 조사단은 이 구를 통해서 공간 분리가 이루어진 것으로 보고 있고, 인공 구의 폐기 후 패각이 매립된 것으로 추정하고 있습니다. 이러한 점에서 공간 확장의 목적으로, 점차 아래쪽으로 생활 구역이 내려온 것으로 생각됩니다. 그렇다면 해퇴에 따른 생활 구역의 이동보다는 외부적 요인에 따른 확장으로 보는 것이 조금 더 낫지 않을까? 지금은 생각하고 있습니다.

신경철 : 답변 감사합니다. 임학종 선생님 추가로 질문하실 게 있으실까요?

임학종 : 정찬우 선생님께 질문드리겠습니다. 블록 샘플링 부분 관련해서 원래 목적은 안 그러셨겠지만, 그렇게 하면 안 된다 이런 얘기도 들려서 말씀드립니다. 패총에 있는 패각을 전부 다 조사하기는 불가능하고, 그렇게 되면 제대로 된 결과가 안 나옵니다. 때문에 일정한 폭과 두께를 가지고 블록 샘플링을 해서 그 면적에 나온 것만 조사하는 것이 오히려 연구할 가능성이 높다고 말씀드립니다. 이미 선사 고고학 연구에서는 그렇게 하고 있습니다. 이 질문은 굳이 답변 안 해주셔도 됩니다.

그리고 마지막 부분의 사냥개 관련해서는 제가 무슨 의미인지 잘 몰라서 질문드립니다.

신경철 : 정찬우 선생님 답변 부탁드립니다.

정찬우 : 블록 샘플링의 경우 전적으로 임학종 선생님의 의견에 동감합니다. 다만 이번에 블록 샘플링을 포함한 유적별 자연 유물의 전체 분석을 한 이유가 있습니다. 이웃 일본의 경우 자연 유물 데이터 자료들이 많이 축적되어 있어 여러 연구에 활용하여 많은 성과를 일구고 있습니다. 그러나 우리나라에서는 아직 연구 성과에 활용할 만한 데이터가 축적되지 못하고 있습니다. 때문에, 이번 발표를 준비하면서 자료 축적의 목적으로 해당 유

적에서 확인된 자연 유물 전체의 정량 분석을 시도해 보았습니다.

사냥개의 경우 사냥에 활용하는 가축화된 개를 지칭하는 용어로 사냥개를 사용했습니다.

신경철 : 답변 감사합니다. 임학종 선생님 답변에 만족하셨습니까?

임학종 : 네. 마지막으로 한 말씀만 드리겠습니다. 패총이란 용어가 일본용어입니다. 공식 용어는 조개더미입니다. 국어사전에도 조개더미로 표기되어 있습니다. 조개무지도 맞는 용어이지만, 조개더미가 공식 용어라는 점 참고하시라고 말씀드립니다.

신경철 : 감사합니다. 다음으로 소배경 선생님 질문 시작해 주시기 바랍니다.

소배경 : 유병일 선생님께 먼저 질문드리겠습니다. 가야시대 패총의 입지에 대한 질문입니다. 제가 고성 동외동 유적을 조사하면서 들었던 고민과도 연관된 질문입니다.

본 발표문의 시간적 범위인 기원후 2~5세기로 넓게 설정하는 것보다 삼한과 삼국시대를 구분하여 입지를 설정하거나 유적의 중심연대를 중심으로 분류해도 입지의 특징을 보이지 않는지 궁금합니다.

저는 정치적인 변동으로 구분할 수 있다고 생각합니다. 이러한 정치적인 변동을 입지 변화의 주요 요인으로 보시는 분들이 많이 있습니다. 저도 김해기 패총이 높은 곳으로 가는 것이 방어적 측면으로 이를 통해 군사적 네트워크가 형성되었다는 내용의 발표를 한 적도 있습니다. 때문에 발표자께서 입지선정이나 분석에서 중심연대를 나누어 보시면 입지적 특징이 보이지 않는지 궁금합니다.

신경철 : 유병일 선생님 답변해 주십시오.

유병일 : 16개의 유적을 관련해서 해오셨습니다. 연대 부분은 어느 한 유적을 딱 잘라서 특정한 한 시기라고 하기에는 어렵습니다. 대략 200~300년의 폭을 가지고 있는 유적이기 때문에, 이 유적은 삼한시대나 삼국시대라고 명확하게 구분할 수는 없습니다. 2~5세기에 해당하는 16개 유적이 상한은 2세기대, 하한은 5~6세기대이니까 기준을 2~5세기대로 잡고 연구를 시작했습니다. 그러다 보니 출토 유물로는 고지성 취락이나 구릉에 있거나 저지대에 있거나 해안가에 있는 취락으로 구분할 수 없었습니다. 입지가 다르지만 유물로 특징을 찾기에는 어려웠습니다.

사회적 변동의 경우 일시적인 사용이고 비정기적인 생활패턴이라 할 수 있지만, 취락은 선택해서 최소 1년 동안의 의식주 문제를 해결하지 않으면 안 됩니다. 그러한 관점에서 본다면 입지 선정에서 중요한 것은 사회적인 변동보다는 취락인들이 살아가는 생활패턴이 중요하다고 생각합니다. 그래서 저는 먼저 자연적인 선택으로 입지를 정하고, 이후 취락이 운영되고 확대되면서 일어나는 상황들을 해결하는 과정으로 설명하였습니다. 중심연대 중심으로 분류하는 시각도 상당히 좋은 시도라고 저도 생각합니다. 저도 이런 관점으로 연구를 계속해 볼 생각입니다.

중심 취락으로서 해결을 본다면, 봉황대 및 회현리패총, 신문리(관동리) 유적, 창원의 남산, 중동유적 등의 상황을 본다면 일상적인 생활을 영위하면서 어떤 특수 기능을 취락이 가지고 있는 사회이고 그러한 생활패턴에서 취락을 위협하는 요소라든지 상황들이 제기되었을 때 취락민들이 극복하는 상황을 우선적으로 두고 입지선택에 적용했습니다.

신경철 : 답변 감사합니다. 소배경 선생님, 더 말씀하실 게 있으실까요?

소배경 : 김해기 시기 고지성 마을 유적에 집중하게 된 계기가 고성 동외동 유적 조사입니다. 고성 동외동유적은 정상부 광장을 중심으로 의례 수혈이 있고 항상 낮은 공간에 주거지가 축조됩니다. 이 주거지가 소실 주거지로 확인되기 때문에, 사회적 변동과 정치적 변동이 강하게 작용한 것이 아닌가? 생각했습니다. 적어도 주거지 3~4동이 계속해서 중복 확인되는데, 주거지가 소실되면 다시 그 자리에 계속 주거지를 만든다는 것으로 생각할 수 있습니다. 이런 현상이 동외동 유적에서 나타나는 이유가 뭘까 고민하다 보니 약탈이나 전쟁 같은 사회적 요인에 주목하게 되었습니다. 2~5세기 동안 해상세력이 들어와 약탈이나 전쟁을 하는 과정에서 주거지가 소실되고, 목적을 이룬 해상 세력이 물러나면 소실된 주거지 위에 다시 집을 짓는 상황이 반복적으로 진행된 것으로 생각할 수 있습니다. 그러면서 사치품이라 할 수 있는 외래계 교역품들이 집중적으로 동외동유적에서 출토되고 있기 때문에 약탈이나 침탈을 당하더라도 그 공간을 유지하고 성장하는 것이 보여서 시기를 구분하는 것이 좋지 않겠냐는 의견을 제시하였습니다.

신경철 : 다음으로 조성원 선생님께 질문 부탁드립니다.

소배경 : 조성원 선생님께 김해 봉황동유적으로 질문 한 가지 드리겠습니다. 조금 전에 블록 샘플링 이야기도 나왔는데, 봉황동유적을 조사하면서 가장 힘든 점이 시료의 문제입니다. 저희가 회현리 패총을 조사할 때도 133개의 층이 있었지만, 그 층을 크게 구분하면 56층을 경계로 크게 2등분

으로 나눌 수밖에 없었습니다. 그 정도로 패총이라는 공간에서 다양한 시기의 유물들이 복합적으로 같이 나오기 때문에 크게 시기를 구분하면 와질토기 단계와 무문토기 단계에서 넘어가는 시기밖에 구분이 안된다는 것입니다. 봉황동유적의 패총 형성 시기를 어떻게 볼 것인가의 문제는 지금 국립가야문화유산연구소에서 진행 중인 왕궁 유적 조사에도 참고가 될 것 같아 질문드립니다.

　패총유적 규모를 분석했던 조성원 선생님이 보시기에 패총의 시기가 상한은 어디까지 볼 수 있는지 그리고 하한은 어디까지 보시는지 알고 싶습니다. 참고로 저희가 조사한 구간에서는 하한을 4세기까지로 볼 수 있는 지점이 있었습니다.

신경철 : 조성원 선생님 답변 부탁드립니다.

 **조성원** : 국립경주문화유산연구소 조성원입니다. 발표를 준비하면서 자료를 정리하다 보니 패총이 형성되기 전에 아래에 있는 유구가 어떤 유구인가를 고민해 봤을 때 가장 확실한 유구 중에 하나가 일명 김해식 옹관이라고 하는 그 옹관이 하나의 기준이 될 수 있고, 부산대학교 박물관에서 조사했던 2트랜치에서 나온 주거지, 주거지가 비어 있는 상태에서 패각층이 들어 왔는데 그 주거지 안에서 수습된 유물, 토기가 검토 대상입니다.

　그런데 사실 어떻게 보면 이것이 좀 상충되는 것이라고 해야 될까요? 옹관보다는 늦은 시기에 패총이 형성되었다는 점이 첫 번째입니다. 조금 전의 주거지를 살펴보면 주거지가 비어 있고 내부에서 패각이 나오는데, 이를 통해 패총이 형성된 시기와 주거지가 폐기되는 시기가 거의 비슷하다

고 볼 수 있습니다. 그렇다면 패총 형성 시기의 상한이 올라갈 수 있지 않을까? 라는 고민을 계속하고 있습니다. 그런데 점토대토기를 살펴보면 모양 자체가 조금 이상하고 대성동에서 나온 옹관, 3개의 항아리가 합친 옹관 중에 점토대토기가 있는데 모양이 일반적인 점토대토기와 차이가 있습니다. 특히 김해 지역의 납작하게 붙이는, 형태적으로 일반적인 삼각형 점토대토기와 다른 모습의 토기를 3세기까지 내려볼 수 있는 가능성도 있기 때문에, 국립가야문화유산연구소의 글에 그런 이야기를 했습니다. 그렇다면 2세기까지 김해 지역의 삼각형점토대토기가 2세기까지 남아있다하더라도 삼강문화유산연구원에서 조사한 자료를 보면 무문토기가 같이 공반하고 있습니다. 그렇다면 그 토기도 같이 시기를 내려서 볼 것이냐는 문제를 고민해 볼 필요가 있습니다.

그것과 비슷한 상황이 대성동고분군에서 나왔습니다. 제가 알기로 보고서에서는 와질토기를 기준으로 전체 연대를 내려서 봤습니다. 문제는 거기보다 훨씬 이전의 봉황동유적의 패총유적에서는 훨씬 많은 원형점토대토기가 공반하기 때문에, 저는 소배경 선생님이 말씀하신 것처럼 가능성은 있으나 층위상 안정적인 자료들이 더 확보되어야 구체적으로 이야기가 진전될 것 같습니다. 지금의 자료만으로 원형점토대토기가 있으니까 패총이 그 단계부터 있을 거다, 기원전후 시기까지 올라간다, 기원전 2세기까지 올라간다고 이야기하는 것은 조금 조심스럽다는 정도로 마무리하고 싶습니다. 이상입니다.

신경철 : 답변 감사합니다. 다음으로 김다빈 선생님께 질문 부탁드립니다.

소배경 : 최근 금관가야 사회상 연구를 가장 활발히 연구하고 계신 것으로 알고 있습니다. 금관가야의 집단에 대해 질문드리겠습니다. 선생님께서는

고총고분과 생활복합유적, 그리고 무역항이라고 할 수 있는 유적들이 어우러진 집단을 금관가야 집단의 특징이라고 하셨습니다. 고 김해만 권역 이외의 다른 가야 집단 가운데 위와 같은 특징을 보이는 유적이 있다면 소개 부탁드립니다.

　저는 김해 봉황동토성이 내부에서 그 당시에 가장 중요했던 역외품(域外品)을 통제하기 위해서 토성을 축조했다고 보고 있습니다. 최근 봉황동유적 조사의 방향성이 어떤지에 대한 것도 오늘 오신 발표자, 토론자님께 공통으로 드리고 싶었던 질문이었습니다. 발표자께서 향후 봉황동유적의 학술조사 방향에 대한 고민이 있으시면 의견을 듣고 싶습니다.

신경철 : 김다빈 선생님 답변해 주시기 바랍니다.

김다빈 : 제가 최근 관심 있는 분야가 금관가야의 사회상이었기 때문에 몇 번 연구를 진행한 사례가 있습니다. 두 번째 질문에 대한 답변을 먼저 드리겠습니다. 봉황동유적은 금관가야의 왕성으로 인식되고 있습니다. 왕성이라는 용어는 여러 가지 의미가 있지만 삼국시대에는 국도(國都)의 의미로 당대에 널리 사용되었던 것으로 알려져 있습니다. 반면 도성이라는 용어는 수도의 의미로 조선시대에 이르러서야 변화되었다고 알려져 있습니다. 토론자께서 말씀하신 것처럼 성과 고총고분이 인접한 경관을 이루는 곳이 대성동고분군과 봉황토성, 그리고 합천 옥전고분군과 성산토성, 그리고 말이산 고분군과 가야리토성을 들 수 있습니다. 이 유적들은 물과 가까운 곳에 자리하고, 특히 성산토성의 경우 황강과 낙동강을 이용해 고령·함안·창녕과 연결되는 지리적 요충지로 볼 수 있습니다.

　봉황동유적이 자리한 지역에 진(津)이나 선착장 같은 집하물을 처리하는 곳을 관리하고 통제하기 위해 토성을 축조했을 수도 있습니다. 앞서 말한 성산토성이나 가야리 토성도 마찬가지로 고총 고분이 각각 1㎞, 1.2㎞ 떨어진 곳에 위치하고, 제방과 재해시설도 확인됩니다. 이러한 중요한 시설이 집중되어 있는 점에서 유사한 성격을 띠고 있을 가능성이 높다고 저도 생각하고 있습니다. 이러한 배치는 의도된 것이며, 봉황동유적의 대성동 집단과 마찬가지로 교역과 관련된 것을 통제하려는 목적이었다고 생각됩니다.

봉황동유적은 현재 대지 조성이 이루어졌다는 것을 확인하는 단계의 조사가 진행되고 있습니다. 봉황토성 축조 이전 시기에 만들어진 구(溝)에서 출토한 칠기가 확인되고 있어, 토성 축조 이전 시기에도 이곳이 중요한 지역이었음을 알 수 있습니다.

제가 현재 봉황동유적을 조사하고 있지 않기 때문에 조사 방향을 언급하는 것은 부적절한 것 같습니다. 대신 유하리 유적의 경우, 양동리고분군과 유하리유적 뒤쪽 부분, 고분군과 연결되는 경사면에 대한 조사가 좀 더 이루어진다면, 봉황동유적에 필적할 만한 유하리유적의 여러 사실을 알 수 있지 않을까 생각합니다.

신경철 : 김다빈 선생님, 답변 감사합니다. 소배경 선생님, 두 번째 질문을 이어서 김지연 선생님께 질문 부탁드립니다.

소배경 : 봉황동유적 조사의 방향성에 대한 것입니다. 처음 봉황동유적을 왕궁지라 생각하고 조사를 시작했습니다. 그 결과로 대규모 노동력을 동원하여 대지 조성을 진행했다는 국립가야문화유산연구소의 의견에는 공감합니다.

조사과정에서 현재 확인된 것은 공방지입니다. 그리고 대형 주거지가 부산대학교 박물관 조사구역을 비롯해 2동 이상 확인되고 있지만, 이 유구들이 왕성급의 건물지냐에 대해서는 여러 의문이 있습니다.

현재 조사된 유구 가운데 제철 공방지라든지 골각기를 가공하는 공방지라든지 한반도문화재연구원에서 조사한 적심건물지 등이 있습니다. 이러한 유구가 만들어지고 있는데 수혈 주거지, 대형의 수혈주거지가 왕성급 유적에 맞는 유구인지 의문이 있습니다. 때문에, 현재 봉황동유적 조사의 방향을 한번 더 고민할 시점이 온 것으로 저는 생각합니다.

신경철 : 김다빈 선생님께는 보충 질문을, 김지연 선생님께는 향후 봉황동유적 조사의 방향성을 질문하셨습니다. 먼저 김지연 선생님, 답변 부탁드립니다.

김지연 : 국립가야문화유산연구소 김지연입니다. 저희 조사 구역에서 많은 조사가 진행되었습니다. 제가 생각하기에 대지조성층이 확인된다는 점에서 저희 조사 구역은 봉황토성과 가까이, 특히 왕성이라고 했을 때 왕성 외곽부가 아닌가 생각됩니다. 대지 조성하기 전에 구상 유구가 있던 곳도 습지였고, 그 부분들이 외곽이었기 때문에 공간활용이나 범위확장의 이유로 대지를 조성한 것으로 생각됩니다. 그래서 대지조성층이 굉장히 중요한 의미가 있지만, 일단 추정되는 왕성의 전체 구조에서 대지조성층은 외곽 부분인 것으로 보입니다.

현재 조사하는 부분의 마무리는 해야 하므로, 대지조성층의 축조 방식 같은 것들을 좀 더 명확하게 알고자 트렌치 조사와 평면 조사를 병행할 계획입니다. 저희도 금관가야와 왕성에 대한 고민을 많이 했습니다. 아직 조사되지 않았기 때문에 확정 지어 말할 수는 없지만, 대성동고분군의 경관을 생각했을 때, 대성동고분군은 구릉 정상부 가장 좋은 입지에 수장급의 대형 무덤이 조성되어 있습니다.

그렇다고 하면 대성동고분군을 축조했던 집단이 생활공간을 꾸렸던 왕성 역시 같은 경관이어야 하지 않냐고 생각했을 때, 봉황동유적의 중심과 관련된 공간 구성에서는 구릉 높은 곳에 왕성이나 주요 의례시설이 있지 않았나 생각됩니다. 향후 조사에서는 구릉 부분에 대한 조사도 필요하다고 생각됩니다. 현재 왕성 외곽지역이라고 생각되는 가구역 조사 이외에도 왕성 안쪽으로 생각되는 나구역에 대한 실무조사가 예정되어 있습니다.

이러한 사항을 포함한 봉황동유적 장기 조사를 계획하고 있으며, 전체적인 중장기 마스터 플랜도 수립 중에 있습니다.

봉황토성 조사의 경우, 일부 지점별로 조사가 이루어져 전체 규모는 조사 지점을 연결해 추정만 하고 있습니다. 봉황동유적 북서편의 확인이 덜된 부분에 대한 조사가 진행되어야 한다고 생각합니다. 중장기적으로 봉황토성 외부에 대한 조사도 이루어지면, 금관가야 왕성의 공간구조를 좀 더 명확하게 볼 수 있을 것으로 생각됩니다. 더불어 금관가야 전체를 파악할 수 있는 유하리유적과 양동리고분군에 대한 연구도 더 많이 필요하다고 생각합니다.

이상입니다.

신경철 : 소배경 선생님의 질문에 덧붙여 말씀드리면 김다빈 선생님도 말씀하셨지만 패총과 군집(집단)을 연결시키셨습니다. 봉황동유적은 대성동고분군에서 1㎞ 떨어져 있다고 하셨는데, 원래 일제강점기에는 낮은 구릉이 연결되어 있었습니다. 그래서 지금 봉황동유적과 대성동고분군을 연결지으면, 지금 봉황동유적 조사에 과도한 욕심을 부릴 필요가 없다고 생각합니다. 봉황동유적에 모든 공방이 갖춰져 있어야 한다는 것은 과도한 욕심

인 것 같습니다. 봉황동유적의 공간은 최고 지배자 계층에 한정된 공간입니다. 그 공간에 모든 생산유적이 갖춰질 필요는 없다고 봅니다. 소배경 선생님, 김일규 선생님께 다음 질문 부탁드립니다.

소배경 : 개오지조개에 대한 질문만 드리도록 하겠습니다. 늑도유적에서 개오지조개가 몇 점 출토되었는데 3점은 가공하지 않았고 1점은 마연해서 구멍을 뚫었습니다. 시기적으로 중국 남방과 남중국해를 통해 들어온 것으로 저희들은 보고 있습니다.

오늘 김일규 선생님께서는 시야를 좀 더 넓혀 늑도나 봉황동유적(회현리 패총) 출토 개오지조개가 인도양의 몰디브산일 가능성도 있다고 하셨습니다. 실제로 중국 상나라(은나라) 유적에서 출토한 개오지조개 가운데 몰디브산이 있다고 보는 중국학계의 주장은 오래된 것입니다. 그런데 시기가 떨어지는 와질토기 단계에 몰디브산 개오지조개가 봉황동유적이나 늑도유적에서 나온다고 한다면 몰디브에서 인도를 거쳐서 선생님께서 말씀하셨던 그 루트에 관련 유적이 존재해야 하는 문제가 있습니다. 현재까지는 남중국해의 남해도라는 섬에서 개오지조개가 나오고 있기 때문에, 개오지조개가 남중국해에서 들어왔다는 주장과 일본 류큐열도의 개오지조개가 봉황동이나 늑도로 들어왔다는 주장이 맞서고 있습니다.

오늘 선생님께서는 시야를 더 넓혀서 몰디브에서 온 것으로 보는 것은 어떠냐는 의견을 주셨는데, 그것에 대한 부연 설명을 부탁드립니다.

신경철 : 김일규 선생님, 답변해 주시기 바랍니다.

김일규 : 부산대학교 김일규입니다. 사실 과거의 이야기는 타임머신이 발명되기 전까지는 아무도 모릅니다. 가능성에 좀 더 부합할 수 있는 근거를 제시하는 것이 우리 학문의 연구 방향인 것 같습니다.

이것을 한번 생각해 봅시다. 류큐산 개오지조개가 큐슈를 통해 한반도로 들어오고, 한반도에서 다시 낙랑으로 가고 낙랑에서 다시 중국 서북지역으로 들어갔다는 설이 있습니다. 그런데 류큐가 큐슈와 가까웠을까요? 메이지 유신 이전까지 류큐는 중국의 통제를 받았던 지역입니다. 현재 류큐(오키나와)가 일본 영역에 속해 있다고 해서 그러한 인식을 과거로까지 연장할 필요는 없습니다. 류큐 자체로 과거 남중국해 도서 간의 어떤 네트워크에 포함시켜도 전혀 문제가 없습니다.

답변에서 조금 벗어난 것입니다만 대성동고분군에서 출토한 이모가이 있잖습니까? 이 이모가이도 굳이 류큐에서 들어왔을까 하는 의문도 고려해 봄직하다고 생각합니다. 본문에서 제가 언급했듯이 인도는 거의 12세기까지 수출품의 대부분이 진주와 개오지조개였습니다. 이러한 양상은 동아프리카와 서남아시아시 일대에서 굉장히 오랫동안 지속되었습니다. 이 시기 몰디브와 인도 남부 지역에서는 하나의 산업으로 생각할 정도로 개오지조개 생산 또는 채취가 활발히 진행되었습니다.

더불어 남중해에서 잡힌 개오지조개가 바로 왔다고도 볼 수 있습니다. 필리핀이나 인도네시아 자료 중에도 개오지조개를 이용한 것들이 많기 때문입니다. 몰디브에서 왔다는 제 의견은 하나의 상징이라고 볼 수 있습니다.

중국 앙소문화 단계부터 개오지조개가 보입니다. 많이 나타납니다. 개오지조개의 이동을 중국 채도문화의 이동과 결부시키는 연구자도 많습니다. 이 시기 개오지조개의 이동을 인도 남부, 인더스강 유역, 신장지역, 간쑤

지역 황하상류를 거친 것으로 보는데, 어떤 면에서 이러한 루트는 앙소문화 단계의 채도 문화 이동 코스와 거의 똑같습니다. 전국시대 만기까지도 개오지조개가 이동 코스 내의 유적에서 확인되는 것으로 미루어 볼 때, 오랫동안 중국에서는 그러한 개오지조개 이동 루트를 이용한 것으로 생각됩니다.

그런데 동한 대에 이르면, 중앙아시아에서 중국 한나라의 지위가 추락합니다. 이에 중국에서는 로마와의 교섭도 해양 루트를 이용하고, 이전 육로로 진행되던 교역이 해양루트를 통해 이루어지면서 남방지역인 중국 허푸(合浦) 등지에서 남아시아 화물들이 들어왔다고 볼 수 있습니다. 그 화물에 개오지조개가 충분히 포함되어 있었을 것이고, 그것이 한반도 남해안까지 유입되었을 가능성은 충분히 있다고 생각합니다. 다른 의견이 100% 틀렸다는 것은 아니고, 이러한 부분도 검토하여 연구 범위를 넓혀 보자는 의미에서 발표 제목에도 시론(試論)이라고 했습니다. 이상입니다.

신경철 : 김일규 선생님께서 자신의 의견이 확정된 것은 아니다, 연구 시야를 좀 더 넓혀 보자는 의미에서 발표했다고 하셨습니다. 소배경 선생님의 토론 원고 가운데, 사수반량전에 대한 질문은 중요한 것 같습니다. 이 질문도 마저 부탁드리겠습니다.

소배경 : 늑도유적에서 사수반량전과 오수전이 출토되었습니다. 기본적으로 기원전 2세기 말에서 기원전 1세기 전반에 유입된 것으로 보고 있습니다. 그렇다면 발표자께서는 늑도유적에서 출토된 사수반량전이 한사군 설치 이전부터 한반도 남부의 사회와 중국이 교류하였다는 근거로 제시되고 있는 것에 대해 의문을 제기하신 것 같습니다. 이 부분에 대한 부연 설명을 부탁드립니다. 늑도유적에서는 기원전 2세기, 아무리 늦어도 기원전

1세기 사수반량전이 들어왔다고 생각할 수 있습니다. 선생님께서는 사수반량전과 오수전이 공반되기 때문에 더 늦은 시기로 봐야 한다는 입장이신 것인지, 기원전 1세기 하한이 맞다고 보시는 것인지 알고 싶습니다.

신경철 : 김일규 선생님, 답변 부탁드립니다.

김일규 : 이 시기는 장담 못 합니다. 사수반량전이 우리가 알 수 있는 유구에서 출토된 것도 아니고, 그냥 층에서 오수전과 함께 나왔지 않습니까? 그런데 그 비율을 가지고 오수전 비율이 높아지는 기원전 1세기를 하한으로 설정하기에는 억지스러운 부분이 있습니다.

사수반량전의 폐기 시점을 그렇게 따지면, 오수전은 동한 광무제의 오수전이기 때문에 상한을 따지면 기원후 1세기 중엽이 되고 하한은 더 밑으로 내려갑니다. 제가 말씀드리는 것은 일부를 가지고 이 유물이 기원전 118년 이전에 사용됐던 중국의 화폐이기 때문에, 그 시기 이전에 이 유적에 들어와 사용되었으며, 그러므로 기원전 108년 한사군 설치 이전부터 남해안 사회와 중국의 교섭을 했었다는 증거라고 하는 것은 조금 지양해야 한다고 생각합니다.

신경철 : 답변 감사합니다. 좀 전에 개오지조개 관련 질의응답에서 여러 이야기가 있었는데, 개오지조개 교역의 여러 루트 가운데, 소배경 선생님은 어떤 루트라고 생각하십니까?

소배경 : 저는 중국과 낙랑을 통해 육지로 들어왔다고 생각합니다. 그렇다고 몰디브산일 가능성을 배제할 필요는 없다고 봅니다. 문제는 몰디브에서 남중국해로 오기까지의 여러 유적에 대한 체크가 필요한데, 이 경우 개오

지조개등면을 치는 시기가 있습니다. 마연을 해서 구멍을 내는 그런 시기에는 남중국해에서 연안항로를 통해 들어오는 루트 설정이 가능하다고 생각합니다. 그렇다면 청동기시대부터 조개가 교환용으로 사용되기 때문에, 몰디브산이 왔다면 등면을 치는 행위가 없는 것에 주안점을 두고 드렸던 질문입니다.

신경철 : 말씀 감사합니다. 한마디로 요약하자면, 몰디브산을 이 시기에 연관시키는데는 비약이 있지 않느냐는 말씀이었습니다. 결국 육로로 낙랑을 통해 개오지조개가 들어오지 않았나, 이렇게 보시는 것 같습니다. 김일규 선생님 더 하실 말씀이 있으신가요?

김일규 : 등면에 마연이 없기 때문에 그렇다면, 오히려 마연이 없기 때문에 다이렉트로 바로 들어왔다고 볼 수 있습니다. 중국을 거쳤다면 거치는 지역에서의 어떤 가공이라든지 그런 부분이 나옵니다. 등면을 치는 것이 무엇인가 하면 장식을 위해 개오지조개 윗부분이 달라진 부분이 있습니다. 소위 말하면 여성의 생식기와 다산을 상징하기 때문에 윗부분을 장식하기 위해 그 부분을 깨끗하게 치는 것입니다. 중국 상주시대의 동전에도 많이 안 칩니다. 구멍을 뚫어서 실을 꿰입니다. 때문에 치거나 마연한 흔적 없이 그대로 들어왔다는 것은 어디를 거치지 않고 바로 들어왔다는 증거로 볼 수 있습니다.

신경철 : 말씀 감사합니다. 그 당시 바로 황해를 걷는다? 이 부분은 좀 더 자료를 기다려 보는 것이 좋을 것 같습니다. 마지막으로 정찬우 선생님께 질문 부탁드립니다.

소배경 : 가야인의 사육종에 대한 질문입니다. 고 김해만 패총유적에서 보이는 사육종의 현황과 성과에 대한 부연 설명을 부탁드립니다.

정찬우 : 고 김해만 패총에서 보이는 사육종의 현황은 개, 소, 말, 닭과 오리 일부 개체가 아닌가 생각됩니다. 사육종이 많이 나타나는 분절과 봉황동유적의 경우, 다른 유적보다 자연 유물 출토량이 많고 정량분석도 이루어졌기 때문에 많아 보이지만, 저는 이외의 가야 시대 유적에서도 많은 사육종들이 있었을 것으로 생각합니다.

신경철 : 답변 감사합니다. 다음으로 김양훈 선생님의 질의가 있겠습니다.

 **김양훈 :** 창원대학교 김양훈입니다. 저는 문헌 연구자입니다. 문헌 연구자 가운데, 패총관련으로 생활사를 연구한 분이 거의 없으셔서 제가 한번 시도를 해보자 해서 의뢰를 수락하였습니다. 먼저 김다빈 선생님께 질문드리겠습니다. 선생님께서는 패총의 의례공간 가능성을 언급하시면서 의례장소인지 의례용품 폐기장인지는 구분이 명확하지 않다고 하셨습니다. 패총을 의례공간으로 규정하기 위해서는 의례 관련 수혈 등 공간의 존재와 동일행위의 반복이 전제되어야 합니다. 그러나 특정 유물의 폐기만으로 의례공간의 가능성을 제기하는 것은 고민해 볼 필요가 있습니다. 이와 관련해 고고학적 이론이나 다른 지역 사례를 전제한 것인지 궁금합니다.

신경철 : 김다빈 선생님, 답변해 주십시오.

김다빈 : 발표한 것과 같이 의례가 실제로 패총 내에서 이루어졌는지 아니면 외부에서 이루어진 의례에 사용한 물건이 폐기되었는지는 아직 명확하게 알기 어렵다고 생각합니다. 의례공간의 규정에 있어서도 동일한 행위의 반복이 전제되어야 한다고 임동재 선생님과 이상길 선생님의 의견에 저도 동의합니다. 그럼에도 제가 이것을 의례용이라 생각해 본 것은 먼저 두 분 연구자의 의례용 유물 판단 기준에 따른 것이었습니다.

금관가야 권역 곳곳에서 의례용으로 여겨지는 토우가 출토되고 있는데, 토우가 출토되는 양상을 보면 사람 모양 토우의 경우 팔이 잘려 있거나 혹은 하반신이 없기도 하고, 말이 가장 많은 동물형 토우의 경우 다리가 짧게 표현되어 있거나 머리가 없거나 하는 경우가 있어서 선별적으로 파쇄한 것으로 보입니다. 그렇다면 이것은 의례 행위로 볼 수 있지 않을까 생각했습니다. 이러한 선별적 파쇄가 이루어진 유물의 경우는 의례 전용으로 제작한 것으로 생각해서, 이번 발표에 제시해 보았습니다.

신경철 : 답변 감사합니다. 다음으로 김일규 선생님께 질문 부탁드립니다.

김양훈 : 김일규 선생님께서는 중국 한나라 대의 화폐를 실제 화폐로 사용하거나 군현 교역종사자에게 주는 권리증으로 해석하셨습니다. 실제 화폐로 사용하였다면 서남해안 교역종사자들이 그 용도를 인식하고 해당 지역에 유통해야 할 것입니다. 그리고 화폐가 권리증이라면 교역종사자에게 부여된 자격증으로 이해할 수 있습니다. 삼한 사람들이 군현을 오갈 때 군현이 준 인수를 차고 의책을 착용한 사람이 천여 명이라면, 그것을 권리증 내지는 정치적 위세품으로 규정하는 것은 한계가 있지 않나 싶습니다. 발표자님은 어떻게 생각하시는 알고 싶습니다.

신경철 : 김일규 선생님 답변 부탁드립니다.

김일규 : 먼저 중국의 화폐가 유통의 수단으로 이용되었다면 한반도 서남해안에서도 유통되었을 것인데, 그 증거가 무엇인지 질문하신 것 같습니다.

일단 군현에서 물건을 중국으로 들고 가면, 직접적인 물물교환보다는 거래 내역을 중국 내에서 화폐로 1차 교환하고 그것을 가지고 필요한 것을 얻은 것으로 생각합니다.

그리고 인수를 차고 의책을 착용한 사람이 천여 명이라고 하셨습니다. 사실 이것은 조공무역과 관련된 것입니다. 조공무역은 정시이지 않습니까? 딱 정해진 몇 년에 한 번씩, 1년에 몇 번 정해져 있는 것인데, 저는 교류 자체가 꼭 정시에만 이루어진 것은 아니라고 봅니다. 정시가 아니더라도 항상 교역이 이루어졌을 것으로 생각합니다. 정시에는 관리자, 책임자가 인수를 차고, 의책을 착용하지만 그렇지 않은 일반적인 무역을 담당하는 사람들은 약간의 비약은 있지만, 충분히 화폐로 관리자, 책임자 역할을 했을 것으로 생각합니다.

신경철 : 답변 감사합니다. 김양훈 선생님, 이어서 질문 부탁드립니다.

김양훈 : 청동거울의 경우 일반적으로 위세품으로 보지만, 저는 화장도구의 가능성을 제시한 바 있습니다. 패총 출토품은 실용적으로 사용했을 가능성이 있다는 의견에 공감합니다. 그렇지만 대방태수가 왜왕에게 조서와 거울을 하사한 점과 출토유물 대부분이 무덤인 점을 보면 위세품의 성격이 더 강하다고 생각합니다. 청동거울이 중국에서는 널리 유통되었지만, 한반도 출토품은 위세성과 실용성을 동시에 가진 면에서 출토유적과 유구의 성격에 따라 사용 대상자와 용도를 달리 해석되어야 할 것인데, 어떻게 생각

하시는지 알고 싶습니다.

신경철 : 김일규 선생님, 답변 부탁드립니다.

김일규 : 사회 발전 정도는 동시기라도 지역이나 환경에 따라 다릅니다. 당시 삼한 사회도 저는 지역과 환경에 따라 발전 정도가 달랐다고 생각합니다. 때문에, 그것을 왜의 사회와 동일시할 필요는 없다고 봅니다. 왜 사회는 거울이 들어가는 시기가 수구 I 식 단계입니다. 완전히 한반도에서 철기와 세공품들이 들어가는 그 시점에 비로소 거울이 들어갑니다. 한반도에서는 의기화에서 벗어나는 거울들이 일본에서는 새롭게 의기화로 시작되고, 곧이어 한반도에는 한식(漢式) 문물들이 대거 유입됩니다.

거울의 경우 기존의 다뉴세문경에서 바로 한경(漢鏡)으로 넘어갑니다. 이러한 위세품의 전환은 사회의 변화를 보여줍니다. 이 시기에는 더 이상 거울이 위세품의 성격을 잃었다고 생각합니다. 다뉴세문경이 몇몇 지역으로는 넘어오지 않습니다. 그것 자체가 가지고 있던 지위라든지 목적성이 일반적인 표현을 하지 않은 것입니다. 그러한 상황에서 새로운 환경이 들어선 것입니다. 거울이 가지고 있던 의기화가 과연 영남지역에 남아 있었을까 하는 문제에 저는 조금 부정적입니다. 그렇다 하더라도 경주에서 대구에 이르는 그 일대의 목관묘, 조양동 38호 무덤에 3점이 있고, 양지리유적에서 한경이 여러 점 확인되는 그리고 방제경도 여러 점이 보이는 사실에서는 부장 양상이 낙동강 하구 지역과는 차이가 있다고 볼 수 있습니다. 억지로 위 유적들의 거울을 위세품으로 본다면 이해할 수 있지만, 낙동강 하구 지역은 거울이 위세품으로 존재한 것으로 보이지 않습니다. 기원전 1세기 전반기에 중국에서는 거울이 완전히 일반화됩니다. 직경 5~10㎝의 거울이 많이 만들어집니다. 대량으로 빠르게 만들면서 음각이나 글자를 생략한 것들이 많이 나타납니다. 이것이 일상의 용기가 되었다는 증거입니다.

신경철 : 김일규 선생님의 답변 감사합니다. 김양훈 선생님, 시간 관계상 김지연 선생님께 마지막 질문 부탁드립니다.

김양훈 : 선생님께서는 봉황동유적에서 국가적 의례를 진행했을 가능성이 크다고 하셨습니다. 특히 해안가에 인접해 대외교역이 활발했다는 점을 고려할 때, 다양한 수변 제의라든지 교역 성공을 기원하는 의례가 있었을 것으로 추정한다고 하셨습니다. 저는 이 의견이 앞뒤가 안 맞다고 생각했습니다. 일반적으로 국가적 의례라고 하면 시조묘 제사라고 할 수 있는데, 수변 제의나 교역 성공 의례가 국가적 제의, 국가적 의례라고 볼 수 있는지 알고 싶습니다.

신경철 : 김지연 선생님, 답변 부탁드립니다.

김지연 : 제가 국가적 의례로 표현한 이유는 봉황동유적이 다른 유적과 비교했을 때 제의적 성격을 지닌 유물이 굉장히 많이 출토되었기 때문에 개인을 위한 의례보다는 국가적 차원의 규모 있는 의례가 있지 않았을까 생각해 이러한 용어를 사용하였습니다. 금관가야는 대외교역으로 성장한 나라이기 때문에 국가적 차원에서 교역과 관련한 수변 제의나 항해 안전, 교역 성공 관련 의례가 있었지 않았나 추정해 보았습니다.

신경철 : 답변 감사합니다. 토론자 선생님들의 질문이 모두 끝났습니다. 지금부터 보충 질문을 시작하겠습니다. 객석에 김해시 심재용 선생님 질문해 주시기 바랍니다.

심재용 : 김해시청 심재용입니다. 토론 좌장 선생님께서 말씀하신 대로 저는 김해시 관내의 많은 가야 시대 유적들을 조사했고, 지금은 그러한 사업을 담당하고 있습니다.

저는 조개더미의 범위 그 자체에도 의미가 있다고 생각합니다. 먼저 유병일 선생님께 질문드리겠습니다. 조개더미를 취락의 생활 부산물로 많이 강조하셨는데, 봉황동유적에서 대지 조성층이 나오고 중도패총에서 나왔던 소토덩어리들은 유하리 유적에서도 나왔는데 저는 그것을 제의와 관련한 것으로 파악하였습니다. 유하리 유적을 조사할 때, 서벽면이 두 단 이상 나오고 있는데, 서벽면을 따라 토기들, 외절구연고배라든지 항아리라든지 그런 것들이 일부만 파괴시켜 일률적으로 확인되었습니다. 그래서 이것에는 뭔가 의례적인 제의행위가 있었다고 생각했습니다. 그럼, 무엇 때문에 이러한 제의행위가 있었을까 생각해 보니, 아마도 대지 조성이라든지 어떤 매립을 위한 의례가 아닌가 생각했습니다. 그렇다면 조개더미들은 과연 그대로 방치했을까? 관리는 어떻게 했을까? 의문이 들었습니다. 소토가 나왔던 곳이 그런 관리를 한, 정지한 측면이 있는 곳이라고 봐야 하는지 묻고 싶습니다.

회현동 패총 아래 패총 전시관 부지, 삼강문화유산연구원에서 조사했던 구간은 기원 전후~4세기의 유적으로 알려져 있습니다. 제가 2001년에 조사한 회현동 15통 소방도로 구간이 있습니다. 거기에서도 패총이 확인되었는데, 그 패총은 4세기대, 5세기대 패총입니다. 바로 붙어 있습니다. 그래서 회현동 패총 같은 경우는 봉황동유적의 연대와 거의 맞아떨어지는 것으로 보고 있습니다. 가야인 생활 체험지 조사를 하면서 느꼈던 점은 지금 봉황토성을 토성으로 많이 보고 계시고, 저도 토성으로 보고 있습니다. 그런데 대지조성이나 이런 것들을 조개만 가지고 이야기하고 있는데, 15통 소방도로라든지 대성동고분박물관에서 시굴조사 했던 176-2번지 유적을 보면 호안시설이라고 해서 4세기대 소토유구들이 있습니다. 그 유구들은 봉황토성보다 안쪽에 있습니다. 구릉과 가까이 있습니다. 이 소토유구들이 대지조성과 관련된 것인지 아니면 5세기대 이전의 방어와 관련된 구축물일 가능성도 충분히 있다고 생각합니다. 그리고 소방도로에서 봉황동 진입로에서 나온 대형묘들과 추정 가야왕궁에서 나온 대형 건물지와 성격이 비슷한 지상식 건물지도 15통 유적에서 나왔습니다. 그렇다면 한정된 지역만 보시기 마시고 토성 안쪽으로 넓게 보셨으면 좋겠습니다.

김양훈 선생님이 시조묘 제사를 말씀하셨는데, 저는 시조묘 제사를 제천의례로 생각합니다. 시조묘를 하늘과 연결시킬 수 있을 것으로 생각합니다. 아까 적심건물지도 언급되었는데, 적심건물지를 수변 제사와 관련지을 수도 있고, 시조묘와 관련지을 수도 있습니다. 목탑으로 보는 분들도 있지만, 저는 그런 가능성도 있을 것으로 생각합니다.

신경철 : 감사합니다. 김지연 선생님 한 말씀 부탁드립니다.

김지연 : 말씀해 주신 중동유적이나 유하리 패총은 저도 무조건 패총으로 볼 것이 아니라 제의 관련 공간으로 생각해 볼 수 있다고 봅니다. 다른 의견들도 충분히 검토해 보도록 하겠습니다. 적심건물지의 용도도 잘 살펴보도록 하겠습니다. 감사합니다.

신경철 : 다음으로 유병일 선생님 한 말씀 부탁드립니다.

유병일 : 기본적으로 질문 내용에 저도 동의합니다. 조개더미가 특히 여름 같은 경우에는 악취가 많이 납니다. 조개 외에 동물의 내장이나 이런 것들을 섞어서 버리기 때문에 그대로 방치했다가는 취락에서 위생과 관련된 것

이기 때문에 좀 위험한 여건입니다. 저도 조사 과정에서 그런 고민을 많이 했습니다. 힌트는 회현리 패총 전시관을 조사하는 과정에서 찾을 수 있었습니다. 전시관 부지에서 패각도 많이 나왔지만, 중간중간에 흙도 많이 놓여 있었습니다. 흙-조개-흙-조개-목탄·소토 이렇게 많이 나왔습니다. 그 부분을 고민해 보니 중동패총 1층에서도 패각과 흙이 많이 교차되는 것을 확인할 수 있었습니다. 이 흙들이 처음에는 약 50㎝ 되는 4세기대 패각층 흙들이 수평일 경우, 대지 조성의 용도로 생각해 봤습니다. 위쪽에 넓은 대지가 형성되어 있고 소토들이 많이 나왔기 때문입니다.

그래서 소토유구와 관련된 어떤 부지 확보를 위한 대지 조성이라고 생각하다가 최근에는 흙을 위생 관리의 용도로 활용하여 패각 사이에 덮으면서 악취를 방지하고 패각들이 쌓여서 부피가 커지면 제거하면서, 다시 흙을 덮어 대지 조성 효과와 더불어 향후 가경지 확보도 가능한 상황이었던 것으로 볼 수 있다고 생각합니다.

신경철 : 말씀 감사합니다. 마지막으로 발표자, 토론자 가운데 말씀하실 분이 계실까요?

임학종 : 질문은 아니고 해수면 변동과 관련해서 마무리 차원에서 말씀드릴 것이 있습니다. 신석기 때 6,000년~7,000년 사이에 해수면이 가장 높았습니다. 그러다가 4,000년~5,000년쯤 되면 해퇴하기 시작합니다. 청동기시대에 이르게 되면 가장 물이 많이 빠졌을 때입니다. 그 이후로는 지금과 똑같습니다. 지금은 오히려 해수면이 조금씩 올라옵니다. 제가 아까 발표에서 놀랐던 게 해수면이 지금보다 8m 높았다는 얘기가 있었는데 그러면 우리나라가 다 망합니다. 다 물에 가라앉아 버립니다. 지금도 해수면이 조금 높지만, 그 변동은 1m 이내입니다. 해수면 변동은 아주 미세한 변동

이 계속 진행되고 있다는 점 참고삼아 말씀드렸습니다.

더불어 개 사육 이야기가 나왔는데, 개의 가축화는 개 머리뼈 정수리부터 제일 앞 입 부분까지의 장축비를 가지고 사육 여부를 판단합니다. 이러한 자료를 통해 신석기시대 조개더미인 부산 동삼동과 창녕 비봉리 유적에서 사육된 개가 확인되었다는 점 마지막으로 말씀드리겠습니다.

신경철 : 긴 시간 발표자, 토론자 여러분들의 질의와 응답 감사합니다. 이상으로 종합토론을 모두 마치도록 하겠습니다.